한국아동청소년상담학회
교육사각지대연구총서 ❷

교육 사각지대 학습자 이해와 지원

김동일

고혜정

남지은

박유정

신재현

조영희

최수미

박영story

This work was supported by the Ministry of Education of the Republic of Korea and the National Research Foundation of Korea (NRF-2020S1A3A2A02103411)

머리말

우리나라 초, 중, 고등학교의 교육 현장에서는 기초학력부진의 위험성이 높은 아동들이 있으며, 이들은 지적, 정서적 기능의 제한으로 인하여 일반 교육 상황에서 적절한 성장과 발달을 할 수 없는 여건에 놓인 학습자입니다. 경계선지능군, 난독위험군, 주의력결핍 과잉행동문제(ADHD), 학습부진, 공식적으로 진단되지 않은 학습장애 등 다양한 유형의 발달과 학습 위기에 놓여있는 학생들이 특히 그러합니다.

이 책은 2021년 2월 18일 BK-SSK 혁신과 공존의 교육 학술대회에서 발표되었던 교육사각지대 학습자를 이해하고 지원하는 데 초점을 맞추었던 논문을 기반으로 발표자들이 직접 수정하고 다시 구성한 결과물입니다. 이 책을 촉매로 하여, 일반 학습자들과 달리 인지, 학업, 사회성 등 다양한 측면에서 어려움을 겪고 있어 학습을 포함하여 체계적이고 적절한 제도적 교육 지원이 필요한 학생이나, 특수한 교육적 지원 서비스 대상자로 진단되는 학생은 아니지만 일반학교에 다니고 있으면서 획일화된 교육과정을 따라가지 못해 교육적 지원을 충분히 제공받지 못하여 부적응을 경험하는 위기학습자에 대하여 인식의 전환과 제도적 지원을 설계하고자 합니다.

이 책을 내놓기까지 매우 많은 분들의 도움이 있었습니다. 교육사각지대 아동과 청소년을 위한 상담사와 교사 연수 워크숍을 직접 참여하고 운영해 준 서울대학교 연구원들과 정성어린 손길로 책을 만들어 준 박영스토리 임직원 여러분께 진심으로 고마운 마음을 전합니다. 특히, 교육부와 한국연구재단이 지원하는 SSK중형단계 교육사각지대연구사업단을 운영하는 과정에서 전문가 양성과정에 참여한 여러 현장 교사와 상담사들을 기억하고자 합니다. 마지막으로 지속적으로 동참해 준 독자 여러분들께 깊은 감사를 드립니다.

모든 저자들과 함께
서울대SSK교육학연구단 단장 김 동 일

powered by WITH Lab. (Widening InTellectual Horizon):
Education and Counseling for Children–Adolescents with Diverse Needs

차 례

01_ 서설: 교육사각지대 학습자의 개념화와 지원 전략

02_ 교사용 교육사각지대 학습자 선별검사 및 활용

03_ 교육사각지대 학습자 지원을 위한 관련 법(안) 분석

04_ 교육사각지대 아동과 청소년의 방학 중 학력손실 보완(Break the Gap over Break): 미국 교육 사례를 중심으로

05_ 제도권 내 사각지대 학습자로서의 학습장애: 진단 및 지원을 위한 과제

06_ 다문화 학생 교육정책 사각지대: 한국인 부모를 둔 교차문화 아이들(Cross-Cultural Kids)

07_ 교육사각지대 학습자를 위한 스마트교육의 적용 가능성

01

서설: 교육사각지대 학습자의 개념화와 지원 전략

김동일(SSK 교육사각지대학습자연구단 단장)

저희 아이는 구구단의 기본적인 방법을 몰라요. 수학은 크게 가르치지 않았고 기초 연산 정도만 한 수준이에요. 연산 능력 발달이 정지되어 있는 것 같기도 하고 곱셈도 어려워해요. (마음이 무거운 학부모)

저희 아이는 거절에 대한 두려움을 벌써 아는 것 같아요. 그래서 아이가 모르는 것을 선생님한테 물어볼 때 담임 선생님 반응이 어떠실지 걱정이 되더라구요.

(걱정이 많은 학부모)

처음에는 '어? 이거 열심히 하면 된다고 했으니까 들어야지'라고 했는데 자기가 가지고 있는 기본 지식이 없다 보니까 쫓아오지 못하고 '아 이거는 내가 하는 건 아니구나'라고 포기하는 친구도 있는 것 같아요. (학생에게 관심있는 선생님)

학습부진이 축적되어 6학년인데도 나눗셈을 제대로 못하는 아이가 있어요. 아이 스스로 공부를 못한다는 생각에 갇혀있고 개인 지도 시 조금 나아지는 모습을 보이지만 그것도 한 때이고 다음 날이 되면 다시 잊어버려요.

(안타까워하는 선생님)

Ⅰ. 글을 시작하며

우리나라 학교 현장에는 진단된 특수교육대상자와 같이 심각한 장애가 드러나지 않지만, 일반아동들과는 달리 인지, 학업, 사회성 등 다양한 측면에서 어려움을 나타내 학습 이외에도 추가적이고 체계적인 교육지원이 필요한 위기학습자가 있다(김동일, 2020; Robson, 2005). 미국 일반 학교 현장에서 교사에 의뢰된 교육지원이 필요한 위기학습자들 중 경계선 지적 기능 학습자가 48%에 해당하며, 나머지 52%는 ADHD, 학습부진 등의 다양한 유형의 위기학습자들이 교육 및 학습지원을 위해 의뢰되고 있다고 한다(MacMillan, Gresham, Bocian, & Lambros, 1998; Kaznowski, 2004). 우리나라의 경우에도 경계선 지적 지능 학습자가 현 공교육 시스템하에서 소외되어 교육의 사각지대에 있는 실태가 집중 보도되면서 이들에 대한 사회적 관심이 증가하였다(EBS, 2014. 12. 19.). 이들은 지능의 정규분포로 보면 약 13.6%를 차지하고 있어 학령기 아동 중 약 80만명이 경계선 지능으로 추산되어 학급당 3명이 여기에 속하나, 이들에 대한 지원은 거의 없는 실정이다(Peltopuro, Ahonen, Kaartinen, Seppälä, & Närhi., 2014). 위기학습자들의 경우, 유아기 및 초등학교 저학년 등 비교적 어린 시절에는 학업에서 일반 학생들과 심각한 차이를 보이지 않지만, 적절한 지원과 관심이 없으면 학년이 올라갈수록 학업 성취가 낮아지는데, 이러한 학업실패가 정서 행동 측면에 부정적 영향을 미쳐 악순환이 반복된다고 보고하였다(김근하, 김동일, 2007).

기본학력은 한 인간이 원만한 삶을 살아가는 데 필수적으로 필요한 최소한의 학습능력이며(김순남, 이병환, 2011), 헌법이 보장하는 직업선택의 자유, 선거권, 행복추구권, 인간다운 생활을 할 권리 등 다른 기본권과 의무를 이행하는 데 바탕이 되는 역량으로서 매우 중요한 의미를 갖는다(정순원, 2020). 학교는 학업을 가르치고, 정서 및 사회적 발달에 주요한 역할을 담당하는 기관으로(김선애, 2007), 학습자의 능력과 필요에 따른 적합한 교육을 제공하여 개인에게 유의미한 학습의 장을 제공해야 한다. 이처럼 학령기에 적절한 교육 서비스를 제공하는 것은 학습자의 미래에 직·간접적 영향을 미치게 된다(김동일, 이대식, 신종호, 2016). 청소년기 학습 발달 및 적응은 이후 성공적인 삶을 사는 데 중요한 영향을 미치는 요인 중 하나로 중요할 뿐 아니라(윤희경, 2013), 개개인의 역량은 국가 경제 성장에도 중요한 영향을 미친다(Kottmeyer, 2011). 따라서 학교 현장의 교사들은 학생들이 기초학습 기능을 갖추고 있는지 점검하고 분석함으로써 학생들에게 양질의 교육을 보장하기 위해 노력을 기울이고 있다(양명희, 2005). 그러나 현장에서는 학습 능력과 학업 성취 수준이 다양한 여러 학습자들이 한정된 공간에서 한 명의 교사에게 수업을 받는 환경적 한계, 교육 정책과 지원의 한계, 학습장애, 학업곤란에 대한 인식 문제 등 여러 상황 속에서 자신의 능력에 따른 적절한 교육을 받지 못해, 사실상 균등한 교육기회와 기본학력을 보장받지 못하는 교육적 사각지대의 학습자가 존재한다. 특히 법적으로 특수교육서비스를 받을 수 있는 명백한 학습장애를 가지고 있음에도 일반교실에 있으면서 전문적인 교육적 중재를 받지 못하는 학생들 또한 존재한다(김동일, 고혜정, 2018). 이는 특수교육에 대한 엄격한 적격성 판별(김동일, 고혜정, 2018), 진단되기까지 장기간을 기다려야 하는 문제(김동일, 이대식, 손승현, 고혜정, 2015), 낙인에 대한 우려(김동일, 고혜정, 2018) 등 여러 가지 이유에서 비롯된다.

이러한 문제를 해결하고자 미국의 낙오학생 방지법(No Child Left Behind Act), 영국의 특수교육요구(Special Education Needs), 유네스코의 모두를 위한 교육(Education for All), OECD의 국제교육표준분류 등 세계 여러 나라뿐 아니라 범국가적 수준에서 학습에 어려움을 겪는 학생들을 돕기 위한 방안 마련이 되어 왔고, 우리 나라에서도 학습의 사각지대를 해소하고 모든 학생의 기초학력을 책임지고 보장하기 위한 다양한 지원 정책을 마련하여 시행해 왔다. 먼저, 학교 단위에서는 2009년 학력향상 중점학교를 시작으로, 두드림학교, 기초학력 보장·시범학교가 운영되었고, 교육청 단위에서는 학습종합클리닉 설치, 기초학력 진단-보정시스템 구축·운영 지원이 이루어져 왔다. 또한 기초학력 보장을 위한 다양한 법안들의 발의되고, 제정 및 개정되고 있다. 2014년에는 「경기도 난독증 등 학업중단 아동청소년 지원 조례」이 입법화되어, 경기도에 있는 난독증, ADHD를 포함한 학습장애 아동들을 위한 대책이 마련되었다. 2015년부터 시행된 「초중등교육법 개정안」은 특수교육대상자로 분류되지는 않지만 그에 준하는 지원이 필요한 대상자들의 권리에 대한 내용을 포함하고 있다. 2016년에는 느린 학습자 지원을 위한 기반이 되는 「초·중등교육법」 개정이 이루어졌고, 2017년에는 학생들의 기초학력 보장을 위한 「기초학력 보장법안」이 발의되었다. 이들 법안들은 특수교육대상자가 아니더라도 다양한 요구로 지원이 필요한 학습자 지원을 위해 제도적으로 뒷받침하고 있다는 특징이 있다. 이러한 법안의 제정과 실행에도 불구하고 대상 학습자의 실태, 개념과 특성에 대한 파악이 어렵고 그로 인해 구체적인 교육지원 대책을 마련하는 데 어려움이 있다(김진아, 강옥려, 2017). 또한 이러한 위기학습자들은 공교육 시스템에서 두드림학교 등을 통해 지원을 받고 있지만, 이들의 교육적 요구를 충족시킬 수 있는 전문인력에 의한 전문적 지원이 제공되지 못하고 있음이 문제점으로 지적되었다(김애화, 김의정, 김자경, 정대영, 2018).

이러한 문제의식을 바탕으로 본 연구에서는 기존의 진단 중심의 병리적 모델, 학습이 실패할 때까지 기다리기(waiting-to-fail) 모델에서 벗어나, 선제적 '지원'(proactive support) 모델에 초점을 두고자 한다. 이를 위해 먼저 다양한 요인으로 학습에 어려움을 겪는 학생들의 특징을 정리하여 교육사각지대 학습자의 개념을 정의하고자 한다. 다음으로, 현장 교사들이 이러한 위기학습자를 조기에 발견하고 선별할 수 있는 진단체계를 제안하고, 현장에서 필요로 하는 지원모형과 더불어 이를 체계적으로 지원할 수 있는 법제도 및 지원센터 건립 등 국가 수준의 체계적 지원 방안을 제안하고자 한다.

Ⅱ. 왜 교육사각지대 학습자인가?

2019년 교육부 학업성취도평가 결과에 따르면, 국어, 수학 교과 기초학력 미달 중학생이 각각 4.1%, 11.8%로 2017년과 2018년에 비해 기초학력 미달 학습자들이 증가하였다. 또한, 2015년 교육부의 난독증 현황파악 연구에 의하면, 전국 초등학생 중 1%가 난독증으로 추정되고, 2.2%는 난독증 고위험군, 1.4%는 난독증 저위험군에 해당하여 약 4.6%가 난독증의 위험이 있었다(교육부, 2015). 즉 난독증으로 확실하게 진단받은 1%의 학생들을 제외한 3.6%의 난독증 위험군에 속하는 학생들은 특수교육대상자로 분류되지 못함으로써 일반학교에서 이들이 필요로 하는 교육적 지원을 제공받지 못한 상태로 교육사각지대에 놓이게 되는 것이다. 그러나 난독증 등 특수교육을 받을 수 있는 대상자도 지원의 사각지대에 있는 경우가 있다. 상태에 따른 집중적이고 적절한 특수교육지원 대상자가 되기 위해서는 특수교육법이 정하는 '진단'이 반드시 필요하다. 그러나 학습장애 진단체계의 문제로 인해 장애로 진단되기까지 장기간을 기다려야 하거나 '특수교육대상자'라는 낙인 때문에 부모가 진단받기를 거부하는 등의 문제로 교육적 지원이 시급히 필요한 학생들이 적절한 교육지원을 받지 못하는 경우가 존재한다(김동일, 고혜정, 2018). 이와 같이 장애로 진단될 만큼 분명한 어려움은 있으나, 이들이 필요로 하는 교육지원을 적절한 시점에 받을 수 없다는 점은 실제적인 문제가 된다. 관련하여 최근 특수교육 패러다임은 '장애'보다는 '지원'에 초점을 두는 방향으로 변하고 있고(손승현, 이예다나, 2017), 진단을 넘어 교육적 지원을 필요로 하는 모든 학생들에게 적합한 지원이 이루어져야 함이 강조되고 있다(강종구, 김라경, 2012; 김지연, 김우리, 2017; 김동일, 고혜정, 2018).

지금까지 일반학교 현장에서 추가적 학습지원이 필요한 학습자들에 대하여 다양한 개념으로 연구가 진행되어 왔다. 학습지진(slow learner), 저성취(low achievement), 학업지체(academic retardation), 학습부진(underachievement) 등 낮은 학업성취와 관련된 개념들로 연구들이 진행되어 왔다(김동일, 이대식, 신종호, 2016). 하지만, 교육사각지대 학습자의 특성을 확인하는 데 있어 이들의 낮은 성취에만 근거하기에는 한계가 있다. 물론 학교의 역할이 학업을 가르치고 배우는 과정에서 학습자들이 일정 수준 이상의 학력을 갖추게끔 하는 것이라는 것을 고려했을 때, 교육사각지대 학습자 판별에 기초학력수준 미달 여부가 중요한 기준이라 할 수 있다. 하지만, 학습과 관련한 요구와 지원에만 초점을 맞추게 되면 교육사각지대 학습자의 다양한 특성을 고려하지 못함으로써 위기학습자의 특징을 종합적으로 바라보고 이들을 선별하는 데에 한계가 발생할 수 있다. 이대식(2015)은 기초학력미달 학습자들의 학력을 향상시키기 위해 여러 정책이 수행되

그림 1-1 OECD 추가적인 교육지원이 필요한 위기학습자 정의

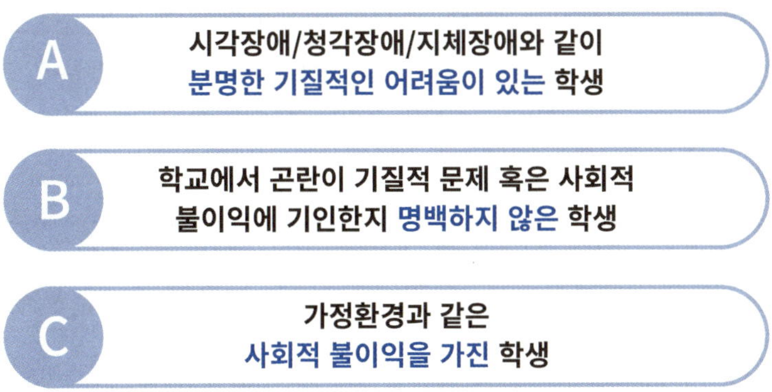

출처: Robson, 2005

고 있지만, 학업성취도만을 기준으로 해서는 다양한 교육적 지원이 필요한 학습자를 현실적으로 파악하는 것이 쉽지 않다고 언급하였다.

한편, 추가적인 교육지원이 필요한 위기학습자에 대해서, OECD(Organization for Economic Cooperation and Development)는 특수교육 분야 대표자들과 협력하여 A, B, C의 3가지 범주로 정리하였다(Robson, 2005). 먼저 A 범주는 기질적인 어려움이 분명한 학생들로서 시각장애, 청각장애, 지체장애 등이 해당된다. C 범주는 사회적 불이익을 가진 경우로서 가정환경의 어려움이 그 예이다. B 범주는 A와 C 범주에 분명하게 해당하지 않는 경우를 의미한다. A 범주와 C 범주에 비해 B범주의 정의는 분명하지 않기 때문에, OECD의 이러한 정의로는 B 범주에 해당하는 학생들을 현 교육 체제 속에서 선별하는 데에 어려움이 있다.

국내에서 학습의 어려움을 겪고 있지만 특수교육대상자에는 해당하지 않는 학습자 유형에 대한 정의 및 특성에 대하여 연구들이 진행되어 왔다. 강옥려(2016)는 경계선급 지능임에도 특수교육대상자로 분류되지 않아 특수교육서비스를 받지 못하는 아동의 특성 및 해결방안은 연구하였다. 이효신(2000)은 ADHD 아동의 특성을 살펴보고 이들을 위한 중재 방안을 찾고자 하였다. 김동일, 안예지, 구승영(2016)은 단일대상 연구를 통해 ADHD 아동에 대한 비약물적 중재의 효과를 살펴보았다. 김유진(2010)은 정서행동장애를 보이는 아동들의 특징 및 사회성과 이들 부모의 양육태도 간의 관계를 연구하였다. 이홍재 등(1998)은 난독증의 정의들을 정리하고 분류 방법을 제시하였다. 그러나, 이러한 연구들은 특정 장애와 어려움에 초점을 맞추어 연구함으로써 추가적인 교육적 지원이 필요한 학습자들을 종합적으로 분류하고 선별하는 데에는 한계가 있었다. 앞서 언급한 위기학습자에 대한 OECD의 범주와, 국내의 다양한 연구들은 전문가들이 합의한 명시적 지식에 근거하여 추가적인 교육적 지원이 필요한 대상들을 정의하고 이들의 특성을 연구하여 해결책을 찾고자 노력해 온 산물이라고 볼 수 있다.

이에 따라 다양한 교육적 필요가 있음에도 적절한 지원을 제공받지 못함으로써 심각한 위기에 처한 학습자(under-served learner at risk)를 일컬어 '교육사각지대 학습자'로 명명하고자 한다. 이미 언급하였듯이 이들은 특수교육에 준하는 집중 교육이 필요하지만 명시적인 특수교육대상자로 선정되지는 못함으로써, 획일화된 일반 교육 커리큘럼에서는 필요한 지원을 충분히 제공받을 수 없다.

즉, 교육 정책과 제도가 교육의 공공성을 지향함에도 그 영향력이 이들에게는 미치지 못하기에 이들을 교육사각지대에 있다고 볼 수 있다. 그러므로 교육사각지대 학습자에 대해 보다 종합적인 관점에서 설명하고 선별할 수 있도록 개념을 정의하고 특성을 이해하는 것은 향후 이에 대한 체계적 연구와 지원방안을 마련하는 데 기초가 될 것이다.

Ⅲ. 교육사각지대 학습자는 누구인가?

교육사각지대 학습자는 일반 학습자들과 달리 인지, 학업, 사회성 등 다양한 측면에서 어려움을 겪고 있으며 이로 인해 학습을 포함하여 학습 외적 지원이 필요한 학생이며(김진아, 강옥려, 2017; Robson, 2005), 현 교육 시스템에서 특수교육대상자는 아니지만, 일반학교에 다니면서 현재의 획일화된 교육과정을 따라가지 못하고 교육적 지원을 충분히 제공받지 못하여 학습부진을 경험하거나 다양한 학습문제를 나타내는 다양한 유형의 "위기학습자(at-risk learner with diverse educational needs)"(최수미, 유인화, 김동일, 박애실, 2018b)를 의미한다.

교육사각지대 학습자는 특수하고 다양한 교육적 요구를 가지고 있음에도 다양한 이유로 적절한 교육적 지원을 받지 못하고 있다. 예를 들어, 특수교육법이 정하는 영역 내에서 특수교육 적격성 기준을 만족하지 못하거나, 진단 기준을 만족하더라도 집중적인 특수 교육지원을 받기 위해 장애로 진단되기까지 장시간 기다려야 하거나 '특수교육대상자'라는 낙인 문제 때문에 진단받기를 거절하는 등의 이유로 학습자들은 지원을 받지 못하고 있다(김동일, 고혜정, 2018; 최수미 외, 2018b). 일례로 2015년 교육부의 난독증 현황파악 연구보고에 의하면, 전국 초등학생의 약 4.5%가 난독증 위험군으로 추정되었으나 이 중 '난독증'으로 진단된 학생들은 1%에 불과하였다(김윤옥, 강옥려, 우정한, 변찬석, 2015; 김동일, 고혜정, 2018). 다시 말해, 진단된 1%를 제외한 나머지 3.5%의 난독증 위험군은 장애로 진단받지 못했기 때문에 특수교육대상자로도 분류되지 못하고 일반학교 현장에서 적절한 교육지원을 받지 못한 채 '교육의 사각지대'에 놓여있는 것이다(최수미 외, 2018b). 즉 교육사각지대 학습자는 "다양한 교육적 요구가 있어도 교육적 지원이 적절하게 제공되지 않은 위기학습자(under-served learner at risk)" 를 의미한다(최수미, 유인화, 김동일, 박애실, 2019b).

1. 교육사각지대 학습자의 특성[1)]

교육사각지대 학습자의 특징을 탐색하기 위해 이들을 직접 만나고 관찰하며, 학습에 어려움이 있는 아동들을 현장에서 선별하는 역할을 하는 교사들을 대상으로 면담하여 분석한 결과, 교육사각지대 학습자의 구성개념은 5개 영역(학습 및 인지적 영역, 정서행동적 영역, 환경적 영역, 관계적 영역, 일상생활적 영역)과 16개 범주의 다차원적 요소로 구성되어 있음을 확인하였다(최수미 외, 2018b).

(1) 학습 및 인지적 차원

이 영역은 학습자의 학습능력과 인지능력을 다루고 있으며, 하위 범주로는 '낮은 학업동기 및 태도', '기초학습능력의 부족', '낮은 인지 및 이해력', '학습인지적 전략 부족', '낮은 학업성취' 등의 5개가 있다.

1) 낮은 학업 동기 및 태도

'낮은 학업 동기 및 태도'는 학습하려는 의지, 기대, 욕구 등이 낮고 수업에 참여하지 않거나 방해하는 등 수업에 비협조적인 태도를 나타냄을 의미한다. 관련된 응답내용 및 사례는 다음과 같다.

> "저희 아이는 동기라는 게... 있을 만한 게 없구요. 성취감도 없고 워낙 공부에 대해 취미가 없어요." (학부모 참여자1)
>
> "수업 시간에 한 마디도 안 해요. 발표, 말하기 이런 걸 나와서 시키는데 가만히 있으니 시킬 수가 없잖아요. 수업 시간이 지루할 수밖에 없을 것 같아요." (교사 참여자7)

1) 각 범주별로 제시되는 응답 내용의 예시는 2020년 새라배움 프로그램에 참여한 초등학교 학부모와 담임교사들의 인터뷰 내용을 발췌하여 작성한 것이다.

2) 기초학습능력부족

'기초학습능력부족'은 읽기, 쓰기, 수학(산수) 등의 기초학습 능력에서 문제를 보이거나, 기초학습능력 부족이 누적됨으로써 고학년으로 갈수록 학습적 어려움이 더 커지거나 수업을 따라오지 못하는 경우를 의미한다. 구체적 사례의 예시는 다음과 같다.

> "저희 아이는 학교 수업에서 글씨를 쓰기는 쓰는데 맞춤법을 틀리고요. 받아쓰기를 잘 하지 못해요. 글씨가 날아다닌다고 해야 할까요? 그리고 알고 있는 철자도 많지 않은 거 같아요. " (학부모 참여자3)
>
> "자기가 가지고 있는 기본 지식이 없다보니까 쫓아오지 못하고 '아 이거는 내가 하는 건 아니구나' 라고 포기하는 친구도 있는 것 같고.." (교사 참여자10)

3) 낮은 인지 및 이해력

'낮은 인지 및 이해능력'은 인지적 발달과 관련한 문제가 있음을 의미하며 구체적으로는 지능이 낮거나, 말을 못 알아듣거나, 질문에 답을 못 하거나, 말을 단조롭게 하고 자신의 생각을 잘 표현하지 못하며, 분위기 파악을 하지 못하고 상황에 대한 대처 능력이 떨어지는 등의 모습으로 나타난다. 구체적 사례의 예시는 다음과 같다.

> "인지능력이 다소 떨어지는 학생들은 놀이나 게임 규칙을 이해하는 데 어려움을 느끼는 것 같아요. 이렇게 되면 친구들과도 어울리기를 어려워하더라구요." (교사 참여자 11)
>
> "자신의 감정을 말이나 글로 표현하는 것을 어려워하고 제대로 감정을 전달하지 못해서 친구들에게 부정적인 인식을 주게 되고 모둠활동에도 잘 어울리지 못하더라구요." (교사 참여자 12)

4) 학습인지적 전략 부족

'학습인지적 전략 부족'은 집중력이 떨어지고, 학습방법을 모르고, 시간 및 공간관리에 대한 개념이 확립되지 않았고, 암송과 시연과 같은 메타 인지적 전략이 부족하다는 것을 의미한다. 구체적 사례의 예시는 다음과 같다.

"머리가 나쁜 애는 아니에요. 그런데 적극적으로 스스로 공부하는 것보다는 떠밀려서 공부를 하는.... 제가 놔버리면 전혀 안 한다고 볼 수 있죠"

(학부모 참여자 7)

"열심히 하는데 성적이 안 나오는 애들이 있어요. 밤을 새고, 학교에서도 자지도 않는데. 아무래도 공부 방법을 모르는 것도 있는 것 같구.."

(교사 참여자 5)

5) 낮은 학업 성취

'낮은 학업 성취'는 성적이 낮아서 하위권이며, 학습에서 성공 경험이 부족한 경우 등을 의미한다. 구체적 사례의 예시는 다음과 같다.

"틀리면 친구들이 놀린다고 생각해서 그룹수업을 힘들어하고 포기해요."

(학부모 참여자 2)

"학업 성취가 낮고, 학년이 높아질수록 격차가 심해지는 거죠. 악순환이 반복되는 것으로 보여요." (교사 참여자 11)

(2) 정서 행동적 차원

이 영역은 학습자의 정서적 특성과 행동 특성을 다루고 있으며, 하위 범주로는 '내재화 심리정서문제', '외현화 행동문제', '부정적 자기개념 문제', '일탈행동' 4개의 범주가 있다.

1) 내재화 심리정서문제

'내재화 심리정서문제'는 우울하거나 위축되는 등 내적인 심리적 문제를 나타내는 것을 의미한다. 구체적 사례의 예시는 다음과 같다.

> “애가 도전하는 것을 주저하고 소심한 면이 있는 것 같아요.”
>
> (학부모 참여자 7)
>
> “학기 초부터 적응이 어렵고 시험불안이 높아서 시험기간에 쓰러지기도 했어요. 오늘 기분이 어떤지 물어보면 눈물을 흘리면서 반응하기도 했구요.”
>
> (교사 참여자 10)

2) 외현화 행동문제

‘외현화 행동문제’는 외현적 문제 행동을 보이는 경우를 의미하며 공격성 또는 분노의 표출 등으로 나타난다. 구체적 사례의 예시는 다음과 같다.

> “아이가 초등학교 저학년 때 산만했고 잘 못 따라갔었는데, 저학년때랑 비교해서 철이 좀 든 것 같지만 여전히 집중시간이 짧아요.” (학부모 참여자 5)
>
> “감정기복이 굉장히 심하고 어떤 날에는 자기 내키는 대로 행동을 해서 전체적인 수업 진행이 어려워지는 순간이 있어요. 자신의 분노를 양껏 표출하기 위해 소리를 꽥꽥 지른다든지, 이상한 욕을 한다든지...” (교사 참여자11)

3) 부정적 자기개념

‘부정적 자기개념’은 자기 개념화의 문제를 보이는 경우로서, 낮은 자기 존중감을 보이거나 자신에 대한 부정적인 생각을 하는 등으로 나타난다. 구체적 사례의 예시는 다음과 같다.

> “달리기 같은 걸 할 적에 체육관을 한 바퀴 도는데 여자 애들보다도 제일 늦게 뛰어요. 애가 정말 신체능력이 떨어져서.. 그런건지, 아님 뭔가 위축되서 그런건지. 그리고 항상 입에 맴도는 말이 ‘나 같은 거, 나 같은 거는 없어져야 해. 난 쓰레기야, 뭐 이런 얘기를 어린 아이가 너무 많이 하거든요...”
>
> (교사 참여자7)

4) 일탈행동

'일탈행동'은 심각한 행동 문제를 보이는 경우를 의미하며 학업중퇴, 흡연, 인터넷 혹은 게임중독, 파괴적 충동조절 및 품행장애 등으로 나타난다. 구체적 사례의 예시는 다음과 같다.

> "아침 8시까지 학교에 와야 하는데 아예 이후에 오는 애들이 있어요. 부모님이 깨워도 안 일어나요. 계속 전화를 해도 안 받고. 어머니 아버지는 일찍 출근하셔야 하는 경우에 난감하죠. 밤 새워 오락하고, SNS하고.. 그런 애들은 학습 부진보다는 부적응적 측면이 강하다고 생각해요." (교사 참여자4)

(3) 관계적 차원

이 영역은 학습자의 관계적 배경을 다루고 있으며, 하위 범주로는 '대인관계 소통 및 기술 부족'과 '학교폭력 피해경험' 2개의 범주가 있다.

1) 대인관계 소통 및 기술 부족

'대인관계 소통 및 기술 부족'이란 학교 내 교사나 또래 관계 내에서 의사소통 및 사회적 기술이 부족함으로써 다양한 어려움을 나타내는 것을 의미한다. 구체적 사례의 예시는 다음과 같다.

> "아이가 표현력이 부족해요. 문장구사력이 제가 들어도 상대방이 알아듣기에 부족하다고 생각이 들구요." (학부모 참여자2)
>
> "다른 친구, 어른들과 의사소통을 잘 못해요. 자신의 감정이 어떤 것인지 표현하지 못하고 타인의 감정에도 공감을 못 하는 것 같아요." (교사참여자4)

2) 학교폭력 피해경험

'학교폭력 피해경험'은 또래와의 관계에서 따돌림, 학교 폭력 등의 피해를 경험한 적이 있는 경우이다. 구체적 사례의 예시는 다음과 같다.

"인지기능이 안 좋으면서 순한 애가 있고 인지기능이 안 좋으면서 정서적인 문제가 있는 애가 있어요. 후자는 공격을 하면서 남 탓을 하는 애들이고요, 전자는 말을 잘 듣고, 누가 괴롭혀도 혼자 참고 말아버리는 애들이에요. 순하지 못한 애들은 같이 대항이라도 하는데 순한 애는 아무것도 못 하고 더 피해보는 상황이 발생하거든요." (교사 참여자7)

(4) 일상 생활적 차원

이 영역은 학습자의 전반적인 일상생활을 다루고 있으며, 하위 범주로는 '학교 생활 규범준수 문제'와 '위생 및 생활습관의 문제' 2개의 범주가 있다.

1) 학교 생활 규범준수 문제

'학교 생활 규범준수 문제'는 지각, 결석, 조퇴 등을 하여 학교에서 요구되는 규범이나 규칙을 어기거나, 학급에서 정한 약속을 지키지 않는 등의 행동 문제들을 보이는 경우를 의미한다. 구체적 사례의 예시는 다음과 같다.

"학습과 학교 다니는 걸 엄청 싫어했어요. 1학년 때부터 학교에 안 나가려고 하더라구요." (학부모 참여자 1)

"기본적으로 준비물, 숙제 등을 잘 해오지 않고 저 아이는 '선생님 말씀을 잘 듣지 않는 아이', '자신이 해야 할 일을 제대로 하지 않는 아이'라는 부정적인 인식이 강하게 남는 것 같아요." (교사 참여자 2)

2) 위생 및 생활습관의 문제

'위생 및 생활습관의 문제'는 위생이 불량하며, 때와 장소에 맞지 않는 의복을 입거나, 정리 정돈에 어려움을 보이는 등 생활 습관의 문제를 보이는 경우를 의미한다. 구체적 사례의 예시는 다음과 같다.

"가정에서 위생에 관한 부분이 잘 처치가 안 되나봐요. 수업시간에 계속 머리(비듬)를 털어서 수업을 방해하고, 주변에 있는 친구들에게도 어려움을 주는 것 같아 보였어요." (교사 참여자 13)

(5) 환경적 차원

이 영역은 학습자를 둘러싼 환경적 배경을 다루고 있으며, 하위 범주로는 '가족 구조 및 기능', '역기능적 가족관계', '낮은 사회 경제적 지위' 3개의 범주가 있다.

1) 가족 구조 및 기능

'가족 구조 및 기능'은 편부모, 재혼, 조손 가정 등 가족구조와 관련된 부분, 부모의 양육태도 및 교사의 지도에 대한 태도문제 등을 의미한다. 구체적 사례의 예시는 다음과 같다.

> "아버지와 단 둘이 살고 있는 아이였는데 아버지가 알콜중독이었어요. 아동 센터에 신고가 들어간 적이 있는 걸로 봐서 가정 폭력도 있었구요. 아이의 눈빛이 항상 흔들렸고 불안해 보였어요." (교사 참여자 1)

2) 역기능적 가족관계

'역기능적 가족관계'는 가정 내에서 부부 갈등, 부모-자녀 갈등, 형제 갈등을 포함해 가족관계가 부정적이고 역기능적인 것을 의미한다. 구체적 사례의 예시는 다음과 같다.

> "가정 내에서 어른들끼리의 일에 대한 상처로 어른에 대한 신뢰가 상실될 수도 있구요. 이러한 상실감이 학습무기력으로 이어지는 경우도 있어요."
> (교사 참여자11)

3) 낮은 사회 경제적 지위

'낮은 사회 경제적 지위'는 기초 수급을 지원받고 있거나, 차상위 계층에 속하는 등 경제적으로 어려움을 겪는 경우와, 지역사회 환경이 위험하거나, 부모의 교육수준이 낮은 경우 등을 의미한다. 구체적 사례의 예시는 다음과 같다.

"6남매의 넷째인데, 기초생계급여수급자 가정의 아이에요. 학습이 전혀 되지 않아서 4학년임에도 11-7과 같은 쉬운 뺄셈 계산조차 어려워해요."

(교사 참여자 8)

2. 단위학교 교육사각지대 학습자 특징

교육적 지원이 필요하다는 것을 나타내는 학습자들의 특성들은 학령기 중 어느 때도 발생할 수 있다(Lane et al., 2011). 그러므로 이들을 선별하여 지원하기 위해서는 앞서 제시된 교육사각지대 학습자의 특성을 포괄적으로 살펴본 것에서 나아가 초, 중, 고등학교별 교육사각지대 학습자의 특성을 살펴볼 필요가 있다. 이러한 맥락에서 최수미, 김동일, 김주선(2019a)은 초, 중, 고등학교 현직에 있는 교사 60명을 대상으로 교육사각지대 학습자의 특성을 교사들이 어떻게 인식하고 있는지에 대해 개념도로 표현하였고, 군집의 중요도를 비교하여, 교육사각지대 학습자에 대한 학교급별 교사의 인식이 다음과 같이 상이함을 밝혔다.

(1) 초등학교

초등학교 교사들의 경우, 교육사각지대 학습자들의 특성들을 4개 군집 '과잉행동, 부적절한 학습태도, 낮은 상황인지능력, 역기능적 가족관계'로 구분하였다. 군집별로 중요도를 살펴보았을 때, 역기능적 가족관계, 낮은 상황인지능력, 학습무기력, 반사회적 및 품행문제 순으로 중요도가 높았다. 이 연구에서 초등학교 교사들에게 교육사각지대 학습자들의 특성 중 '역기능적 가족관계'가 가장 높은 중요도를 차지하는 것은, 초등학생의 가족 변인이 학교 적응에 유의미한 영향을 미친다는 연구들(김정희, 안귀여류, 2013; 박성혜, 윤종희, 2013; 하승수, 권석만, 2011; 박영진, 2019)과, 초등학생의 역기능적 가족관계가 학생들의 학교 부적응 및 학습 실패와 직결된다는 McEvoy와 Welker(2000)의 연구 결과와 일맥상통한다. 또한 초등학교 교사들에게 반사회적 및 품행문제가 가장 낮은 중요도를 차지하는 것은 반사회적 행동이 12~13세 이전에는 일반적으로 나타나지 않는다는 의견(Loeber, Keenan, & Zhang, 1997; Roeser & Eccles, 1998)과 일치하는 부분이기도 하다.

(2) 중학교

중학교 교사들의 경우, 교육사각지대 학습자들의 특성들을 5개 군집 '낮은 자기행동 조절능력, 낮은 상황인지능력, 낮은 자기관리 및 학습능력, 반사회적 행동, 역기능적 가족관계'로 구분하였다. 이 연구에서 군집별로 중요도를 살펴보았을 때 낮은 상황인지능력, 학습무기력, 반사회적 행동, 역기능적 가족관계 순으로 나타났으나, 각 군집별 중요도의 차이가 크게 나타나지는 않았다. 이 연구에서 중학교 교사들의 교육사각지대 학습자 특성에 대한 개념도에서 군집의 크기와 위치를 살펴보았을 때, 군집의 크기는 낮은 상황인지능력과 낮은 자기관리 및 학습능력 군집이 비교적 큰 크기로 나타났으며, 군집의 위치를 살펴보았을 때, 행동조절능력, 상황인지능력, 낮은 자기관리 및 학습능력 군집의 위치가 서로 근접해있고, 역기능적 가족관계와 반사회적 행동구집은 타 군집들 간 거리에 비해 멀리 위치해 있으며 동시에 이들 군집 간의 거리는 근접하였다.

(3) 고등학교

고등학교 교사들의 경우, 교육사각지대 학습자들의 특성들을 4개 군집 '낮은 자기관리 및 학습역량, 교사와의 관계문제, 또래와의 관계문제, 역기능적 가족관계'로 구분하였다. 이 연구에서 각 군집의 중요도를 살펴보았을 때 학습무기력, 낮은 상황인지능력, 역기능적 가족관계, 반사회적 상호관계 및 품행장애 순으로 나타났으나, 중학교 교사 집단과 마찬가지로 각 군집별 중요도의 차이가 크게 나타나지는 않았다. 그럼에도 불구하고 고등학교 교사 집단에서는 '학습무기력' 군집을 가장 중요한 군집으로 인식하고 있었는데, 이는 다양한 연령과 학년층의 한국 학생들을 대상으로 학습동기 변이의 추이를 비교하여 공통적으로 시간의 경과에 따라 혹은 연령이 높은 학습자 집단일수록 내재적 동기가 감소한다는 연구들(심우엽, 2001; 이은주, 2000)과도 일치하며, 고등학교는 학교급 특성상 학생들이 대입수학능력평가를 준비하는 시기로 한국사회 고유의 과잉교육열, 학력만능주의와 같은 사회문화적 변인으로 인해 학습동기가 저하된다는 연구(봉미미, 김혜연, 신지연, 이수현, 이화숙, 2008)와 맥락을 같이 한다.

3. 교육사각지대 학습자: 하위 유형

(1) 난독증

DSM－5에서는 학습장애를 특정 학습장애(Specific Learning Disorder)라고 명명하며, 정상적인 지능과 신체 상태를 갖추고 있고 정서적인 문제가 없음에도 불구하고 생활연령, 전반적 지능, 현재까지 받아온 교육수준을 고려할 때 기대되는 수준에 비해 특정 영역에서 학업 기능이 매우 낮은 경우를 말한다. 난독증은 특정 학습장애의 하위 유형으로, 대다수(80% 이상)의 학습장애아동이 읽기에 문제를 가지고 있는 경우가 많다. 읽기는 다른 교과 학업능력뿐 아니라 사회적 삶을 영위하기 위한 필수적인 역량이다. 난독증은 크게 단어인지장애, 읽기 유창성장애, 읽기 이해장애로 나뉘어 진다. 단어인지장애는 개별 단어를 읽기 어려워하며, 비슷한 단어를 혼동하는 것을 의미한다. 읽기 유창성장애의 경우 단어를 읽는 속도 및 정확성이 또래보다 현저히 낮은 경우로서 생략(문장을 읽을 때 단어 혹은 단어의 일부분을 빠뜨리기), 첨가(제시된 문장에 없는 단어 또는 문장을 추가하기), 대치(주어진 단어를 다른 말로 바꾸기), 도치(문자 또는 단어의 좌우를 바꾸어 읽기)가 이에 해당한다. 읽기 이해장애는 유창성이나 단어 인지의 어려움에 의해 독해에 어려움이 있거나 유창성이나 단어인지의 어려움이 없으나 독해에 어려움이 있는 경우를 말한다.

난독증을 포함한 학습장애 학생들은 평균 이상의 지능을 소유하면서도 인지 처리 과정 및 기억력 특히 작업기억력 등에서 어려움을 보이는 경우가 많다. 부족한 작업기억을 보완하기 위해서는 여러 인지전략과 학습전략을 사용해야 하나 학습장애아동은 이러한 전략들을 모르거나 알아도 전략을 사용하지 않는 경향을 보인다(Montague & Applegate, 1993). 또한 추상적인 개념 파악뿐 아니라 추론 과정에서 다수의 변인을 적용해야 하는 과제에 특히 어려움을 보인다(김동일, 고은영, 이기정, 최종근, 홍성두, 2017). 누적된 학습실패는 낮은 학습 자아 개념으로 이어지고 이는 또다시 학습에 부정적인 영향을 미친다. 이러한 거듭된 실패로 인해 학습된 무기력을 보이는 경우가 많고 자신의 능력을 의심하고 쉽게 포기하게 된다. 또한 정서적 측면에서는 행동을 하기 전에 반성적 사고가 부족하거나 충동적인 경향이 강하며 전반적으로 인내심이 약하고 쉽게 좌절한다. 또한 대인관계가 원만하지 못하고(김자경, 2002; 조용태, 2000), 정서행동상의 결함을 보인다(Forness & Kavale, 1997; Hagger & Vaughn, 1997; Kavale & Forness, 1995, 1997).

난독증의 원인은 현재까지 명확하게 밝혀지지 않았으나, 언어기능과 읽기에 관계되는 뇌의 영역과 신경통로 연결 등과 같은 뇌의 신경생물학적인 문제로 인해 발생한다고 알려져 있다(International Dyslexia Association, 2007). 음운조작의 장애(Harm & Seidenberg, 1999), 측두처리결함으로 인한 청각처리속도의 지연(Helenuus et al, 2002; Temple et al, 2003), 뇌량의 구조적 이상과 뇌기능적인 이상(김민정, 이승복, 이희란, 2009), 연속음 지각장애(Wright, Bowen, & Zecker, 2000). 소음 속에서 어조를 탐지하지 못하는 비언어적 장애(Sousa, 2007). 소뇌의 장애(Nicolson & Fawcett, 1999) 등이 난독증의 원인으로 연구되었다.

(2) 경계선 지적 지능

경계선 지적 지능은 미국의 정신장애 진단 및 통계편람 4판(Diagnostic and Statistical Manual of Mental Disorders 4th: DSM-Ⅳ)에서 경계선 지적 기능(Borderline Intellectual Function)으로 분류한 것으로, 표준화된 지능검사에서 정규분포의 -1SD에서 -2SD, 즉 IQ가 70~85 사이에 속하는 경우로서 인구의 13.59%에 해당한다. 즉 지능의 정규분포상 지적장애의 연속선상에 있지만 지적장애도 일반아동도 아닌 아동으로(강옥려, 2016), 특수교육의 적격성 기준에 맞지 않으나 일반교육 환경에서 높은 실패율을 가지고 있다(Lynam, Moffitt, & Stouthamer-Loeber, 1993; Shaw, 2010).

BIF 학습자의 인지적 특성을 살펴보면 우선, 제한된 인지능력으로 추상적인 개념에 대한 학습과 추상적으로 사고하는 것에 있어 어려움을 겪는다(Chauhan, 2011). 이는 복잡한 과제를 완성하기 위해 정보를 일시적으로 기억하는 작업기억이 부족한 탓으로 여겨진다(Verguts & Deboeck, 2001). 보통 학습과정에서는 이미 알고 있는 지식과 새로운 정보를 연결하여 이해하는 과정이 필요한데, BIF 학습자는 새로운 정보와 기존에 알고 있는 정보를 통합하고 조직하는 데 어려움이 있어, 정보를 저장할 때 문제를 갖게 된다(Verguts & Deboeck, 2001). 이로 인해 순차적으로 정보를 습득하는 과정이 더 어렵고 느릴 수밖에 없게 된다(강옥려, 2016). 이 밖에도 전반적으로 주의집중을 하는 시간이 짧고, 집중력도 약한 특성을 가지고 있다(Shaw, 2010). 또한 BIF 학습자들은 자신이 생각하고 있는 것을 말로 표현하고, 다른 사람들이 말하는 것을 듣고 이해하고 기억하는 능력이 부족하다(Chauhan, 2011). 이는 사회적 상황에서 의사소통하는 데 있어 어려움으로 나타난다.

이러한 인지적 어려움은 이들이 겪는 다양한 어려움과 연결이 된다. 학교에 들어와 노력을 하지만 잦은 실패와 좌절을 겪으면서 학습에 대한 동기와 노력이 사그라진다(Levine, 2003). 반복된 실패와 좌절, 이로 인한 부정적 평가는 정서 행동문제로 이어지기 쉽다. BIF 학습자의 정서행동문제는 크게 우울, 불안, 위축 등의 내재화 문제와 분노, 공격성과 같은 외현화 문제로 나타난다(정희정, 이재연, 2008). 이들의 학업 실패로 인한 무능감은 자존감의 상실로 이어져, 청소년기에는 정신 혹은 행동문제의 위기에 처해질 수 있으며(Karande, Kanchan, & Kulkarni, 2005), 우울로 인해 자살로까지 이어질 수 있는 높은 스트레스를 받는 것으로 나타났다(Byran, Mathur, & Sullivanet, 1996; McBride & Seigel, 1997).

(3) 주의력결핍과잉행동장애

주의력결핍과잉행동장애(Attention Deficit Hyperactivity Disorder: ADHD)는 아동기에 가장 흔한 장애 중 하나로(김동일, 이명경, 2006), 아동이 자신의 나이에 맞지 않은 주의산만, 과잉행동, 충동성 등을 주된 특성으로 갖는다(Barkley, 1990; Resnick, 1998; Taylor, 1990). ADHD 아동은 이러한 전형적 증상 외에 실행기능(억제, 모방, 자기 대화, 작동기억, 통찰과 반추, 조직화 등)의 문제, 공존장애(학습장애, 강박장애, 불안, 우울, 틱/투렛, 아스퍼거 증후군, 감각통합장애 등)로 어려움을 겪으며, 특히 가정 내 갈등으로 인해 부모가 겪는 어려움이 심각한 것으로 알려져 있다(Kutcher, 2008). ADHD 아동들은 심리사회적 기능 및 적응에도 어려움을 겪는다. 이들의 충동적이고 자기중심적, 공격적 행동, 욕구지연의 어려움, 쉽게 흥분하거나 좌절하는 모습은 부모, 교사, 또래로부터 부정적인 평가를 받을 가능성을 증가시킨다(Bagwell, Molina, Pelham, & Hoza, 2001). 또래와의 부정적 상호작용은 거부나 소외 경험을 만들고(Olson & Brodfeld, 1991), ADHD 학생들의 권위를 인정하지 않는 특성과 높은 학업 실패 가능성으로 인해 교사와도 부정적인 관계를 형성할 확률이 높다. 특히 학업 결손은 ADHD 학생들에게서 일반적으로 나타나며 학교를 다니는 기간 동안 지속되게 되어(Breslau et al., 2009), 낮은 성취 및 학교 부적응 등 학업문제는 ADHD 청소년에게 가장 광범위하고 현저하게 나타나는 문제가 된다(DuPaul & Stoner, 2016).

ADHD의 유발과 관련하여 생물학적 요인들이 관련된 것으로 보인다(Biederman & Faraone, 2002; Kearney, 2006; Riccio, Hynd, Cohen, & Gonzalez, 1993; Thapar, 2003). 먼저, ADHD의 유전가능성을 주장하는 연구로는 가계 연구, 쌍생아 연구, 입양아 연구, 유전자 분석 연구 등 다양한데, 예를 들어 ADHD 아동의 부모가 ADHD를 보고하는 비율이 일반아의 부모보다 2배에서 8배가 높은 것으로 보고된 바 있다(Biederman & Faraone, 2002; Faraone & Biederman, 1998). 또한 뇌손상과 뇌기능장애가 ADHD와 관련이 있는 것으로 나타난다. 예를 들어 전두엽 부분의 손상이 주의력결핍, 과잉행동, 충동성을 일으킨다는 연구(Strauss & Letinen, 1947; Rosenberg, Westling, & McLeskey, 2011에서 재인용)와 ADHD를 가진 학생의 경우 신경전달물질인 노르에피네프린과 도파민이 부족하다는 결과(DuPaul, Barkley, & Connor, 1998)가 있다. 심리사회적인 위험요인은 ADHD의 유발요인이라기보다 ADHD를 유지시키고 악화시키는 데 상당한 영향을 미치는 것으로 나타났다. 부모의 부적절한 양육방식은 ADHD 증상의 정도에 큰 영향을 미친다. 일단 자녀가 ADHD 증상을 보이게 되면 부모는 큰 스트레스를 받게 되는데, 이때 부모가 어떻게 대처하느냐에 따라 증상의 심각도와 지속정도가 부분적으로 결정된다. 이는 교사의 지도방식에도 적용되어, 교사의 부적절한 지도방식이 ADHD의 정도에 영향을 미친다.

Ⅳ. 교육사각지대 학습자 지원을 위한 지원 체계구축 및 과제

1. 교육사각지대 학습자 개념화 연구

(1) 교육사각지대 학습자 하위 유형 탐색 및 특성 연구

첫째, 재직 중이면서 담임교사 경험이 있는 156명의 교사를 대상으로 교육사각지대 학습자의 다차원적 구성개념을 탐색하였다(최수미 외, 2018b). 그 결과 교육사각지대 학습자의 특성은 5개 영역('학습 및 인지', '정서행동', '관계', '일상생활', '환경')과 16개 범주의 다차원적 구성요소로 이루어져있음을 확인하였다. 현장에서 근무하는 10명의 교사에게 비구조화 면접을 실시하고, 합의적 질적 연구 방법을 통해 면담내용을 분석한 연구(최수미 외, 2019b)에서도 동일한 특성이 도출되었다. 이어서 기존의 포괄적인 개념 연구에서 나아가, 교육사각지대 학습자 특성에 대한 초·중·고교 현직 교사들의 인식을 탐색하고자 연구를 시행하였다(최수미 외, 2019a). 그 결과, 초등학교에서는 '과잉행동, 부적절한 학습태도, 낮은 상황인지능력, 역기능적 가족관계'를, 중학교에서는 '낮은 자기행동 조절능력, 낮은 상황인지능력, 낮은 자기관리 및 학습능력, 반사회적 행동, 역기능적 가족관계'를, 고등학교에서는 '낮은 자기관리 및 학습역량, 교사와의 관계문제, 또래와의 관계문제, 역기능적 가족관계'를 교육사각지대 학습자의 특성으로 인식하고 있었다.

또한 교육사각지대 학습자를 조기에 선별하기 위한 선별검사의 기초자료를 제공하고자 연구를 실시하였다(최수미, 김주선, 김동일 2018a). 현직 교사 10명과의 인터뷰를 통해 총 43개의 진술문을 도출하였고, 이것을 35명의 교사들로 하여금 유목화하게 하여 개념도를 도출하였다. 그 결과 교육사각지대 학습자의 속성이 4개 군집('낮은 상황인지 및 행동', '역기능적 상호작용 및 가족지지부족', '학습능력 및 태도관련 문제', '부적응적 사회·정서 문제 및 품행문제)으로 도출되었다. 이에 대한 후속연구로 김동일, 김주선, 김은삼, 송푸름(2019)은 교육사각지대 학습자들을 주 대상으로 교육복지 사업을 다방면으로 진행하고 있는 10명의 교육복지사를 연구대상으로 하여 10명의 일반교사들이 인식한 교육사각지대 학습자 속성에 대한 교육복지사의 개념도와 중요도 평정을 확인하고자 연구를 시행하였다. 연구결과 5개 군집('부모와의 낮은 상호작용', '교사에 대한 부정적 태도', '낮은 학업동기와 학업성취도', '개인 내 부정적 심리 행동적 문제', '부정적 언어 및 행동으로 인한 대인관계 갈등')이 도출되었다.

(2) 교육사각지대 학습자 진단체계 모형 개발

교육사각지대를 실질적으로 돕기 위해서는 우선 교육사각지대 학습자를 조기 선별할 수 있는 진단 체계가 마련되어야 한다(최수미 외, 2019c). 특히 원인과 양상이 다양하게 나타나는 청소년기 교육사각지대 학습자들의 경우, 인지적, 정서·행동적, 관계적 측면 및 환경적 측면 등의 여러 변인을 살펴볼 필요가 있다(최수미 외, 2019c).

기존에 학습지원 필요 여부를 확인하기 위해 실시되던 도구들은 학습부진의 원인을 인지적 요소 및 학업 성취 관련 변인을 중심으로 살펴보고 있으므로(이대식, 남미란, 김양주, 류경우, 2010; 오인수 외, 2011; 여태철, 이대식, 황매향, 임효진, 2013), 이보다 다양한 원인들이 작용하는 교육사각지대 학습자를 선별하기에는 적절하지 않다(최수미 외, 2019c). 이들을 위하여서는 황매향, 김영빈, 함은혜, 오상철 등(2012)이 언급하였듯이 목표결여, 동기 부재, 학업과 관련한 부정적 경험, 무력감, 통제력 부족 등의 비인지적 변인이 고려되어야 하는데, 기존의 도구들은 이런 특성들이 간과된 채 선별을 하고 있기 때문이다(최수미 외, 2018b). 그러므로 학습부진 학생들의 정서·행동적 측면을 비롯한 다양한 측면을 반영한 교육사각지대 학습자 선별도구 개발이 필요하다고 볼 수 있다(최수미 외, 2019c).

이러한 필요를 반영하여 교육사각지대 학습자 진단체계 모형을 구축하기 위한 진단 도구가 개발된 바 있다. 최수미 등(2019c)은 학교 현장의 일반 교사들을 대상으로 하여 교육사각지대 학습자 조기 선별을 위한 다차원적 진단도구를 개발하였다. 먼저 척도의 구인화 모형을 설정하고 문항을 개발하는 과정과 구인화 모형 및 예비문항의 타당도 검증, 최종적으로 추출된 문항들의 타당도 검사를 위한 조사를 실시하는 과정을 거쳐 개발되었다. 그 결과 교육사각지대 학습자를 선별하기 위한 교사용 평정 예비 도구를 구성하는 영역은 총 5개로서 학습 및 인지 영역(5요인, 25문항), 정서 및 행동 영역(4요인, 17문항), 환경적 영역(3요인, 14문항), 관계적 영역(2요인, 6문항), 일상생활 영역(2요인, 8문항)이었으며, 총 70문항이었다. 이 검사의 타당화 검증을 위한 조사에는 978부가 활용되었으며, 그 결과 신뢰도가 양호하였고, 공인타당도 또한 타당하였다.

이 척도의 측정동등성과 잠재평균을 교사 1,103명을 대상으로 단위학교별로 비교 연구하였다(유인화, 최수미, 김동일, 선우미현, 조아영, 2020). 각각 초등 교사 453명, 중등 교사 238명, 고등 교사 287명이 참여한 평가 결과, 다섯 개의 차원 중 관계적 차원을 제외한 네 개의 차원 모두에서 측정동등성이 지지되었다. 관계적 영역에 대하여서 부분측정동등성을 확보한 후에 잠재평균을 비교한 결과, 학교급별로 교사들이 교육사각지대 학습자의 특성으로 높게 인식한 영역이 달랐는데, 초등교사의 경우 학습과 인지적인 면을, 고등교사의 경우 정서·행동적 차원을 높게 인식하는 것으로 드러났다. 또한 정렬법을 통하여 관계적 영역의 요인평균을 비교하였고, 그 결과 차별문항이 나타나는 것을 확인함으로써 학교급별로 관계적 영역의 문항에 대하여 발달적 특징을 반영한 재조정이 필요하다고 보았다.

한편 선우미현 등(2020)은 앞서 개발된 최수미 외(2019c)의 평정척도가 수정된 합의적 질적 연구(CQR-M)를 통하여 구조를 설정한 점, 탐색적 요인분석 등을 바탕으로 한 통계적 검증이 제대로 이루어지지 않은 점 등을 이유로 학습이 어려운 학습자 특성 파악에 개인의 주관적 판단의 개입 가능성을 지목하면서 교육사각지대 학습자 선별을 위한 교사용 선별척도를 학교급별로 새로이 개발하였다.

그 결과 초등학교 교사용 척도는 총 44문항이 선정되었고, 전체 4개 요인으로 구성되었다. 1요인은 환경 영역으로서, 학부모의 자녀에 대한 관심 수준을 포함하는 양육 태도, 가정 내의 부모·자녀의 관계를 나타내는 자녀관계, 학부모의 소득수준, 부모의 실직·빈곤과 관련한 사회경제적 지위, 위생과 관련한 자기 관리가 포함되었다. 2요인은 학습동기 영역으로서 학습에 대한 흥미·지루함을 나타내는 학습태도, 주의집중·과제지속력과 관련한 학습전략 등이 포함된다. 3요인은 정서 및 행동 영역으로서 충동성·분노, 교사에 대한 반항과 관련한 문항으로 구성된 충동 및 과잉태도, 등교거부, 강제전학 등의 학교생활과 관련된 내용 등이 포함된다. 4요인은 학습능력 영역으로서 읽기, 쓰기, 사칙연산, 낮은 추상적 사고력과 관련한 학습기초, 학습인지를 측정할 수 있는 문항 등으로 구성된다.

다음으로 중학교 교사용 척도는 총 46문항, 5요인으로 구성되었으며 1요인부터 2요인까지는 초등교사용과 동일한 내용이었다. 3요인은 정서 및 행동 영역으로서 교사에 대한 반항, 충동과 관련한 낮은 통제력, 자해, 자살의 자기파괴적 행동 등이 포함된다. 4요인은 학습능력 영역으로서 학습기초와 논리적 표현, 이해력과 관련한 학습인지 등으로 구성되어 있다. 5요인은 자아정체성 영역으로서 또래문화, 따돌림과 관련한 내용의 또래관계와 부정적인 자기개념, 외모에 대한 열등감을 나타내는 자기인식 등으로 구성된다.

마지막으로 고등학교용 교사용 척도는 41문항, 4요인으로 구성되었다. 1요인은 환경 영역으로서 부모의 양육태도, 가족관계, 사회경제적 지위로 구성되며, 2요인은 정서 및 행동 영역으로서 낮은통제력, 일탈행동, 등교 거부, 학교생활로 구성된다 3요인은 학습능력 영역으로서 학습기초, 교사 지시 수행의 어려움, 학습 인지가 해당되며, 4요인은 학습동기로서 낮은 학습 흥미와 관련한 학습태도이다. 이와 같이 초, 중, 고교의 차이를 확인하고 이를 바탕으로 진단도구를 달리하여 사각지대 학생들을 조금 더 세밀하게 지원할 수 있다.

또한 교육사각지대 학습자에게 유용하게 활용할 수 있는 기존의 진단 및 중재 방법이 존재한다. 대표적으로 서울대 특수교육 연구소가 지역 기관과 협력하여 진행하는 프로그램으로, 이 프로그램은 능력–성취 불일치 모델의 대안으로 제기된 중재반응 접근법을 반영하는 모형을 기반으로 한다. 중재반응 모형은 학습의 진전도를 주기적이고 반복적으로 측정하고, 그 결과를 차기 수업 진행에 반영하는 모델로서(이대식, 2009) 정확하고 객관적으로 측정되는 것이 중요하다. 이에 대하여 본 프로그램에서는 아동의 읽기, 쓰기 영역, 수학 영역 등 학습자에게 개별적으로 맞추어진 중재를 제공한 후 정기적으로 학생의 수준을 측정하고 그 결과를 반영하여 중재를 수정해 나가는데(Gartland & Strosnider, 2005), 이 과정에서 진전도 평가 및 형성평가를 위한 진단도구로는 기초학습기능 수행평가체제인 "BASA"검사를 활용하고 있다(김동일, 2008).

2. 교육사각지대 학습자를 위한 다수준 교육 · 상담 지원모형 개발 연구

교육사각지대 학습자들의 교육을 일선에서 담당하고 있는 교사들을 대상으로 이들을 위한 지원 방안을 어떻게 인식하고 있는지 연구하였다(김동일 외, 2019). 그 결과 "교육청 및 지역사회–학교 및 가정"과 "직접적 교육 지원–관련 서비스"의 2차원과 "교사의 주체적 지원", "행 · 재정적 교육청 지원", "학교 내 시스템 구축"이라는 세 군집으로 설명되었다. 즉, 교육사각지대 학습자를 위한 지원은 교육자–학습자만의 수준에서 이루어지는 것이 아닌 학습자 수준, 부모 · 교사 수준 및 학교와 교육청 등의 기관 수준을 포함하는 다층적이고 종합적인 지원 모델이 필요하다고 할 수 있다.

한 아이를 키우려면 마을 전체가 필요하다고 한다. 마찬가지로 한 학생을 교육하기 위해서는 학교 전체의 체계가 필요하다(It takes a whole school to educate a student). 즉, 학생 개인 수준에서뿐만 아니라 개인을 둘러싸고 있는 부모와 교사, 나아가 기관 수준에서의 협업을 고려하며, 다차원적이고 종합적인 교육지원 모형을 제시한다면, 더 많은 교육사각지대 학습자가 학교에 성공적으로 적응하고 학교를 졸업한 이후에도 한국사회 안에서 잘 적응하여 인재로 성장할 수 있는 기반이 될 것이다. 다수준 교육상담 지원 모형은 [그림 1-2]와 같다.

그림 1-2 교육사각지대 학습자 지원을 위한 다수준 교육·상담 지원 모형

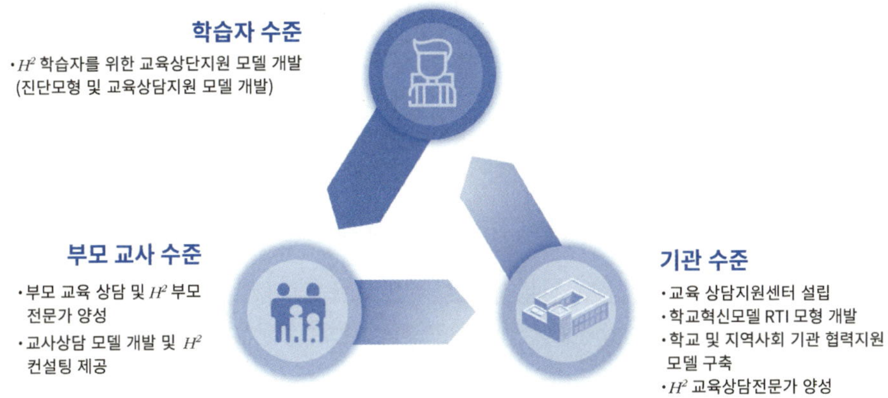

교육사각지대 학습자 지원을 위한 종합적이고 다층적인 교육상담 지원 모형을 개발하기 위해서는 의학과 교육학, 심리학 및 사회복지학 등의 다양한 학문 분야의 통합적인 네트워크가 필요하다. 학습부진은 단일 요인으로 설명될 수 있는 현상이 아니다. 이는 유전적, 신경심리학적, 인지적, 심리적 요인을 비롯한 가정·학교 환경적 및 교육적 요인 등이 다양하고 복합적으로 작용한 결과일 것이다. 그러므로 교육 지원은 이러한 요인들에 대한 전문적 관점에서 마련될 필요가 있다. 동시에, 교육, 상담, 정책, 의학 등 다양한 경로를 통하여 지원이 이루어지기 때문에 교육·상담 지원 모형을 개발할 때 다양한 학문 분야의 전문가들 간의 협업이 수반된다면 지원의 효과 및 효율성은 더욱 극대화될 수 있을 것이다.

(1) 학습자 수준: 교육사각지대 학습자를 위한 교육상담지원 모델 개발

교육사각지대 학습자를 위한 지원은 다수준 모형을 통해 다양한 학문 분야의 전문가들이 함께 통합적 네트워크를 형성하여 전문적이고 개별적인 맞춤형 지도계획을 수립해야 한다. 특히, 획일화된 교육방법이 아니면서 학습 수준의 개인차뿐만 아니라 개개인의 특성에 맞춘 '개별 맞춤형 교육과 상담'의 제공이 필요하다. 즉, 교육사각지대 학습자들의 특징을 파악하고 다중지능의 관점에서 이러한 특징들이 적극적으로 반영되는 중재 프로그램의 개발이 요구된다. 특히 포스트 코로나 시대를 맞이함으로써 비대면 온라인이 익숙한 세대에 발맞추어 스마트 기기를 통한 어플리케이션 시스템 개발이 필요하다. 이는 가정에서도 자기주도학습을 수행할 수 있도록 도와주고, 실제적인 문제해결력을 향상 및 학습역량 강화를 가능케 할 것이다.

(2) 부모 · 교사 수준: 교육사각지대 학습자를 위한 전문인력 양성 프로그램

교육사각지대 학습자를 전문적으로 지원하기 위해서는 부모교육 및 부모전문가 양성, 교사 연수 및 교육사각지대 교육상담자 양성이 필요하다. 현재 교원양성과정만으로는 일반교사가 특수한 서비스를 필요로 하는 학습자들을 지도하는 데에 한계가 있다(강옥려, 2016). 학교현장에서 학생들을 직접 지도하는 교사들도 난독증 학생들을 지도할 때 가장 어려운 점으로 교사의 역량 부족(15%), 지도 자료의 부족(22.8%)을 언급하는 등 비슷한 결과가 보고되었다(우정한, 신화성, 김종훈, 김민주, 2016). 따라서, 교육사각지대 학습자를 전문적으로 돕는 교사연수 프로그램 및 자격과정을 개발하여 이러한 갈증을 해소할 필요가 있다. 특히, 조기예방에 초점을 둔 지원 전문가 양성 모형은 교육사각지대 학습자를 조기에 선별하여 필요한 중재를 제공하는 역할을 할 것으로 여겨진다.

또한 교육사각지대 학습자들의 기초학습 이외에도, 사회성 발달 및 정서적 안정, 생활과 직업 훈련 등에서 겪는 어려움을 해결하기 위해 부모교육이 필요하다. 사회 · 정서적인 발달은 장기적인 도움이 필요하며(Reddy, Ramar, & Kusuma, 2003), 교육사각지대 학습자들의 필요에 민감하게 반응하면서도 낙관적으로 일상생활을 지도해줄 수 있도록 돕는 부모교육이 필요하다(박찬선, 장세희, 2015). 덧붙여, 이러한 교육사각지대 학습자 지원 인력을 효과적으로 교육하고 훈련하는 교육사각지대 수퍼바이저 양성과정도 함께 진행하고자 한다. 특히 이러한 수퍼바이저가 스마트 중재 프로그램상에서 활동할 수 있도록 프로토타입을 구성함으로써 스마트 중재 프로그램 개발과 지원인력 양성 모형 개발의 연결성을 강화시키고자 한다.

(3) 기관(학교) 수준: 교육사각지대 학습자 지원을 위한 자문제공 및 RTI 모형

학교, 교육청 등의 기관 수준에서 교육사각지대 학습자를 지원하기 위한 자문 및 RTI(Response to Intervention: RTI) 모형을 제안하고자 한다. RTI는 체계적인 평가방법뿐만 아니라 양질의 교육을 제공하여, 획일화된 교육방법으로 학습을 따라가지 못하는 학생들에게 3단계의 반응수준을 달리한 추가적인 교육방법을 제시하여 학생들의 성공 기회를 늘려준다(Brown-Chidsey & Steege, 2016). RTI는 모집단 기반체제에서 도움이 추가적으로 필요한 학생을 선정하므로, 이미 미국 공교육의 핵심정책으로 보급되어 있다(Brown-Chidsey & Steege, 2016).

더 나아가 교육사각지대 학습자의 진단 및 지원을 위해 유관 단과 대학과 연관 기관 간 협력체계를 바탕으로 교육사각지대 학습자 진단 및 평가 데이터베이스를 구축하는 것이 필요하다. 이러한 데이터베이스는 이후 표준화된 검사 결과를 바탕으로 각각의 학습자에게 필요한 중재 내용 및 지원 자원을 개별화하여 매칭시키는 것에 기반이 되어줄 것이다. 즉, 기관 차원에서는 다학제적 접근 및 새로운 RTI 모형, 데이터베이스 구축을 통하여 개별화되고 스마트한 중재 시스템을 현장에서 구현할 수 있는 전문인력 양성이 필요하다.

3. 교육사각지대 학습자를 위한 국가 수준 지원 방안 연구

(1) 교육사각지대 학습자 책임교육을 위한 (가칭) EUSS 교육 상담 지원센터 설립

보다 체계적인 교육사각지대 학습자 지원을 위해서는 법과 현실, 연구와 현장에서 보이는 간극을 줄이고, 이들에게 필요한 교육 및 상담, 자문, 권리 보장 등의 다양한 서비스를 총괄하여 제공하는 "Every Under-served Student Succeeds (이하, EUSS)" 교육 상담 지원센터가 필요하다. (가칭) EUSS 교육 상담 지원센터 건립과 운영에 앞서, 우선 청소년상담복지개발원이나 교육과정평가원에 교육사각지대 학습자 지원센터를 시범적으로 설치하여 운영하는 방안을 고려할 수 있다. 나아가 EUSS 교육 상담 지원센터가 건립된다면 서울시 경계선지능인 평생교육 조례 제6조(경계선지능인 평생교육 지원센터 등) 및 제7조(위탁 등)에서 보장하는 대로 서울시의 학령기 경계선지능인지원센터를 위탁받는 전문센터의 역할을 담당할 수 있을 것이다.

(2) 국가수준 교육환경 디자인 연구

교육사각지대 학습자를 위한 다양한 지원의 효력을 극대화하기 위해서는 법적, 정책적 보완이 필요하다. 최근 들어서 느린 학습자라고 불리는 경계선 지능 학습자와 난독증을 가진 학습자 등에 대한 지원이 확대될 수 있었던 데에는 다양한 법적, 제도적 근거가 마련되었던 것이 크게 영향을 미쳤다고 볼 수 있다. 앞서 언급한 "느린 학습자 지원법"인 「초·중등교육법」 제28조(학습부진아 등에 대한 교육)의 개정 및 "난독증 학생 지원 조례" 신설 등이 그 예이다. 이러한 선례와 같이 교육사각지대 학습자의 맞춤형 지원을 위한 학제적 지원 모형 및 다수준 지원 모형에서 제시하는 다양한 지원방법을 뒷받침할 법적, 정책적 근거를 마련하기 위한 연구의 수행은 교육사각지대 학습자 지원을 위한 국가적 교육환경을 디자인하는 일이라고 할 수 있다.

V. 결 론

지금까지 살펴보았듯이, 실제 교육현장에서는 학습에 있어 명백한 어려움을 가지고 있음에도 적절한 교육적 지원을 받지 못하는 교육사각지대 학습자가 존재한다. 이 장에서는 이러한 문제의식에서 출발하여 아래와 같이 교육사각지대 학습자에 대한 개념 연구를 통해 이들의 특성을 구체화하고, 현장의 요구를 기반으로 한 교육사각지대 학습자의 지원 모형 개발과 국가 수준 지원 방안을 모색하였다.

첫째, 이들을 현장에서 만나는 교사들의 인식을 탐색한 결과, 학습 및 인지적 차원, 정서행동적 차원, 환경적 차원, 관계적 차원, 일상생활적 차원의 어려움을 가진 다차원적인 구성개념을 확인할 수 있었다. 기존에는 이러한 학습에 어려움을 겪는 학습자들의 지능, 저성취 등 학습 및 인지적 차원만이 강조되어 제한적인 학습지원이 이루어져 왔다(최수미 외, 2018b). 그러나 학습곤란은 정서행동장애, 학습장애, 학습부진, 다문화, 돌봄의 결여 등 복합적 요인으로 발생하기 때문에(손승현, 이예다나, 2017), 교육적 지원이 필요로 하는 위기학습자들의 특성을 포괄적으로 이해하고 선별하여, 광범위하고 다양한 지원을 제공할 필요가 있다.

둘째, 교육사각지대 학습자들 현장에서 만나는 교사들을 대상으로 교육사각지대 학습자의 지원 방안을 탐색하였다. 그 결과, 교육사각지대 학습자를 위한 지원은 학습자만의 수준에서 이루어지는 것이 아닌 학습자 수준, 부모와 교사 수준, 학교와 교육청을 포함한 기관 수준 등 다수준의 종합적인 지원 체계가 제안되었다. 또한 앞서 살펴보았듯이 교육사각지대 학습자가 겪는 학업에서의 어려움은 단일 요인으로 설명되는 현상이 아니므로, 이들에 대한 다층적인 지원 모형이 개발되고 효율적으로 운영되기 위해서는 의학, 교육학, 심리학, 사회복지학 등 다양한 학문 분야의 통합적인 네트워크와 협업을 통해 융합학문으로서의 교육 서비스를 제공해야 할 것이다.

셋째, 체계적인 교육사각지대 학습자 지원을 위해서는 이들에게 필요한 교육 및 상담, 자문 등 다양한 서비스를 총괄하여 제공하는 책무성 있는 기관, 즉, (가칭) EUSS 교육 상담 지원센터의 필요성을 제안한다. EUSS 교육 상담 지원센터는 교육사각지대 학습자의 책임교육을 위해 국가 수준에서 건립하고 운영할 필요가 있다. 또한 앞서 논의된 다양한 지원방법을 뒷받침할 법적, 제도적 체계를 마련해야 할 것이다.

토의문제

1. 개인적으로 생각하는 교육사각지대는 무엇인가? 어떤 영역을 더 발굴해야 하는지와 그 이유를 제시해 보시오.
2. 교육사각지대 학습자에 대한 다수준(개인, 가족, 지역사회) 지원 전략을 제시하시오.

02

교사용 교육사각지대 학습자 선별검사 및 활용

최수미(건국대학교 교육대학원 상담학과 교수)

어느 초등학교 교사와의 인터뷰 중:

교육사각지대 학습자 아이들의 경우, 수업에 전혀 참여를 안 하고 가정에서 돌봄이 안 되어 학교와서 잠만 자는 경우가 있어요. 예전에는 반에서 이런 아이들 못 봤는데, 요즘엔 한 반에 1명 혹은 그 이상은 보는 것 같아요. 어떤 아이들은 조용하고 얌전하지만 반대로 극단적으로 강력하게 폭발하는 경우도 있고, 집중받고 싶어서 책상을 치거나 교실을 나가버리는 경우도 있어요. 시험을 볼 때도 집중이 안 되니까 한 문제 한 문제 집중을 못 해서 시험을 잘 보지 못해요. 이런 아이들은 학교를 잘 안 나오는 경우도 많아요. 수업을 전혀 못 쫒아오는 경우도 많지만, 교사 입장에서는 평균 혹은 상위 60%를 기준으로 가르치기 때문에 걔한테 맞추기가 어려워요. 조금 부족한 정도면 보충을 해주는 게 일반적이긴 한데... 특수교육반으로 보내는데도 한계가 있는데, 그런 아이들 엄마가 원하는 것은 학습보다도 그 아이가 할 수 있는 것, 친구들과 관계 및 감정 교류하는 것 정도이고, 학교에 혼자 온다는 것만 해도 만족스러워합니다. 또한, 감정적인 문제가 있는 아이들 같은 경우 학습에 전혀 참여를 못 하고 체육시간 등을 통해 어울림이나 사회협동학습이 잘 안 되고 사람하고 잘 어울리지 못해요.

Ⅰ. 들어가는 말

청소년기는 아동에서 성인으로 넘어가는 과도기적 단계로서, 신체적, 지적, 정서적으로 많은 변화를 경험하면서 미성숙한 단계에서 성숙한 단계로 성장해가는 시기이다. 이러한 청소년기를 어떻게 보내느냐는 건강한 성인, 성공적인 사회인으로서 성장하는 데 매우 중요하다. 따라서, 우리의 청소년들이 하루 대부분의 시간을 학교라는 공간에서 보내고 있는 작금의 상황에서, 이곳, 즉 학교에서 청소년들이 건강하게 성장하고 발달해 갈 수 있도록 교육적으로 지원하는 것은 학교 및 국가의 절실한 교육적 과제라 할 수 있다. 이러한 교육적 과제를 달성하기 위해서는 학교 내 다양한 특성을 지닌 청소년, 즉 학습자들을 고려한 학습자 중심의 교육 지원 및 제공이 요구된다. 이에 최근 교육은 학습자에게 지식 전달 및 습득에 초점을 두었던 기존의 소극적 지도를 넘어 학습자의 전인적 성장을 목적으로 하는 적극적 지도를 제공하는 것으로 교육의 역할이 확장되고 있다(조아영, 유인화, 이유라, 황재호, 최수미, 2021; 김동일, 안예지, 구승영, 2016).

최근 몇 년 동안, 국가는 국민의 교육받을 권리보장과 교육의 공공성 회복을 위한 기초학력 보장에 관한 법안들을 발의하여 모든 학생의 기초학력 보장을 위한 교육적 지원을 위해 노력해 오고 있다. 예로서, 2015년 11월 「초중등교육법 개정안」 제28조 학습부진아동에 대한 교육 안이 국회 본회의를 통과하여 2016년 1월부터 시행되고 있는데, 이로 인하여 학습장애를 지닌 학습자가 특수교육대상자로 선정되지는 못했지만, 특별한 요구에 따른 지원이 필요한 학습자들이 현행 체제의 일반 학습에서 적절한 지원을 받을 권리를 갖게 되었다. 또한, 2014년 10월 「경기도 난독증 등 학업중단 아동청소년 지원 조례」에 따라 경기도는 난독증, ADHD, 우울 등에 의한 학습장애 아동 및 청소년들이 건강한 성인으로 자랄 수 있도록 교육적 지원을 제공할 수 있게 되었다. 앞서 예로서 제시된 정책들을 살펴보면, 그동안의 국가 및 지방자치단체의 법과 정책을 통한 학습자들을 위한 교육적 지원 노력들은 대부분 기초학력을 향상시키고 학습부진을 최소화하는 학력향상을 위한 학습지원에 초점이 맞춰져 있음을 알 수 있다. 하지만, 일반학교 현장에서 단순히 기초학습능력부족이나 인지적 능력부족에 의해서만이 아닌 복합적 요인으로 인해 학습 및 학교적응에 어려움을 겪고 있는 많은 학습자들이 존재하기 때문에, 낮은 학업성취에만 근거한 교육적 지원만으로는 학생들의 전인적 발달 및 사회구성원의 역할을 다할 수 있는 성인으로서 성장시키기 위한 교육목표를 달성하는 데 한계가 있다. 즉, 일반 학교 현장의 위기학습자들은 일반 학생들과 달리 저성취, 학습부진 등의 낮은 학업성취뿐 아니라 인지, 정서, 사회성 등 다양하고 복합적인 측면에서 어려움을 경험하고 있고, 따라서 이들에게 학습 외 추가적인 교육적 개입 및 지원을 제공할 필요가 있다.

최근 최수미, 유인화, 김동일, 박애실(2018)은 학교 현장에서 일반 학생들과 달리 다양한 특성과 유형의 어려움을 나타내고 있는 위기학습자를 '교육사각지대 학습자'로 명명하였다. 이들은 교육사각지대 학습자란 특수교육대상자와 같이 심각한 장애를 보이지는 않지만, 일반학교에서 제공하는 교육과정으로는 기본적인 학습 및 적응 능력을 습득하는 데 어려움이 있는 학습자로서, 학습과 인지, 정서, 행동, 관계, 생활, 환경 등 다양한 영역에서 적응상의 어려움을 경험하는 위기학습자로 정의하였다(최수미 외, 2018). 즉, 교육사각지대 학습자는 일반학교의 획일화된 교육커리큘럼에 따라 요구되는 기초학습능력을 성취하지 못하거나 정서, 사회성 등 다양한 적응상의 어려움을 경험하지만 특수교육대상자에 해당하지 않는다는 이유로 특수교육적 지원을 제공받지 못하는 일반교육과 특수교육의 사각지대에서 다양한 어려움 및 부적응을 경험하고 있는 학습자를 의미한다. 김창호, 박성우(2007)에 의하면, 특수교육대상자는 아니지만, 추가적인 교육적 지원이 필요한 학생 총 16,468명 중 정서 및 행동문제 등을 가진 학생은 총 4,583명이었다. 이는 약 28%에 해당되는 것으로, 결코 적지 않은 수임을 알 수 있고 이들에 대한 교육 및 상담적 지원에 관심을 가져야 할 필요가 있다. 이를 위해서, 교육사각지대 학습자에게 필요한 교육 및 상담적 지원을 제공하기 위해서는 이들이 어떤 특성들과 유형들을 나타내는지, 이들을 어떻게 선별할 수 있는지 등을 살펴볼 필요가 있다.

지금까지 국내외 전문가 및 연구자들은 학교 내 위기학습자에 관심을 갖고 많은 노력들을 기울여 왔다. 국외의 경우, 추가적인 교육지원이 필요한 위기학습자 유형을 살펴보기 위해서 OECD(Organization for Economic Cooperation and Development)는 특수교육 분야 전문가들과 함께 이들의 유형을 3가지로 분류하였다(최수미 외, 2018; Robson, 2005). A 유형은 시각장애, 청각장애 등과 같이 분명한 기질적 장애가 있는 학습자이고, B 유형은 학교에서의 곤란이 기질적 문제 혹은 사회적 불이익에 기인한지 명백하지 않은 학습자, 그리고 C 유형은 가정환경과 같은 사회적 불이익을 가진 학습자로 세 가지 유형을 정리하였다(최수미 외, 2018; Robson, 2005). 국내의 경우는 강옥려(2016)에 의해 특수교육서비스를 받을 수 없어 일반 학교의 교육과정을 제공받는 경계선 지능 학습자를 위한 연구가 진행되었고, 김동일 외(2016)에 의해 ADHD 학습자를 대상으로 한 연구가 진행되었다. 이외에도 난독증, 학습부진, 느린 학습자 등을 포함한 일반학교의 위기학습자들을 대상으로 한 연구들이 국내에서 진행되어 왔다. 이처럼 국내외적으로 특수교육대상자가 아니지만 일반 학교에서 제공하는 교육과정을 따라가지 못해 적응상 어려움을 경험하는 학습자에 대한 관심이 지속적으로 이어져왔음을 알 수 있다. 하지만, 지금까지의 연구들은 전문가의 합의에 근거한 명시적 지식에 근거하였거나 혹은 진단 중심적 접근을 통해 일반 학교 내 학습 외에 추가적인 교육지원이 필요한 위기학습자들을 정의내리고, 특성 및 해결방안을 제시해 왔다. 이러한 노력들은 위기학습자들의 어려움에 주목하고 현상을 연구하려는 시도였다는 면에서 매우 의미가 있다 할 수 있지만, 진단 중심적 접근과 명시적 접근에 의한 분류는 다양하고 복합적인 교육적 지원을 필요로 하는 위기학습자들을 종합적으로 분류하고 선별하는 데 어려움을 야기하고 더 나아가 관련 전문가가 아닌 일반 학교 현장의 교사들이 사용하는 데 한계가 있다.

일반 학교 현장에서 교육사각지대 학습자를 조기에 발견하고 이들이 필요로 하는 교육적 지원을 발빠르게 제공함으로써 이들이 학교 및 사회에 잘 적응할 수 있도록 돕는 것은 매우 중요한 일이다. 이러한 점에서 일선 학교 현장에 있는 교사들은 교육사각지대 학습자의 1차적 선별자로서 매우 중요하다. 왜냐하면, 일반 교사들은 학교 현장에서 학습자들과 직접적으로 상호작용하고 가장 가까이서 학습에 어려움을 겪거나 추가적인 교육적 지원이 필요한 학습자들의 행동 및 특성을 관찰하고 있기 때문이다(최수미 외, 2018; 김동일, 이일화, 2003). 더 나아가, 실제 학습에 문제를 경험하거나 학습장애로 의심되는 학습자들을 교사들이 많이 의뢰하고 있고, 이들을 판별하는 과정에서 교사들의 의뢰가 높은 신뢰도를 나타내고 있는 것으로 보고되고 있다(최수미 외, 2018; 김동일, 이일화, 2003). 따라서, 일반 학교 현장에서 학습 이외에 다양하고 종합적인 교육적 지원이 요구되는 교육사각지대 학습자를 위해서는 조기에 선별 및 진단이 이루어질 수 있고, 전문가의 명시적 지식에 근거한 도구가 아닌 그동안 교사들이 축적해 온 경험과 관찰에 의해 교육사각지대 학습자들을 충분히 선별할 수 있는 도구를 통해 교사들이 1차적 선별자로서 역할을 할 수 있도록 지원할 필요가 있다.

2018년도부터 최수미 외 연구팀은 특수교육대상자는 아니지만 일반학교에서 학습을 따라가지 못할뿐더러 정서 및 행동등 다양한 어려움을 경험함으로써 적응하지 못하는 교육사각지대 학습자를 진단하기 위해 오랫동안의 경험과 관찰을 통해 축적해 온 일반 교사들의 묵시적 지식에 근거한 '교사용 관찰 및 진단도구'를 개발하여 사용해 오고 있다. 더 나아가 시범적이지만, 연구팀에서 개발된 도구를 활용하여 서울시내 한 지역교육청과 관내 초등학교 교육사각지대 학습자를 선별하고 이들에게 필요한 교육적 개입 및 지원을 제공해 왔다. 교육사각지대 학습자의 학교 및 사회적응을 위한 본 시범사업은 '온리원 프로젝트'로 칭하여, 교육청－학교－학부모－교육 및 상담전문가 팀의 협력하에 선별 및 교육적 지원을 제공해 왔고, 교육적 지원의 효과 및 만족도가 꽤 높은 사업으로 3년 동안 지속되어 오고 있다. 이상에서 언급된 내용을 통해 본 장에서는 교육사각지대 학습자를 진단하고 선별하기 위한 교사용 평정도구와 그 개발 과정을 설명하고, 교사용 평정도구 활용 사례를 소개하고자 한다.

Ⅱ. 교육사각지대 학습자 선별을 위한 교사용 평정도구개발 및 타당화

일반 학교 현장에서 학습뿐 아니라 추가적인 교육적 지원을 제공하기 위해서 가장 먼저 선행되어야 하는 과정은 교육사각지대 학습자를 선별하는 것이다. 2018년 김태은과 그의 동료들은 일반 학교 현장의견 수렴을 목적으로 실시한 연구를 통해 기초학습 부진 학생의 선별과 진단을 위해 가장 많이 사용되고 있는 방법이 '담임교사의 관찰'인 것으로 보고하였다(유인화, 2019; 김태은, 홍미영, 오상철, 노원경, 우연경, 이영태, 이재진, 2018). 또한, 교육사각지대 문제를 해소하기 위한 두드림 시스템 활용가이드는 담임교사로 하여금 학급 내 학습부진 학생의 현황 파악 및 판별하여 이 학생들을 지도 및 관리하도록 권고하고 있는 것으로 나타났다(교육부, 2016). 일반 교사들에 의해 교육사각지대 학습자를 선별하고 그에 따른 교육적 지원을 확인하기 위해서 최수미 외(2019)는 일반교사들이 그들의 관찰을 바탕으로 평정할 수 있는 도구를 개발하였다. 이들에 의해 개발된 교육사각지대 학습자 교사용 평정도구는 일반 학교 현장에서 학습뿐 아니라 추가적인 교육적 지원이 요구되는 교육사각지대 학습자를 조기 선별할 수 있는 일반 교사용 선별 및 진단도구를 연구를 통해 개발하였고 이를 타당화하였다. 본 평정도구는 교육사각지대 학습자들이 나타내는 다양하고 종합적인 특징들을 바탕으로 한번에 진단할 수 있는 다차원적 진단도구라 할 수 있다. 또한, 일반 교사들이 다년간의 교직 경험과 관찰을 바탕으로 형성된, 이론적 혹은 전문적 개념이 아닌 교사들이 쉽고 편안하게 이해할 수 있도록 검사 문항을 구성하고자 하였다.

교육사각지대 학습자 선별 및 진단도구 개발 및 타당화 과정은 먼저, 척도의 구인화 모형 설정 단계, 문항개발 단계, 구인화 모형 및 예비문항의 타당도 검증 단계, 최종적으로 추출된 문항들의 타당도 검사를 위한 조사를 실시하는 단계를 통해 이루어졌다[그림 2-1]. 그 결과, 교사관찰용 교육사각지대 학습자 선별 및 진단도구는 총 5개 차원으로 구성되었고 70문항으로 확정되었다. 본 선별 및 진단도구를 개발하고 타당화하기 위한 과정을 보다 상세히 기술하고자 한다.

그림 2-1 교육사각지대 학습자 교사용 평정도구 개발 과정

1. 구인화 모형 설정 단계

일반교사용 교육사각지대 학습자 평정도구의 구인화 모형은 최수미 외(2018)가 진행한 연구를 바탕으로 설정하였다. 최수미 외(2018)는 학교 현장의 일반 교사들이 인식하는 교육사각지대 학습자를 보다 종합적으로 설명하고 선별해 낼 수 있도록 학교 현장의 일반 교사들이 지각하고 인식하고 있는 교육사각지대 학습자들의 특징의 보편적인 다차원적 구성개념을 탐색하였다. 이들은 국내 초중고에 재직 중이면서 담임교사 경험이 있는 교사 156명을 대상으로 실시한 설문

을 분석한 결과를 통해 총 1,152개 반응을 도출하였고, 총 5명으로 구성된 합의 및 감수팀을 통해 5개 영역과 16개 범주의 다차원적 구성개념을 도출하였다. 이들 연구에 의해 도출된 5개 영역으로는 학습 및 인지적 차원, 정서 및 행동적 차원, 관계적 차원, 일상 생활적 차원, 환경적 차원이었고, 16개 범주로는 기초학습능력부족, 낮은 인지 및 이해능력 부족, 낮은 학업성취, 낮은 학업동기 및 태도, 학습인지적 전략부족, 내재화 심리정서문제, 외현화 행동문제, 부정적 자기개념, 일탈행동, 대인관계 소통 및 기술 부족, 학교폭력 피해경험, 학교 내 규범 등 미준수, 위생 및 생활습관 문제, 가족구조 및 기능, 역기능적 가족관계, 낮은 사회경제적 지위가 포함되었다. 이상의 구인화 모형이 [그림 2-2]에 제시되었다.

그림 2-2 교육사각지대 학습자 선별을 위한 교사용 평정도구 구인화 모형

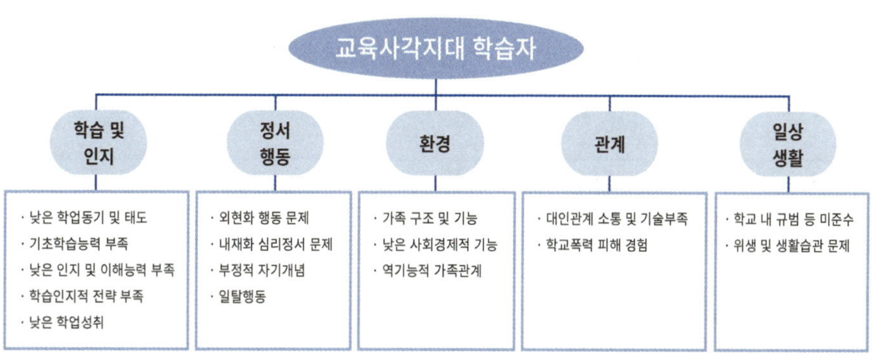

교육사각지대 학습자 평정도구의 구인화 모형에 포함된 영역 및 범주에서 나타난 특징들에 대한 설명을 살펴보면 다음과 같다.

(1) 낮은 학업동기 및 태도 차원

먼저 학습 및 인지적 차원의 경우 교육사각지대 학습자의 가장 중요한 개념으로서 가장 많은 반응을 나타냈다. 이에 속하는 총 5개 하위 범주로는 낮은 학업동기 및 태도, 기초학습능력부족, 낮은 인지 및 이해능력, 학습인지적 전략부족, 낮은 학업성취가 해당된다.

1) 낮은 학업동기 및 태도

'낮은 학업동기 및 태도'는 학습하려는 의지, 기대, 욕구 등이 낮고 수업에 참여하지 않거나 방해하는 등 수업에 비협조적인 태도를 나타내는 것을 의미한다. 예로서, "수업을 들으려는 노력이나 의지가 없기 때문에 수업시간에 지루할 수 밖에 없는 것 같다.", "학교에서 대부분의 시간을 소극적이고 비자발적인 태도로 임한다."와 같은 반응이 있었다.

2) 기초학습능력부족

'기초학습능력부족'은 읽기, 쓰기 산수 등 기초학습능력에 문제를 나타내거나, 누적된 기초학습능력부족으로 고학년으로 갈수록 해당 학년의 학습에 어려움을 겪거나 수업을 따라오지 못함을 의미한다. 응답의 예로서, "한 학생의 경우, 국어, 수학 모두 학습에 어려움이 있는데 특히 5학년 임에도 불구하고 사칙연산이 제대로 되지 않아 수학 학습에서 어려움이 크다"와 같은 반응이 있었다.

3) 낮은 인지 및 이해력

'낮은 인지 및 이해력'은 지능이 낮거나, 말을 못 알아듣고 질문에 대답을 못 하거나 분위기 파악이 안되어 상황대처능력이 떨어지거나, 말하는 것이 단조롭고 자기 생각을 잘 표현하지 못하는 등 인지적 발달과 관련된 문제가 있음을 의미한다. 관련해서, "인지능력이 다소 떨어져 놀이·게임규칙을 이해하는 데 어려움을 느껴 친구들과 어울리기 어려워한다."와 같은 반응이 있었다.

4) 학습인지적 전략부족

'학습인지적 전략부족'은 학업에 집중하지 못하고 학습방법을 모르고 학습량, 시간 부족 등 시간 및 공간관리에 대한 개념이 없고, 암송, 시연 등 메타 인지적 전략이 부족하는 것을 의미한다. 관련해서, "집중력이 짧아 수학교과 곱셈을 가르쳐주면 그때뿐 다음날 같은 문제를 풀면 또 모르는 경우가 많아 학습을 따라오기 어려워한다."와 같은 반응이 있었다.

5) 낮은 학업성취

'낮은 학업성취'는 성적이 하위권으로 낮거나 학습에서 성공경험이 부족한 경우 등을 의미하는데, "실패한 학습경험으로 인해 어차피 안 될 거라고 학습하는 것을 포기한다.", "학업 성취가 낮고 학년이 높아질수록 격차가 심해지는 등 악순환이 반복된다."와 같은 응답이 있었다.

(2) 정서행동적 차원

정서행동적 차원은 교육사각지대 학습자의 특징을 구성하는 개념들 중 두 번째로 중요한 차원인 것으로 나타났다. 총 4개 하위 범주에는 내재화 심리정서 문제, 외현화 행동문제, 자기개념 문제, 일탈행동이 포함되었다.

1) 외현화 행동문제

'외현화 행동문제'는 학습자가 보이는 공격성이나 분노 표출 등과 같은 외현적으로 문제행동을 보이는 것을 의미하는 것으로 정서행동적 차원의 하위 범주들 중 가장 많은 응답률을 나타냈다. 예로서, "정서적으로 불안하여 쉽게 분노함. 분노를 가라앉히는 것을 어려워하며 분노를 폭발할 때 교사가 힘으로 제압하지 않으면 의자와 책상을 던지면서 난동을 피운다. 자신을 놀리는 것에 대해서 격분하며 커터 칼을 들고 상대방을 찌르려고 한다."와 같은 반응이 나타났다.

2) 내재화 심리정서문제

'내면화 심리정서문제'는 위축되거나 우울 등 심리 내적인 문제를 의미하는 것으로, "학기 초부터 적응이 어렵고 시험불안이 높아서 시험기간에 쓰러지기도 한다. 오늘 기분이 어떤지 물으면 눈물을 흘리며 반응한다.", "수업시간에 구체적인 지시가 없으면 아무것도 하지 못하고 쉬는 시간에도 가만히 책상에만 앉아 있는다. 다른 아이들, 선생님들과 함께 있는 것에 부담을 느끼고 학교생활 전반에서 아무런 말을 하지 않는다."와 같은 반응이 있었다.

3) 부정적 자기개념

'부정적 자기개념'은 자기존중감이 낮거나 자신에 대한 부정적인 생각을 하는 등 자기에 대한 개념화 문제를 보이는 것을 의미하는 것으로, "스스로에게 '난 이래서 안 돼'라는 한계를 짓고 행동한다.", "학습부진이 누적되다보니 자존감이 많이 떨어진 학생이 있었다."와 같은 반응이 있었다.

4) 일탈행동

'일탈행동'은 학업중퇴, 흡연, 인터넷 혹은 게임중독, 파괴적 충동조절 및 품행장애 등 심각한 행동문제들을 보이는 것을 의미한다. 예로서, "게임중독, 유흥업소 출입, 나쁜 의도를 가지고 관심을 주는 사람에게도 나쁜 의도를 알아채지 못하고 마음을 주어 잘못된 성관계를 가지기도 한다.", "학교 밖 생활의 단조로움 또는 부모의 통제가 없어서 방치된 경우로 유튜브 시청중독, 게임중독 등 특정한 것들에 대해 중독경향을 나타낸다."와 같은 반응이 있었다.

(3) 환경적 차원

교육사각지대 학습자 특징에 관한 세 번째 중요한 구성개념은 환경적 차원으로서, 총 3개 하위 범주로 가족구조 및 기능, 역기능적 가족관계, 낮은 사회경제적 지위가 포함되었다.

1) 가족구조 및 기능

'가족구조 및 기능'은 재혼, 편모, 편부, 조손 가정 등 가족구조와 관련된 영역과 부모가 자녀를 돌보는 것, 학교 혹은 교사의 지도에 대한 부모의 태도 문제 등을 포함한 역기능적으로 기능하는 가족적 특성을 나타내는 것을 의미한다. 예로서, "아버지와 단둘이 살고 있는데, 아버지가 알콜중독이고 가정폭력이 있으시다. 아동센터에 신고가 들어간 적도 있고 아이의 눈빛은 항상 흔들렸고 불안해 보였다.", "할머니가 주양육자로, 부모로부터 관심과 지지를 받지 못했다."의 반응이 있었다.

2) 낮은 사회경제적 지위

'낮은 사회경제적 지위'는 기초수급, 차상위 계층 등 경제적으로 빈곤하거나 열악하고 위험한 지역사회 환경으로 부모의 교육수준이 낮은 것을 의미한다. 예로서, "가정형편이 어려워 자신이 아르바이트를 해서 생활비를 감당한다. 학교를 그만두는 것에 대해 쉽게 생각하고 스트레스를 계속 받아 한다.", "6남매의 넷째인데, 기초생계급여수급자 가정의 아이로 학습이 전혀 되지 않아서 4학년임에도 11−7과 같은 쉬운 뺄셈계산조차도 어려워한다."의 반응이 포함되었다.

3) 역기능적인 가족관계

'역기능적인 가족관계'는 가정 내 부부간 갈등이 있거나, 부모−자녀관계, 형제간 갈등을 포함한 가족관계가 역기능적이고 부정적인 것을 의미한다. 예로서, "부모와의 관계가 너무 밀착되거나 소외되는 경우가 많은 등 원만하지 않는 경향이 있다.", "대체로 가정에서의 불화가 학교생활 부적응으로까지 이어지는 경우가 많고 이 경우 학부모와의 상담과정에서도 부모가 상담에 비협조적인 경우가 많다."의 반응이 포함되었다.

(4) 관계적 차원

관계적 차원은 교육사각지대 학습자 평정도구의 구인모형에 포함된 네 번째 구성개념으로서, 총 2개 하위 범주인 대인관계 소통 및 기술 부족, 학교폭력 피해경험이 포함되었다.

1) 대인관계 소통 및 기술 부족

'대인관계 소통 및 기술 부족'은 학교 내 교사 혹은 또래관계에서 의사소통이 부족하거나 사회적 기술이 부족하여 다양한 어려움을 나타내는 것을 의미한다. 구체적인 예로, "또래에 비해 늦은 편으로 친구들과 친해지고 싶어하지만 다가가지 못하고 친구들에게 거부당할 거라는 생각을 한다.", "다른 친구, 어른들과 의사소통을 잘 못한다. 자신의 감정이 어떤 것인지 표현하지 못하고 타인의 감정에도 공감을 못 한다."의 반응이 있었다.

2) 학교폭력 피해경험

'학교폭력 피해경험'은 또래와의 관계에서 따돌림, 학교폭력 등의 피해경험이 있음을 의미한다. 구체적 응답의 예로, "왕따 경험이 있다. 자기주장을 못하고 교사나 부모에게 의존적인 모습을 보인다. 자주 눈물을 흘리고 자신이 무시당하고 애들이 싫어한다는 생각이 강하다."와 같은 반응이 포함되었다.

(5) 일상 생활적 차원

구인화 모형의 마지막 주요 구성개념은 일상 생활적 차원으로 총 2개 하위범주는 학교생활 규범준수 문제와 위생 및 생활습관 문제가 포함되었다

1) 학교생활 규범준수 문제

'학교 내 규범 등 미준수'는 지각, 결석, 조퇴 등 학교에서 요구되는 규범이나 규칙을 어기거나 학급 내 약속 등을 지키지 않는 행동문제들을 의미한다. 반응의 예로서, "기본적으로 준비물, 숙제 등을 잘 해오지 않고 이런 일이 반복되니 반 친구들에게 저 아이는 '선생님 말씀을 잘 듣지 않는 아이', '자신이 해야 할 일을 제대로 하지 않는 아이'라는 부정적인 인식이 강하게 남는 것 같다.", "오전 8시 30분 등교시간에 맞춰 일어나 등교하지 못한다. 거의 매일 9시 30분에서 10시 사이에 등교하여 1교시 수업에 참여를 하지 못한다."가 포함되었다.

2) 위생 및 생활습관 문제

'위생 및 생활습관 문제'는 비위생적인 상태나 때와 장소에 맞지 않는 옷을 입거나 혹은 자신의 물건관리나 정리정돈의 어려움 등 생활습관에 문제를 나타내는 것을 의미한다. 예로서, "코를 파서 코딱지를 먹는 행동을 스스럼없이 습관적으로 한다.", "가정에서 위생에 관한 부분도 처치가 안 되어 수업시간에 머리비듬을 털어 수업을 방해하고 주변에 있는 친구들에게 어려움을 준다."와 같은 반응이 있었다.

2. 예비문항 개발

예비문항을 개발하는 과정은 크게 2단계로 이루어졌다. 첫 번째는 초중등학교에 재직 중이며 이전에 담임교사를 경험한 적 있는 10명의 교사들을 대상으로 포커스 집단 인터뷰(Focus Group Interview, FGI)를 실시한 결과와 최수미 외(2018) 연구에서 수집한 156부의 반구조화 개방형 설문지를 분석하여 교사용 평정도구의 구인화 모형에 포함된 변인들을 설명하는 총 117개 예비문항을 추출하였다. 추출된 변인별 예비문항은 학습 및 인지적 영역 47문항, 정서 및 행동 영역 25문항, 환경적 영역 25문항, 관계적 영역 10문항, 일상 생활적 영역 10문항으로 구성되었다.

최수미 외(2019)는 총 117개 예비문항으로 구성된 평정척도에 대해 내용타당도 및 안면타당도를 실시하였다. 먼저, 내용타당도 검증을 위해서 교육학 박사를 소지한 교육학 교수 4인과 시간강사 1인으로 구성된 총 5명의 전문가를 구성하였다. 내용타당도 검증은 척도 내 변인에 대한 의견과 변인별 문항이 적절치 않거나 혹은 문항 내 부적절한 어휘가 사용되어 문항 삭제가 필요한 경우 등과 관련하여 실시하였다. 내용타당도 검증이 완료된 척도의 변인과 문항들을 중심으로 10년 이상 초중등학교에 재직 중인 교사 2인을 대상으로 안면타당도를 검증하였다. 이상의 과정을 거쳐서 최종 70문항으로 구성된 예비척도가 개발되었다.

표 2-1 예비문항 개발 전후 문항수 비교

차원	영역	초기 개발문항	최종 예비문항
학습 및 인지적 차원	학습기초	11	6
	학습인지	11	6
	학습성취	8	4
	학습동기	10	6
	학습전략	7	3
	차원 내 총 문항수	47	25
정서 및 행동적 차원	정서내재화	5	3
	정서외현화	8	6
	정서자기개념	6	4

	정서일탈	6	4
	차원 내 총 문항수	25	17
관계적 차원	관계대인관계	7	4
	관계학교폭력	3	2
	차원 내 총 문항수	10	6
일상생활적 차원	일상규범준수	5	4
	일상위생	5	4
	차원 내 총 문항수	10	8
환경적 차원	환경가족구조	14	6
	환경가족관계	6	4
	환경낮은지위	5	4
	차원 내 총 문항수	25	14
전체 문항수		117	70

3. 최종 평정척도 개발 및 타당화

예비문항이 확정된 평정척도는 본조사를 실시하여 타당도 검증작업이 이루어졌다. 타당도 검증은 평정척도의 요인구조를 최종적으로 확인한 후 공인타당도를 검증하는 과정을 거쳐 이루어졌다. 최수미 외(2019)는 기존에 개발 및 타당화된 학습부진아 정서적 특성 검사도구와 학습부진 유형 진단검사를 사용하여 공인타당도 검증을 실시하였다.

본 평정척도의 최종 요인구조를 확인한 결과, 본 척도는 다중 요인구조로서 적합한 것으로 나타났고 문항의 내적 신뢰도 역시 신뢰로운 것으로 보고되었으며, 기존의 검사들과도 유의미한 상관을 나타냈다. 이상의 결과들은 본 평정척도가 교육사각지대 학습자 선별을 위해 기존의 일반적 관점에서의 검사도구들과 공통점을 지니면서도 교육사각지대 학습자 구인의 특수성을 설명해 낼 수 있을 뿐더러, 학교장면에서 일반 교사들을 통한 평정을 통해 신뢰로운 평가가 가능한 척도임을 지지하였다.

표 2-2 교육사각지대 학습자 선별을 위한 교사용 평정척도

범주	하위 영역		문항리스트
CQR학습 (25문항)	학습기초(6)	1	제시된 문제를 이해하지 못하고 문제의 핵심을 놓치는 경우가 있다
		2	제시된 문제에 대한 답을 못 하거나 엉뚱하게 답하는 경우가 있다
		3	누적된 학습결손으로 인해 학습이해도가 떨어진다
		4	기초학습능력이 좋지 않아 교과학습에 어려움이 있다 (읽기, 쓰기, 산수 등)
		5	학습진도를 잘 따라오지 못해 학습결손이 누적되었다
		6	학습능력이 부족하여 팀별과제나 활동을 하는 데 어려움이 있다
	학습인지(6)	7	교사 혹은 또래와의 상호작용 시 상황대처를 적절히 하지 못한다
		8	설명을 잘 못하고 말하는 게 단조롭다
		9	교사의 지시를 이해하고 수행하는 데 어려움이 있다
		10	분위기 파악을 잘 못한다
		11	자신의 생각을 조리 있고 논리적으로 표현하지 못한다
		12	상대방의 이야기나 맥락을 잘 이해하지 못한다
	학습성취(4)	13	공부를 열심히 해도 점수가 잘 나오지 않는다
		14	이전 학년 혹은 학교급에서 잘해본 경험이 없다
		15	학습성적이 낮다
		16	수업시간에 실패한 경험이 많다
	학습동기(6)	17	학습에 흥미를 느끼지 못한다
		18	수업시간 대부분을 (소극적, 비자발적 태도를 보이며) 잠을 자거나 거의 말을 하지 않는다
		19	공부를 하지 않는다
		20	수업을 들으려는 노력과 의지가 없다
		21	수업시간을 지루해 한다
		22	수업 준비물을 가져오지 않거나 숙제를 해오지 않는다
	학습전략(3)	23	주의집중시간이 짧다
		24	산만하다
		25	시간관리에 대한 개념이 없다

CQR정서(17문항)	정서내재화(3)	26	늘 위축되어 있다
CQR정서(17문항)	정서내재화(3)	27	우울감이 높다
CQR정서(17문항)	정서내재화(3)	28	공부를 잘하지 못할 것이라는 생각으로 늘 불안해한다
CQR정서(17문항)	정서 외현화(6)	29	충동을 조절하지 못한다
CQR정서(17문항)	정서 외현화(6)	30	습관적으로 거짓말한다
CQR정서(17문항)	정서 외현화(6)	31	화가나면 물건을 집어던지거나 욕하면서 화를 낸다
CQR정서(17문항)	정서 외현화(6)	32	분노나 화를 참지 못한다
CQR정서(17문항)	정서 외현화(6)	33	교사나 부모에게 반항한다
CQR정서(17문항)	정서 외현화(6)	34	학교, 교사, 수업에 대해 부정적으로 생각하고 말한다
CQR정서(17문항)	정서자기 개념(4)	35	자존감이 낮다
CQR정서(17문항)	정서자기 개념(4)	36	자신의 한계를 낮게 인식하고 행동한다
CQR정서(17문항)	정서자기 개념(4)	37	소극적이고 자신감이 없는 태도를 나타낸다
CQR정서(17문항)	정서자기 개념(4)	38	자신에 대한 생각 혹은 개념이 부정적이다
CQR정서(17문항)	정서일탈(4)	39	금품갈취, 음주, 흡연 등 일탈행동을 한다
CQR정서(17문항)	정서일탈(4)	40	등교를 거부하는 행동을 한다
CQR정서(17문항)	정서일탈(4)	41	자해를 시도한다
CQR정서(17문항)	정서일탈(4)	42	자살을 시도한다
CQR관계(6문항)	관계대인 관계(6)	43	또래문화를 이해하지 못해 또래와 어울리지 못한다
CQR관계(6문항)	관계대인 관계(6)	44	또래와의 갈등에 대처를 하지 못한다
CQR관계(6문항)	관계대인 관계(6)	45	공감능력이 부족하다
CQR관계(6문항)	관계대인 관계(6)	46	또래의 관심을 받기 위해 그들에게 부적절하게 행동한다
CQR관계(6문항)	관계학교 폭력(2)	47	학교폭력 피해경험이 있다
CQR관계(6문항)	관계학교 폭력(2)	48	또래들로부터 놀림을 받거나 따돌림을 당한다
CQR일상(8문항)	일상규범준수(4)	49	무단결석을 한다
CQR일상(8문항)	일상규범준수(4)	50	학교를 나오기 싫으면 나오지 않는다
CQR일상(8문항)	일상규범준수(4)	51	등교시간을 지키지 않는다
CQR일상(8문항)	일상규범준수(4)	52	지각, 조퇴, 결석 등을 자주 한다
CQR일상(8문항)	일상위생(4)	53	옷, 손톱, 머리비듬, 냄새 등 청결하지 않다
CQR일상(8문항)	일상위생(4)	54	옷을 잘 갈아입지 않는다
CQR일상(8문항)	일상위생(4)	55	주변 정리 정돈이 안 되고 더럽다
CQR일상(8문항)	일상위생(4)	56	날씨나 계절에 맞지 않는 옷을 입는다
CQR환경(14문항)	환경가족 구조(6)	57	학부모가 교사의 면담 요청에 비협조적이다
CQR환경(14문항)	환경가족 구조(6)	58	학부모가 자녀를 방치한다
CQR환경(14문항)	환경가족 구조(6)	59	학부모가 자녀의 학교 부적응 상황을 잘 인지하지 못한다

		60	학부모가 자녀의 공부에 대한 기대나 관심이 없다
		61	학부모가 폭력을 행사하거나 학대한다
		62	학부모가 자녀교육에 대한 관심이 부족하다
	환경가족 관계(4)	63	학부모와의 애착이 잘 형성되지 않았다
		64	학부모의 사이가 좋지 않거나 자주 싸운다
		65	아이가 학부모를 무서워한다
		66	학부모와의 대화가 단절되었다
	환경낮은 지위(4)	67	학부모의 소득수준이 낮다
		68	가정 내 공부 환경이 열악하여 공부하기가 어렵다
		69	부모의 건강 문제, 실직, 빈곤 등 가정 내 문제를 경험한다
		70	미래를 준비하기 위한 적절한 롤모델이 없다.

Ⅲ. 평정도구의 활용의 예

본 평정척도는 일반 학교 현장에서 특수교육대상자는 아니지만 현재의 획일화된 교육과정을 따라가지 못해 학습부진을 경험하거나 다양한 학습문제를 비롯한 다양하고 복합적 문제로 학교 적응에 실패한 교육사각지대 학습자를 조기에 선별하여 이들에게 맞춤형 교육지원을 제공하기 위해 개발되었다.

최수미 외 연구팀은 최근 서울시내 성동광진교육청과 협력해 관내 초등학교에 재학 중인 학생들 중 교육사각지대 학습자를 선별하여 이들이 학교에서 성공적으로 잘 적응할 수 있도록 학습 및 교육적 지원을 제공하는 '온리원(Only one) 프로그램'을 3년간 진행해 오고 있다. 시범적으로 사업을 진행 중인 온리원 프로그램은 성동광진교육청－학교－가정－대학 내 연구소가 서로 협력적 관계를 유지하면서 교육사각지대 학습자를 선별, 교육적 지원, 효과성 측정을 포함하고 있는 증거기반의 맞춤형 교육적 지원 프로그램이라 할 수 있다. 본 프로그램 내에서 최수미 외 연구팀이 개발한 교육사각지대 학습자 교사용 평정척도는 크게 두가지 목적으로 활용되고 있다. 첫 번째는 교육사각지대 학습자 진단 및 선별을 위한 객관적 자료로 활용되었다. 온리원 프로그램의 지원 대상인 교육사각지대 학습자 선별은 담임교사의 관찰과 교육사각지대 학습자 교사용 평정척도를 바탕으로 이루어진다. 이 과정에서 본 평정척도는 담임교사의 관찰 내용에 대한 객관 타당한 지지 자료로 활용되었다.

또한 본 교사용 평정척도는 선별 및 지원 대상인 교육사각지대 학습자에게 필요한 맞춤형 교육지원 및 상담개입을 위한 자료로 활용되었다. 본 평정척도의 장점 중 하나는 교육사각지대 학습자들이 나타내는 특징들을 단편적으로 진단하는 것이 아니라 이들이 나타내는 다양하고 종합적인 특징들을 한 번에 진단할 수 있는 다차원적인 진단도구라는 점이다. 본 척도의 다차원적인 특성을 통해 확인될 수 있는 교육사각지대 학습자들의 어려움들은 곧바로 이들에 대한 개별화된 맞춤형 교육적 지원 및 개입의 제공으로 연결될 수 있었다.

토의문제

1. 교육사각지대 학습자 선별을 위한 교사용 평정척도의 장점 및 단점에 대해 평가해 보시오.
2. 기 개발된 학습부진 및 학습장애 진단 검사와 교육사각지대 학습자 선별을 위한 교사용 평정척도를 비교 분석해 보시오.

03

교육사각지대 학습자 지원을 위한 관련 법(안) 분석

고혜정(위덕대학교 특수교육학부 교수)

교총, 전국 유·초·중·고·대학 교원 7991명 설문조사
28% "교육격차 심화" 22% "기초학력 미달 학생 늘어"

학교 현장에 몸담고 있는 교원 3명 중 1명은 코로나19로 학생들의 사회성 결여 문제가 가장 심각하다고 봤다. 또 교원의 절반은 학생 간 교육 격차와 학력 저하 현상이 코로나19를 계기로 우리 공교육이 봉착한 문제점이라고 꼽았다.

한국교원단체총연합회는 4월 26일부터 5월 5일까지 전국 유·초·중·고·대학 교원 7991명을 대상으로 실시한 '제40회 스승의 날 기념 교원 인식 설문조사' 결과를 11일 공개했다.

이번 설문조사는 코로나19로 격변한 학교 현장의 교육 실태, 고충과 과제를 주요하게 물었다.

그 결과 교원의 35.1%는 코로나19로 '학생 간 교우관계 형성과 사회성·공동체 인식이 저하됐다'고 답했다. 이어 27.7%가 '취약계층의 학습결손과 교육격차가 심화됐다'고 응답했으며, '학력 저하와 기초학력 미달 학생이 증가했다'는 답변도 21.6%였다.

〈출처: 매일경제(2021.05.11.) 고민석기자, 교사들이 응답한 코로나 쇼크…35% "학생들 사회성 결여 심각" 기사(https://www.mk.co.kr/news/society/view/2021/05/452110/) 중 일부발췌〉

Ⅰ. 들어가는 말

'학습곤란(learning difficulties)'을 겪고 있는 많은 학생들이 교육현장에서 일반교육 및 특수교육의 사각지대에 방치되어져 있다. 일반교육으로는 학년에 기대되는 기초학습능력을 성취하지 못하거나 여러 가지 복합적인 정서·행동적인 어려움을 보이지만, 특수교육대상자로는 진단되지 않았기 때문에 특수교육적 지원을 받지 못하는, 일반교육과 특수교육의 사각지대에 위치하여 부적응을 경험하고 있는 학습자를 우리는 '교육사각지대 학습자'라 부른다(최수미, 유인화, 김동일, 박애실, 2018).

실제로, 일반학급 내에 기초학력 미달, 경계선 지능, 다문화 등의 다양한 학업적 어려움을 지닌 학생들이 증가하고 있다(이대식, 임건순, 2019). 2019년에 교육부가 발표한 국가수준 학업성취도 평가에 따르면, 기초학력 미달 학생의 비율은 해마다 증가추세를 보이고 있다(교육부, 2019). 이들 결과에서는 2018년 중학교 3학년 표집집단의 기초학력 미달 비율은 국어 교과 4.4%, 수학 교과 11.1%, 영어 교과 5.3%,로 전년도인 2018년 결과보다 모두 증가한 수치를 보였다. 또한, 최근 실시된 한 설문조사(한국교원단체총연합회, 2021)에 따르면, 교사들은 최근 코로나19로 인해 교우관계 형성과 사회성 및 공동체인식의 저하와 더불어 취약계층의 학습결손과 교육격차가 더욱 심해졌다고 하였으며, 학력저하와 기초학력 미달학생의 증가를 심각한 문제점으로 인식하고 있었다. 기초학력을 성취하는 것에서의 어려움은 실제 다양한 특성을 가지고 특별한 교육적 지원을 요구하는 다양한 학습자들에게서 나타나고 있다.

교육의 사각지대에는 기초학력 미달, 경계선급 지능, 학습부진, 다문화 학생, 그리고 진단받지 않은 장애 학생 등이 분명 다수 존재하며, 다양한 학업적 어려움을 지닌 학생들이 꾸준히 증가하고 있다. 교육현장에는 특별한 교육적 지원이 요구되는 학습자들이 학습에서의 어려움 또는 사회성 및 위험한 행동 문제, 그리고 자의 또는 타의에 의한 학업중단의 경험적 특징을 가진다(Nancy, 2015). 또한 특수교육서비스 대상자로서의 적격성 기준을 만족하지 못하거나 '장애'라는 낙인효과를 우려하여 진단받기를 꺼려하는 학습자들도 상당수 존재한다. 학습장애 학생임에도 불구하고 진단되지 않은 학생이 일반학급 내에서 다양한 수준의 위험군 학생들 가운데 묻혀있는 상태로 계속되는 어려움을 겪고 있다(강은영, 김우리, 신재현, 2020). 이러한 학습자들은 일반교육과 특수교육의 사각지대에 놓여 있음으로 인해 교육적인 지원을 제때 받지 못하며, 이는 이후의 학업장면에서 학습곤란이 심화되고 학업장면에서의 누적된 결손과 새로운 학업 요구 간의 상호작용을 통해 사회성 결여, 정서불안 등의 이차적 결함 및 특성을 보이는 등 더욱 심각한 문제를 초래할 수 있다(김동일, 고혜정, 2018).

손승현과 이예다나(2017)는 '학습곤란'은 복합적 요인(정서·행동장애, 학습부진과 학습장애, 다문화, 돌봄 결여 등)으로 학습에 곤란함을 경험하는 '모든 학생'을 포함하는 포괄적인 의미로 생각해야 한다고 하였다. 또한, 최근의 특수교육의 패러다임은 '장애'보다는 '지원'에 초점을 두는 방향으로 개념이 변화하고 있으며(손승현, 이예다나, 2017), 특별한 교육적 지원을 요구하는 모든 학생들에게 '진단명'을 넘어 우선적으로 적합한 지원이 제공되어야 한다(강종구, 김라경, 2012; 김동일, 고혜정, 2018; 김지연, 2017)는 필요성이 계속해서 제기되고 있다. 실제, 미국, 핀란드, 스웨덴 등의 선진국은 '모두를 한 교육(Education for All)'을 표방하며 학습장애와 부진을 하나의 연속선상에 두고 특수교육과 일반교육이 협력한 조기개입과 지원을 제공한다(이찬승, 2014). 그러나 우리나라의 경우, 일반교육에서는 학습부진을, 특수교육에서는 학습장애를 다루는 것과 같이 특수교육과 일반교육이 협력체계를 이루어 교육사각지대 학습자들을 위한 교육적 지원을 제공하지 못하고 있는 실정이다. 즉, 특수교육대상자로 진단을 받지 않았지만 학습의 어려움을 보일 경우, 특수교육적 서비스는 받을 수 없으며, 일반 학교에서 제공하는 학습부진 지원프로그램을 통해서도 그들의 교육적 요구를 반영한 지원 내용이 아닐 경우 기본적인 학습능력을 습득하는 데 어려움이 발생하며, 학습과 인지, 정서와 행동, 관계, 생활, 환경 등의 영역에서 적응상의 어려움을 겪고 있는 경우가 많다(최수미 외, 2018).

국가는 학생들의 교육권과 더불어 그들의 성공적 사회생활 및 건강한 사회를 형성하기 위해 다양한 특성을 지닌 학습자들을 고려한 법안과 정책들을 발의하고 있다(김동일, 고혜정, 2018). 최근 '장애'보다는 '교육지원'을 강조하는 교육의 패러다임에 맞추어 이들을 위한 다양한 정책 지원과 연구가 활발히 이루어지고 있다. 이들을 선정하고 지원함에 있어 선행되어야 하는 것이 바로 법적인 근거를 마련하는 것이다.

그동안 특별한 교육적 지원을 필요로 하는 교육사각지대 학습자들의 학습권을 보장하고 정책적으로 지원해 주기 위한 법이나 조례가 발의돼 왔고, 제정 및 개정돼 왔다. 본고에서는 교육사각지대 학습자 관련 법(안)들을 살펴보고, 법(안) 분석을 통한 교육적 제안을 특수교육적 측면과 일반교육적 측면으로 제시하고자 한다.

Ⅱ. 교육사각지대 학습자 관련 국내 관련 법(안)

본고에서는 교육사각지대에서 특별한 교육적 지원을 요구하는 학생을 위한 지원방안을 모색하기 위하여 국내 주요 관련 법안을 살펴보고자 한다. 주요법률로는 「교육기본법」, 「초·중등교육법」, 「장애인 등에 대한 특수교육법」, 「기본학력보장법(안)」과 「기초학력보장법(안)」이 있으며, 조례로는 「난독증 학생 지원 조례」, 「학습부진 학생 지원 조례」가 있다. 이들 법안이 교육사각지대 학생을 선정하고 지원하는 것과 어떠한 관련이 있는지 살펴보도록 한다.

1. 교육기본법

대한민국 헌법 제31조 제1항에는 '모든 국민은 능력에 따라 균등하게 교육을 받을 권리를 가진다'라고 명시되어있다. 이러한 교육받을 권리를 실질적으로 보장하기 위하여 「교육기본법」 제3조(학습권)에서는 '모든 국민은 능력과 적성에 따라 교육받을 권리를 가진다'고 하였으며, 제4조(교육의 기회균등)에서는 '성별, 종교, 신념, 인종, 사회적 신분, 경제적 지위 또는 신체적 조건 등을 이유로 교육에서 차별을 받지 않으며, 국가와 지방자치단체에서는 학습자가 평등하게 교육받을 수 있도록 지역 간의 교원 수급 등 교육 여건 격차를 최소화하는 시책을 마련하여 시행하여야 한다'라고 규정하고 있다.

교육기본법에 제시된 문장 중 '능력에 따라', '능력과 적성에 따라'라는 표현은 능력이 있는 자만 교육을 받을 권리가 있다는 뜻이 아니라 모든 국민이 각자의 학습능력에 상응하는 적절한 교육을 받을 권리를 가진다는 것을 의미하며, '균등하게'라는 뜻은 모든 국민이 인종, 성, 종교, 경제력 등의 이유로 불합리한 차별대우를 받지 않고 교육을 받을 기회를 보장받도록 요구할 권리를 의미한다(황보영란, 2010).

즉, 교육기본법에서는 우리 교육이 교육현장에 있는 다양한 학습자를 모두 포함하여, 이들을 위한 교육의 기회균등이 실현되도록 적절한 교육적 지원이 이루어져야함을 말하고 있다.

2. 초 · 중등교육법

1997년 12월에 제정된 초 · 중등교육법은 초등교육과 중등교육에 관한 여러 가지 사항을 규정한 법률로 현재까지 33번의 개정이 이루어졌다.

그중, 2015년에는 「초 · 중등교육법 개정안」(느린 학습자 지원법)이 발의되었고 이는 느린 학습자를 지원하기 위한 목적을 가지고 있었다. 「초 · 중등교육법 개정안」에서 주목할 점은 '학습부진'에 대한 조항이 처음으로 명시되었다는 점과 경계선 지능을 가진 '느린 학습자'가 지원 대상에 포함될 수 있도록 하였다는 점이다. 여기서 '지적 기능의 저하'는 '경계선급 지능'을 의미하며, 경계선급 지능(Borderline Intellectual Functioning) 학생이란 지능지수가 70~85사이에 속하는 경우를 말하며(DSM-IV-TR; APA, 2000), 주요 특징으로는 상위인지능력의 부족으로 인해 지식을 조직화하고 일반화하기 어렵고 기억력이 부족하며, 학업에서의 어려움과 낮은 성취를 보이며 학년이 올라갈수록 일반학생들과 격차가 점점 더 커지게 되고 이는 정서 및 행동 측면에도 부정적인 영향을 미치게 된다(김근하, 2009). 경계선급 지능 학생은 장애인 등에 대한 특수교육법에 의하면, 지능지수가 지적장애로 진단될 만큼 낮지 않아 특수교육서비스에서는 제외되며, 일반교육에서의 서비스로는 도움을 받지 못하고 교육의 사각지대에 놓여있을 수밖에 없다. 「초 · 중등교육법 개정안」을 통하여 경계선급 지능 학생과 이들에 대한 실태 조사, 적절한 교육적 지원을 위한 프로그램 개발과 보급, 교원연수 등에 대해 관심을 갖기 시작하였다(김진아, 강옥려, 2017).

2016년에는 「초 · 중등교육법」 제28조(학습부진아 등에 대한 교육)가 개정되면서 학습부진아 정의와 지원과 관련된 내용을 포함하게 되었다. 즉, 학습부진아를 "성격장애나 지적 기능의 저하 등으로 인하여 학습에 제약을 받는 학생 중 「장애인 등에 대한 특수교육법」 제15조에 따른 학습장애를 지닌 특수교육대상자로 선정되지 아니한 학생"으로 정의하였다. 지원대상의 정의뿐만 아니라 「초·중등교육법」 제28조(학습부진아 등에 대한 교육)에서는 학습부진아 등에 대한 교육의 체계적 실시를 위한 실태조사(2항), 정책에 필요한 예산 지원(3항), 교재와 프로그램 개발 및 보급(4항), 교원의 관련 연수(5항) 등을 규정하고 있다.

초·중등교육법

[시행 2021. 3. 23.] [법률 제17954호, 2021. 3. 23., 타법개정]

제28조(학습부진아 등에 대한 교육) ① 국가와 지방자치단체는 다음 각 호의 구분에 따른 학생들을 위하여 대통령령으로 정하는 바에 따라 수업일수와 교육과정을 신축적으로 운영하는 등 교육상 필요한 시책을 마련하여야 한다. <개정 2016. 2. 3.>

1. 성격장애나 지적(知的) 기능의 저하 등으로 인하여 학습에 제약을 받는 학생 중 「장애인 등에 대한 특수교육법」 제15조에 따른 학습장애를 지닌 특수교육대상자로 선정되지 아니한 학생
2. 학업 중단 학생

② 국가 및 지방자치단체는 제1항에 따른 학습부진아 등에 대한 교육의 체계적 실시를 위하여 실태조사를 하여야 한다. <신설 2016. 2. 3.>

③ 국가와 지방자치단체는 제1항에 따른 학습부진아 등에 대한 정책에 필요한 예산을 지원할 수 있다. <신설 2016. 2. 3.>

④ 교육부장관 및 교육감은 제1항에 따른 학습부진아 등을 위하여 필요한 교재와 프로그램을 개발·보급하여야 한다. <신설 2016. 2. 3.>

⑤ 교원은 대통령령으로 정하는 바에 따라 제1항에 따른 학습부진아 등의 학습능력 향상을 위한 관련 연수를 이수하여야 하고, 교육감은 이를 지도·감독하여야 한다. <신설 2016. 2. 3.>

⑥ 학교의 장은 학업 중단의 징후가 발견되거나 학업 중단의 의사를 밝힌 학생에게 학업 중단에 대하여 충분히 생각할 기회를 주어야 한다. 이 경우 학교의 장은 그 기간을 출석으로 인정할 수 있다. <신설 2016. 12. 20., 2021. 3. 23.>

⑦ 제6항에 따른 학생에 대한 판단기준 및 충분히 생각할 기간과 그 기간 동안의 출석일수 인정 범위 등에 필요한 사항은 교육감이 정한다. <신설 2016. 12. 20.,

2021. 3. 23.>
[전문개정 2012. 3. 21.]

한편, 「초·중등교육법 시행령」 제54조(학습부진아 등에 대한 교육 및 시책)에서는 학습부진아동을 위한 체험학습 및 외부 기관 연계와 위탁(제2항), 학습부진아동을 위한 지원사업(제3항), 지원사업 대상학교의 선정기준, 대상학생의 선정절차 등의 지원사업 관련 세부사항(제4항), 제28조 제5항에 따라 학습부진아동의 학습능력 향상을 위한 연수계획(제7항) 및 연수 포함내용(제8항)을 구체적으로 제시하고 있다.

초·중등교육법 시행령

[시행 2021. 3. 23.] [대통령령 제31541호, 2021. 3. 23., 일부개정]

제54조(학습부진아 등에 대한 교육 및 시책) ① 법 제28조 제1항에 따른 학습부진아 등(이하 "학습부진아등"이라 한다)에 대한 판별은 교육감이 정하는 기준에 따라 학교의 장이 한다. <개정 2016. 8. 2.>

② 학교의 장은 학습부진아등에 대하여 교육감이 정하는 수업일수의 범위에서 체험학습 등 필요한 교육을 실시하거나 교육감이 적합하다고 인정하는 교육기관 등에 위탁하여 교육을 실시할 수 있다. <개정 2016. 8. 2.>

③ 교육부장관 및 교육감은 다음 각 호의 지원사업을 실시하여야 한다. <개정 2012. 4. 20., 2013. 3. 23., 2016. 8. 2.>

1. 학습부진아등이 밀집한 학교에 대하여 교육·복지·문화 프로그램 등을 제공하는 사업
2. 학습부진아등에 대하여 진단·상담·치유·학습 지원 프로그램 등을 제공하는 사업

④ 제3항에 따른 지원사업 대상학교의 선정기준, 대상학생의 선정절차 등 지원사업에 관하여 필요한 세부사항은 교육감의 의견을 들어 교육부장관이 정하여 고시한다. <신설 2010. 12. 27., 2013. 3. 23.>

⑤ 삭제 <2017. 5. 8.>

⑥ 삭제 <2017. 5. 8.>

⑦ 교육감은 교원이 법 제28조 제5항에 따라 학습부진아등의 학습능력 향상을 위한 연수를 받을 수 있도록 다음 각 호의 내용을 포함하는 연수 계획을 수립하여 시행

하여야 한다. <신설 2016. 8. 2.>
1. 연수의 목적 및 내용
2. 연수의 개설 및 운영 기관
3. 연수의 종류
4. 교육과정별 연수 대상 및 인원
5. 연수의 이수기준
6. 그 밖에 연수의 운영 및 연수비의 지급 등에 필요한 사항
⑧ 제7항에 따른 연수의 내용에는 다음 각 호의 사항이 포함되어야 한다. <신설 2016. 8. 2.>
1. 학습부진아등에 대한 지원사업에 관한 사항
2. 학습부진아등의 판별 · 진단 · 지도 · 예방 및 지원 방법에 관한 사항
3. 학습부진아등에 대한 지도 우수 사례에 관한 사항
4. 그 밖에 학습부진아등의 학습능력 향상에 필요한 사항

이렇듯, 초중등교육법에서는 교육사각지대의 대표적인 유형이라고 할 수 있는 '학습부진'에 대한 지원을 구체화할 수 있는 근간을 마련하고 있다. '경계선급 지능 학생'을 포함하였다는 점에서는 의의가 있으나, 학습부진 학생을 정의함에 있어 특수교육대상자로 선정되지 아니한 학생이라고 규정하고 있기 때문에, 학습부진은 특수교육이 아닌 일반교육이 다루어야 하는 영역임을 나타내고 있다.

그러나 실제 교육현장에는 명백한 기질적 문제가 있는 시각장애, 청각장애, 지체장애 등의 감각장애를 제외한 학습장애, 정서행동장애, 경계선급 지적장애 학생 등이 특수교육대상자로 진단받지 않은 경우가 상당수 존재한다. OECD에서는 특수교육이 필요한 아동의 분류기준을 A, B, C로 나누어 명백한 기질적 문제가 있는 학생을 A 범주로, 학습적인 어려움이나 사회적 불리함을 지닌 아동을 B 범주로 분류하여 특수교육대상자로 규정하고 필요한 교육적 배치와 관련 지원을 시행하고 있다(김지연, 김우리, 2017). 그러나 우리나라의 경우, B 범주에 해당됨에도 불구하고 명확한 장애진단명을 받지 않았기 때문에 특수교육서비스를 받지 못하며, 일선학교에서 공부를 못하는 학습부진학생 또는 저성취학생, 기초학습부진학생이라는 명칭으로 분류되어 있을 가능성이 높다(김동일 외, 2016). 또한 학습부진학생으로 분류되어 학습부진학생 지원 프로그램에 참여한다 하더라도, 이들 학생의 독특한 교육적 요구를 충족할 수 없어 교육적 실효성을 거두기 어

려운 것이 사실이기 때문에 교육사각지대에 방치되어버리는 결과를 초래하고 있다. 따라서 초·중등교육법에서 학습부진을 정의내리고 지원함에 있어, 일반교육과 특수교육의 협력체계가 이루어질 수 있는 방안을 마련해 나갈 필요가 있다.

3. 장애인 등에 대한 특수교육법

「장애인 등에 대한 특수교육법」은 교육기본법 제18조에 따라 국가 및 지방자치단체가 장애인 및 특별한 교육적 요구가 있는 사람에게 통합된 교육환경을 제공하고 생애주기에 따라 장애유형 장애정도의 특성을 고려한 교육을 실시해서 이들의 자아실현과 사회통합을 하는 데 기여하기 위하여 2007년 5월에 제정되었다. 「장애인 등에 대한 특수교육법」 제15조(특수교육대상자의 선정)에서는 특수교육이 필요한 사람으로 진단·평가된 사람을 특수교육대상자로 선정한다고 하였으며, 11가지 장애(시각장애, 청각장애, 지적장애, 지체장애, 정서행동장애, 자폐성장애, 의사소통장애, 학습장애, 건강장애, 발달지체, 그 밖에 대통령령으로 정하는 장애)를 규정하고 있다.

교육사각지대 학생을 말하며, 자의 또는 타의로 장애로 제대로 진단받지 못하거나, 진단되지 않은 채 특수교육서비스를 받고 있지 않고 일반교육에서도 필요한 지원을 받지 못하고 있는 대표적인 장애학생이 바로 ‘학습장애 학생’이다. 장애인 등에 대한 특수교육법 시행령 [별표]에 제시된 특수교육대상자 선정기준(제10조 관련)에 따르면, 학습장애는 ‘개인의 내적 요인으로 인하여 듣기, 말하기, 주의집중, 지각, 기억, 문제해결 등의 학습기능이나 읽기, 쓰기, 수학 등 학업 성취 영역에서 현저하게 어려움이 있는 사람’으로 정의하고 있다.

그러나 「장애인 등에 대한 특수교육법」에서 제시한 학습장애의 선정기준은 하위 유형을 포함하고 있지 않아 구체성이 모호하며, 내적요인이라는 것이 무엇을 의미하는지에 대한 그 의미가 모호하다. 더욱이 학습장애 학생을 진단함에 있어 불일치모델, 중재반응모델 적용 시 많은 문제점들로 인하여 진단에 어려움이 발생하고 있으며, 학습장애의 정의와 진단과 관련된 이슈는 현재까지도 활발히 연구되고 논의되고 있다. 무엇보다 염려되는 상황은 앞서 언급한 「초·중등교육법」 제28조에서는 특수교육대상자(학습장애)로 진단받은 학생은 학습부진이 아니라고 명시하고 있으나 실제 교육현장에는 학습장애 학생이 학습부진으로 분류되어 그들에게 적합한 특수교육이 아닌 학습부진 교육을 받고 있거나, 일반교실에서 아무런 교육지원을 받지 못한 채, 교육사각지대에 방치되어져 있을 것으로 추정할 수 있다는 것이다. 이는 최근 통계자료를 통해서도 확인할 수 있는데, 미국의 경우 2019년 기준으로 학습장애 학생이 전체 특수교육대상자 중 약 33%를 차지하고 있으나, 국내의 경우 2020년 기준으로 학습장애 학생이 전체 특수교육대상자 중 약 1.3%에 그치고 있으며 이러한 수치는 해마다 감소추세를 보이고 있는 실정이다(국립특수교육원, 2020).

최근 양민화 외(2020)는 「장애인 등에 대한 특수교육법」의 학습장애 조항들이 변화되는 교육 패러다임에 맞추어 어떠한 방향으로 개선되어야 할지를 제안하기 위하여 학습장애 관련 법령 및 법안들을 분석하였다. 이들은 법적으로 특수교육대상자로 선정되지 않더라도 교육적 지원이 필요한 학생들이 현재 학습부진, 경계선 지능, 난독증, 기초학력 미도달 등의 다양한 명칭으로 불리며 교육사각지대에 존재하기 때문에 이들을 위한 실효성 있는 지원이 법적인 근거를 토대로 보장될 수 있도록 「장애인 등에 대한 특수교육법」이 ‘교육지원’을 보장하는 법으로 개편되는 데 필요한 변화들을 제안하였다. 이들이 제안한 학습장애 법령의 개정 제안의 내용은 다음과 같다. 특수교육과 특수교육대상자 정의에 있어 ‘장애학생’에 한정하는 서술 대신 일반교육에서부터의 연장선에서 특수교육 ‘지원’을 보장할 것을 제안하고, 학습장애의 개념을 명료화하여 다른 법령과 조례에서 제시되는 학습부진이나 난독증과 혼돈되지 않도록 하며, 일반교실에 배치된 많은 학습장애 학생들이 특수교육적 요구가 필요할 때 적절한 지원을 받을 수 있도록 배치구조를 다양화하고 유연화할 필요성이 있으며 일반교사와 특수교사들이 학습장애 학생을 적절히 지원할 수 있도록 교원양성과정과 재교육과정에서의 개선점 등을 제안하였다(양민화 외, 2020).

4. 기초학력 보장 관련 입법 내용

20대 국회에서는 기초학력 보장을 위한 2개의 법안이 상정되었다. 2016년 6월에 발의된 「기본학력보장법(안)」과 2017년 5월에 발의된 「기초학력보장법

(안)」으로, 기본학력보장법안과 기초학력보장법안은 대상과 학력의 개념, 교육지원에서 차이가 있다.

박홍근 의원이 발의한 「기본학력보장법안」은 '기초학력' 개념이 아닌 '기본학력'이라는 개념과 학습의 어려움을 겪는 학생을 위한 개인별 맞춤형 교육을 기본으로 '특별지원교육'이라는 단계를 제시하였다. 또한, '특별지원 전문교사'를 중심으로 여러 전문가가 협력하는 '다중지원팀'의 구조를 제시하고, 3년마다 기본계획을 수립하도록 하였다. 또한 시·도단위의 특별교육지원센터와 중앙단위의 연구원 설치를 제시하였다.

박경미 의원이 발의한 「기초학력보장법안」은 학습의 어려움을 겪는 학생을 '학습지원대상학생'이라고 하였으며, '기초학력'은 학교 교육과정을 통하여 갖춰야하는 최소한의 성취 기준을 충족하는 학력이라고 하였다. 이를 지원하는 교육을 '학습지원교육'이라 하고 이를 위해 1수업 2교사제와 '학습지원전담교원'의 배치를 제안하고, 기초학력진단검사와 교사의 관찰로 학습지원대상자를 선정할 수 있으며, 교육감 단위의 시행계획 수립을 의무화하였다.

두 법안 모두 학생들의 기초학력 또는 기본학력을 보장하고자 하였으며, 체계적이고 종합적인 계획수립과 시스템 구축, 전문인력과 추진기구의 필요성을 강조하였다. 그러나 두 법안의 명칭에서 드러나듯, 기초학력과 기본학력의 개념, 대상학생, 특별지원교육과 학습지원교육, 특별지원전문교사와 학습지원전담교원 등과 같이 차이를 보이는 쟁점들이 있다. 세부적인 내용은 <표 3-1>과 같다.

먼저, '기초학력'은 일반적으로 읽기, 쓰기, 셈하기(3R's)로 학업성취도 평가의 기초학력 수준을 의미하지만 '기본학력'은 지식, 기술, 태도 등의 기본적인 성취수준을 말한다. 혹자는 기초학력 개념을 벗어나 기본학력이라는 개념을 사용하는 것이 적절하다고 하였고, 일각에서는 기본학력이라는 개념의 모호성을 지적하기도 하였다.

법에 적용되는 대상학생에 있어서도 차이를 보였다. 앞서 살펴본 초·중등교육법과 기본학력보장법에서는 대상학생을 제시함에 있어 '특수교육대상자'와의 구분을 명확하게 하고 있다. 그러나 기초학력보장법에서는 특수교육대상학생을 배제한다는 문구가 없다. 실제 교육현장에는 학습장애나 경계선급 지적장애 학생들 중 상당수의 학생들이 학습부진으로 분류되어 있을 가능성은 매우 크다. 이에 기초학력보장법에서 말하는 '학습지원대상'을 '특수한 교육적 요구가 있는 학생'의 개념으로 보고 특수교육대상자의 범위를 확장하여, 특수교육에서 적절한 서비스를 제공하는 것이 필요하다고도 하는 의견도 있고, 일반교육의 범주에서 학습지원대상을 위한 교육은 제공하되 특수교육과의 연결고리를 만들어 가야 한다는 의견도 있다.

표 3-1 기본학력보장법안과 기초학력보장법안

	기본학력보장법안(2016. 6.)	기초학력보장법안(2017. 5.)
목적	학습부진학생을 조기에 발견하여 기본학력을 달성할 수 있도록 특별지원교육을 제공함으로써 모든 학생이 개인의 타고난 잠재력을 개발하고 개인의 자아실현을 도모하며 국가와 사회의 발전에 이바지하게 함	학습지원대상학생에게 필요한 지원을 실시함으로써 모든 학생의 기초학력을 보장하여 자아실현을 도모하고 인간다운 삶을 영위할 수 있도록 돕는 것
대상	'학습부진학생':「장애인 등에 대한 특수교육법」에 따른 특수교육대상자가 아닌 학생으로서 해당 교육과정에서 요구하는 기본학력을 갖추지 못하였거나 기본학력을 갖추기 어려울 것으로 예상되어 특별지원교육을 필요로 하는 자	'학습지원대상학생': 기초학력을 갖추지 못한 학생
학력개념	'기본학력': 학생이 학교 교육과정을 통하여 기본적으로 갖추어야 할 지식, 기술, 태도 등 해당 학년의 교육과정에서 요구하는 기본적인 성취수준	'기초학력': 학교 교육과정을 통하여 갖춰야 하는 최소한의 성취기준을 충족하는 학력(초등학교 3학년 수준의 3R's를 뜻하거나 학업성취도 평가의 기초학력 수준)
국가책무	교육부장관은 학습부진학생의 기본학력을 보장 및 증진하기 위한 기본계획을 5년마다 수립함	교육부장관은 시도교육감의 협의와 기초학력보장위원회의 심의를 거쳐 5년마다 기초학력보장 종합계획을 수립함
심의기관	기본학력보장 및 증진위원회	기초학력 보장위원회
진단평가	학습부진학생을 조기에 발견하고 학생별 학습부진의 수준과 원인 등을 진단하기 위하여 기본학력진단검사·평가를 실시	학습지원대상학생의 조기발견과 학생별 학력 수준과 기초학력 미달의 원인 등을 종합 진단하기 위한 기초학력진단검사 실시

교육	'특별지원교육 지원': 각 개인의 특성에 맞는 내용과 방법으로 실시하는 개인별 맞춤형 교육	'학습지원교육': 각 개인의 상황과 특성에 맞는 내용과 방법으로 실시하는 맞춤형 교육
교사	특별지원교육 및 특별지원전문교사	학습지원 전담교원 학습지원교육을 전담하는 교원 지정
협력	교원, 특별지원전문교사, 특수교육교사, 학습보조교사, 보건교사, 상담교사 등으로 다중지원팀을 구성	학습지원 전담교원, 「학교보건법」 제15조에 따른 보건교사, 「초·중등교육법」 제19조의2에 따른 전문상담교사 등이 함께 학습지원교육을 실시

한편, 명칭에 있어 혼란을 가져올 수 있는 부분들도 논쟁이 되고 있다. 기본학력보장법에서는 각 개인의 특성에 맞는 내용과 방법으로 실시하는 개인별 맞춤형 교육으로 특별지원교육 지원을 제공해야 한다고 하였고, 특별지원전문교사라는 용어를 사용하였다. 기초학력보장법에서는 각 개인의 상황과 특성에 맞는 내용과 방법으로 실시하는 맞춤형 교육인 학습지원교육을 제공해야 한다고 하였고, 학습지원 전담교원이라는 용어를 사용하였다. 모두 개인에게 맞는 맞춤형 교육을 강조하고 있으나 '특별지원교육'이라고 할 경우, 일본에서는 특별지원교육이 특수교육서비스를 의미하고 있기에 그 의미 해석에 혼란이 발생할 수 있고 특히, '학습지원 전담교원'이라고 했을 때, 전담이라는 용어로 인해 학습부진학생을 전적으로 책임지는 교사라는 오해를 낳을 수 있다는 의견이 거론되기도 하였다. 이 밖에도 다중지원팀의 구성, 보조교사와 1수업 2교사제 등의 다양한 쟁점들이 논의되었고, 지금도 논쟁은 계속되고 있다.

이 두 법안은 국회 교육위원회 심의결과 두 법률안 모두가 폐기되었고 2019년 6월 교육위원회 차원에서 대안으로 기초학력보장법(안)을 발의하여 국회 계류 중에 있다(정순원, 2020).

2019년 교육위원회 차원에서 대안으로 발의된 「기초학력보장법」의 목적은 능력에 따른 교육을 받을 권리 보장(1조), 기초학력은 학교교육과정의 최소한의 성취기준을 충족하는 학력으로 학습지원 대상학생은 기초학력을 갖추지 못한 학생으로 특수교육대상자가 아닌 학생(2조)으로 정의하고 있다. 또한 기초학력 보장 종합정책(5년) 및 실행계획(1년) 수립과 학급당 적정 학생 수 유지, 인적·물적 재원 확보, 학교장의 보장 노력 등을 책무로 두고 있다(3조, 5조). 지원방안으로 학습지원담당교원 지정 및 교원연수, 보건교사와 전문상담교사의 협력(9조), 보호자 교육 및 상담(8조)이 있다. 그러나 여전히 기초학력 개념과 기준, 평가방법, 진단 및 지원방안에 대한 합의는 이루어지지 못하고 있으며, 활발히 논의되고 있다.

5. 난독증 학생 지원 조례

조례는 지방자치 단체가 법령의 범위 안에서 지방 의회의 의결을 거쳐 그 지방의 사무에 관하여 제정하는 법을 말한다. 국내에서는 2015년을 시작으로 2021년 2월까지 전국 18개 교육청 및 시·도 단위에서 「난독증 학생 지원 조례」를 제정하였다.

난독증은 신경학적인 원인을 가진 특정학습장애의 한 유형이며, 단어재인, 해독, 철자 등 읽기 영역에서의 어려움을 보이며, 이차적으로 어휘력 및 읽기이해의 어려움을 보인다(국제난독증협회, 2002). 국내에서는 김윤옥 외(2015)가 난독증 선별 체크리스트를 개발하여 초등학생을 대상으로 난독증을 학생을 추정하였는데, 그 결과 난독증이거나 난독증 위험군으로 선별될 수 있는 학생이 전체 학생 중 4.6%로 추정되었다. 각 지방자치단체에서는 난독증 아동 청소년을 위한 조례를 제정하여 이들을 지원하고자 하는 움직임이 활발히 일어났다(김동일 외, 2017).

최근 이러한 난독증 지원 조례를 분석하여, 시사점을 제시한 연구들이 있다. 이애진과 이예다나(2019)는 난독증 학생 지원 조례를 대상으로 제정 현황을 비롯하여 구성내용 등을 기본사항, 규범적 체계, 실효성 체계로 구분하여 분석하고 각 내용의 공통점과 차이점에 대하여 탐색하였다. 그 결과를 살펴보면, 조례의 구성내용은 목적, 정의, 지원사업관련 내용 등으로 이루어졌으며, 지자체별로 차이가 있으나 지원계획 수립, 지역사회협력 구축 및 상담, 전문치료센터 지원 등을 규정하고 있다고 하였다. 특히, 지원 내용에 대한 분석내용은 <표 3-2>와 같다.

이애진과 이예다나(2019)는 규범적 체계에서는 모든 조례에서 지원계획과 협력체계 구축을 명시하고 있었으나 그 내용은 상이하다 하였고, 실효성 체계에서는 사업 및 범위를 모두 제시하고 있으며 대부분의 지자체에서 청소년과 보호자 상담지원을 제시하는 등, 난독증 지원 조례를 통해 난독증 학생들에 대한 지원의 범위가 확대되고 책무성이 강조되었다고 하였다. 특히, 17개 조례 모두 난독증 지원사업을 관련 기관에 위탁할 수 있음을 규정하고 있으며, 위원회의 설치를 명시하고 있었다. 이러한 난독증 지원 조례는 난독 학생들의 교육에 대한 법적 근거를 마련하였지만, 자칫 이 지원사업을 관련기관에 위탁하는 학교 밖 전문기관 연계로만 이루어지지 않도록 보다 안정적인 지원을 제공해 줄 수 있는 공교육의 책임교육이 실현될 수 있도록 그 방향을 찾아야 할 것이라 하였다. 또한, 난독증 학생을 위한 조례가 보다 더 실효성을 가지기 위해서는 학교 현장에서 정확한 난독 학생 실태 파악과 정확한 판별을 위한 진단체계 구축이 필요할 것이라 하였다.

표 3-2 각 지방자치단체 난독증 지원 조례별 지원 내용

지자체	분 류												
	심리적 · 정서적 안정을 위한 청소년 상담 · 훈련 및 보호자 상담	지역 사회 서비스 투자 사업 개발 · 지원	사회적 · 경제적 지원 요구 난독증 청소년에 대한 특별지원	병원 · 의원 등 지역 기관과 연계 지원	난독증 전문 상담	난독증 학생 조기 선별 검사비 및 치료비 지원	난독증 학습 치료	난독증 심층 전문 검사 실시	단위 학교 수준별 맞춤형 개별 지도 위한 강사 지원	인식 개선 사업	교육 프로그램 운영 지원	그 밖에 필요 하다고 인정 되는 사업
경기도	✓	✓	✓									✓
경기도 교육청	✓	✓	✓									✓
과천시	✓	✓	✓									
광주광역시 교육청	✓			✓		✓						✓
대전광역시 교육청					✓		✓			✓		✓
부산광역시 교육청				✓	✓		✓		✓			✓
수원시	✓	✓	✓									✓
안양시	✓	✓	✓									✓
오산시	✓	✓	✓									✓

울산광역시 교육청	✓			✓		✓						✓
인천광역시 교육청				✓	✓		✓	✓				✓
인천광역시 남동구	✓	✓	✓									✓
인천광역시 동구	✓	✓	✓									✓
의왕시	✓	✓	✓									✓
전라북도 교육청	✓			✓		✓					✓	✓
천안시	✓	✓	✓									✓
충청북도 교육청					✓							
합계	13	10	10	5	4	3	3	1	1	1	1	16

출처: 이애진, 이예다나(2019). 난독증 학생지원을 위한 지방자치단체 조례 분석. 특수교육학연구, 54(1), 91-119, p. 19.

한편, 김애화, 김의정(2020)은 국외 난독증 관련 단체의 정의와 미국의 난독증 법의 정의 및 국내 난독증 관련 조례의 정의를 분석하여 난독증 정의에 공통적으로 포함된 특성을 파악하였는데, 난독증의 핵심 교육적 특성은 단어인지와 철자에서의 현저한 어려움인 것으로 나타났다. 또한, 난독증은 학습장애이며, 내적 원인으로 인하여 발생하며 적절한 교수가 제공되었음에도 어려움을 보이며, 지능이나 다른 인지적, 감각적 능력에 이상이 없음에도 어려움을 보이는 것으로 정의에서 언급되고 있다 하였다.

이렇듯, 난독증은 학습장애임에도 불구하고, 실제 난독증 관련 조항이 각 시도별로 제정되어 난독증 학생들은 학습장애라는 범주하의 특수교육서비스를 받기보다는 난독증 지원 조례에 의하여 지원대상자로 선정되고 전문치료 프로그램 참여 등의 지원을 받고 있는 것이 현 실정이다. 김수연, 이경화, 정가희, 최미진(2020)의 연구에서는 최근 5년 동안의 인천광역시 소속 두 곳의 특수교육지원센터 자료에서 학습장애 진단평가 의뢰 수를 분석하였는데, 2018년의 의뢰 수에 비해 2019년의 의뢰 수가 대폭 감소한 시점에 2019년 인천시 난독증 조례의 통과가 영향을 미쳤던 것으로 추측해볼 수 있다 하였다.

난독증을 지닌 학생이 「장애인 등에 대한 특수교육법」에 의한 특수교육대상자인 학습장애로 선정되지 않더라도 「난독증 학생 지원 조례」에 의한 학습지원대상학생으로 선정되어 지원을 제공 받을 수 있게 되었지만 난독증이 학습장애의 하위 유형 중 하나인 읽기장애임을 고려할 때, 많은 난독증 학생들이 여러 가지 이유로 특수교육서비스를 받고 있지 않는 것으로 추정할 수 있다. 그리고 그 이유는 특수교육서비스를 받더라도 학습장애 학생들에게는 실질적인 지원방안이 마련되어 있지 않기 때문으로 보고되고 있기 때문에(강옥려 외, 2014; 김애화 외, 2018; 나경은 외, 2019) 난독증 학생을 조기에 발견해 낼 수 있는 선정도구와 절차, 각 개별특성에 적합한 증거기반 중재를 제공해 줄 수 있는 교육지원 서비스의 체계성을 점검하고 그 방향성을 고민해 보아야 한다.

한편, 나경은(2019)은 난독증 진단을 받은 자녀의 부모들을 대상으로 난독증 학생 지원 조례에 대한 인식을 조사하였는데 난독증 학생 지원 조례에 대해 알고는 있었지만 전반적인 만족도 수준은 낮게 나타났고, 지원 내용의 적절성, 지원 사업 계획 수립 및 집행과정의 투명성, 지원사업의 효과성에서도 매우 낮은 수준으로 인식하고 있었으며 공교육의 책무성과 난독증 학생 지원의 시스템 구축, 전문성 강화 등을 요구를 나타내었다고 하였다. 따라서, 현재 제정돼 있는 난독증 학생 지원 조례에서도 보다 더 공교육의 책무성을 강화하고, 지역성을 뛰어넘는 종합서비스인프라 구축 등의 내용이 보완되어져야 할 것이며, 더불어 난독증 학생 당사자와 학부모의 의견이 반영될 수 있도록 조례가 보완되어질 필요가 있다고 하였다.

- 경기도교육청 난독증 학생 지원 조례 [시행 2019. 4. 29.][경기도조례 제6168호, 2019. 4. 29., 전부개정]
- 경기도 난독증 등 학업중단 아동청소년 지원 조례 [시행 2019. 7. 1.][경기도조례 제6235호, 2019. 7. 1., 일부개정]
- 과천시 난독증·아동청소년 지원에 관한 조례 [시행 2016. 12. 28.][경기도과천시조례 제1478호, 2016. 12. 28., 제정]
- 광주광역시교육청 난독증 학생 지원 조례 [시행 2017. 3. 1.][광주광역시조례 제4848호, 2017. 3. 1., 제정]
- 대전광역시교육청 난독증 학생 지원 조례 [시행 2016. 6. 10.][대전광역시조례 제4742호, 2016. 6. 10., 제정]

- 부산광역시교육청 난독증 학생 지원 조례 [시행 2018. 2. 7.][부산광역시조례 제5720호, 2018. 2. 7., 제정]
- 수원시 난독증 아동·청소년 지원 조례 [시행 2017. 9. 27.][경기도수원시조례 제3706호, 2017. 9. 27., 일부개정]
- 안양시 난독증 등 학업중단 아동·청소년 지원 조례 [시행 2020. 7. 10.][경기도안양시조례 제3213호, 2020. 7. 10., 일부개정]
- 오산시 난독증 아동·청소년 지원에 관한 조례 [시행 2018. 12. 26.][경기도오산시조례 제1693호, 2018. 12. 26., 일부개정]
- 울산광역시교육청 난독 학생 지원 조례 [시행 2020. 1. 1.][울산광역시조례 제2104호, 2019. 12. 26., 타법개정]
- 의왕시 난독증 아동·청소년 지원에 관한 조례 [시행 2019. 9. 1.][경기도의왕시조례 제1693호, 2019. 5. 31., 일부개정]
- 인천광역시교육청 난독증 학생 지원 조례 [시행 2018. 11. 5.][인천광역시조례 제6009호, 2018. 11. 5., 제정]
- 인천광역시 동구 난독증 아동·청소년 지원에 관한 조례 [시행 2020. 5. 22.][인천광역시동구조례 제1234호, 2020. 5. 22., 일부개정]
- 전라북도교육청 난독 학생 지원 조례 [시행 2019. 3. 8.][전라북도조례 제4622호, 2019. 3. 8., 전부개정]
- 제주특별자치도교육청 난독 학생 지원 조례 [시행 2019. 7. 10.][제주특별자치도조례 제2312호, 2019. 7. 10., 제정]
- 천안시 난독증 아동·청소년 지원에 관한 조례 [시행 2020. 6. 22.][충청남도천안시조례 제2028호, 2020. 6. 22., 일부개정]
- 충청남도교육청 난독증 학생 지원에 관한 조례 [시행 2020. 8. 10.][충청남도조례 제4787호, 2020. 8. 10., 전부개정]
- 충청북도교육청 난독증 학생 지원 조례 [시행 2020. 12. 31.][충청북도조례 제4488호, 2020. 12. 31., 제정]

경기도교육청 난독증 학생 지원 조례

[시행 2019. 4. 29.] [경기도조례 제6168호, 2019. 4. 29., 전부개정]

제1조(목적) 이 조례는 경기도 내 각급 학교에서 난독증으로 학습에 어려움을 겪고 있는 학생이 학습 부진 및 학업 부적응에서 벗어나 행복한 학교생활을 할 수 있도록 지원하는데 필요한 사항을 정함을 목적으로 한다.

제2조(정의) 이 조례에서 사용하는 용어의 뜻은 다음과 같다.

1. "난독증"이란 지능과 시력, 청력 등이 모두 정상임에도 불구하고 문자를 읽고 철자를 구분하거나 내용을 이해하는 능력에 장애가 있어 글을 원활하게 읽고 이해하는 데 어려움을 겪는 증상을 말한다.
2. "난독증 학생"이란 「초·중등교육법」 제2조에 따른 학교에 재학 중인 초·중등학생 중 난독증으로 학습에 어려움을 겪는 학생을 말한다.

제3조(교육감의 책무) 경기도교육감(이하 "교육감"이라 한다)은 난독증으로 학습에 어려움을 겪고 있는 학생을 파악하고, 필요한 지원책을 마련해야 한다.

제4조(지원계획 수립) 교육감은 난독증 학생이 학습부진 문제를 극복할 수 있도록 다음 각 호의 사항이 포함된 경기도교육청 난독증 학생 지원계획(이하 "지원계획"이라 한다)을 매년 수립한다.

1. 난독증 진단 검사 실시 및 난독증 학생 실태 조사에 관한 사항
2. 난독증 학생에 대한 상담 및 보호자 상담 지원
3. 난독증 해결을 위한 전문교육 및 프로그램 지원
4. 지역사회 협력체계 구축에 관한 사항
5. 그 밖에 교육감이 지원을 위해 필요하다고 인정하는 사항

제5조(위원회의 설치) 난독증 학생 지원계획 수립 및 지원대책을 심의하고 자문할 수 있는 경기도교육청난독증학생지원위원회(이하"위원회"라 한다)를 둔다.

제6조(기능) 위원회는 다음 각 호의 사항을 심의·자문한다.

1. 경기도교육청 난독증 학생 지원 계획 수립에 관한 사항
2. 비영리 법인·민간단체 등의 난독증 학생 지원 사업에 대한 행정적 지원에 관한 사항
3. 지역사회 협력체계 구축방안
4. 그 밖에 난독증 학생 지원과 관련하여 교육감이 필요하다고 인정하는 사항

제7조(구성) ① 위원회는 위원장 1명과 부위원장 1명을 포함한 15명 이내의 위원으로 구성한다.

② 위원회의 위원은 다음 각 호의 어느 하나에 해당하는 사람 중에서 교육감이 위촉하되, 업무담당 실·국장 및 부서장은 당연직 위원이 된다.

1. 경기도의회에서 추천한 도의원 2명
2. 난독증에 관한 지식과 경험이 풍부한 사람
3. 학생의 교육, 복지 또는 상담에 관한 지식과 경험이 풍부한 사람
4. 난독증 학생 학부모
5. 특수학교 교원
6. 그 밖에 난독증에 관한 학식과 경험이 풍부한 사람으로 교육감이 필요하다고 인

정하는 사람

③ 위원장과 부위원장은 위원 중에서 호선한다.

④ 위원장은 회의를 소집하고 주재한다. 위원장이 궐위되거나 사고가 있는 경우 부위원장이 위원장을 대행한다.

⑤ 회의는 재적위원 과반수의 출석으로 개회하고 출석위원 과반수의 찬성으로 의결한다.

제8조(임기) ① 당연직 위원은 그 직위의 재임기간을 임기로 하고, 위촉위원의 임기는 2년으로 하되 한 차례만 연임할 수 있다. 다만, 보궐위원의 임기는 전임위원의 남은 임기로 한다.

② 교육감은 위원이 다음 각 호의 어느 하나에 해당하는 때에는 임기만료 전이라도 해당 위원을 해촉할 수 있다.

1. 위원이 심의과정에서 공정하지 않은 심의 또는 자문으로 업무 수행에 현저한 피해를 끼쳤다고 판단될 때
2. 위원이 장기간 치료가 필요한 질병 또는 6개월 이상의 국외여행 등으로 그 직무를 수행하기 어려운 때
3. 그 밖의 사정으로 위원의 임무를 수행할 수 없다고 판단될 때

제9조(준용) 위원회에 관하여 수당지급 등 이 조례에서 정하지 않은 사항은 「경기도교육청 각종 위원회 설치 및 운영 조례」에 따른다.

제10조(지원사업) 교육감은 난독증 학생을 위하여 다음 각 호와 같은 지원 사업을 실시할 수 있다.

1. 난독증 학생 조기 선별 검사비 지원
2. 심리적·정신적 안정을 위한 난독 학생 및 그의 학부모 상담
3. 난독증 학생에 대해 병원·의원 등 지역기관과 연계 지원
4. 그 밖에 교육감이 난독증 학생 지원을 위해 필요하다고 인정하는 사업

제11조(지역사회 협력체계 구축) 교육감은 난독증 학생 지원을 위하여 경기도, 아동·청소년 지원기관, 관련 사회단체 등과 긴밀히 협력할 수 있다.

6. 학습부진 학생 지원 조례

「초·중등교육법」 제28조 제1항 제1호 및 같은 법 시행령 제54조에 따라 학습부진 학생들의 학습능력 향상 지원을 목적으로 학습부진 학생 지원 조례가 제정되었다. 교육청의 경우 다양한 학습자의 요구를 보다 유연하게 자율적으로 대

응할 수 있고 학교 현장에 직접적인 영향력을 미칠 수 있으므로, 정책적 수단으로 조례 제정은 이들을 가르치는 교수자들에게 매우 중요하다고 할 수 있다(이애진, 이예다나, 2019).

6개의 교육청의 학습부진 학생 지원 조례를 살펴보면(<표 3-3> 참고), 모두 학습부진 학생 지원 조례에 목적, 지원계획, 실태조사, 학교지원, 교원연수에 관한 내용을 명시하고 있다.

특히 지원계획 수립의 내용으로 9개 항목(기본방향과 추진 목표, 학습부진 학생 실태조사 및 판별기준, 교재 개발 및 학습 프로그램 운영지원 방안, 교원 연수 방안, 심리상담과 학습·진로상담 및 가족상담 등 상담지원 방안, 학부모 교육과 정보제공 방안, 유관기관과의 연계지원 방안, 학습부진 학생 교육지원 시책 우수사례 발굴 및 보급, 그 밖에 교육감이 필요하다고 인정하는 사항)을 모두 제시하고 있다.

- 경기도교육청 학습부진 학생 지원 조례 [시행 2019. 4. 29.][경기도조례 제6169호, 2019. 4. 29., 제정]
- 경상남도교육청 학습부진 학생에 대한 교육 지원 조례 [시행 2018. 7. 12.][경상남도조례 제4481호, 2018. 7. 12., 일부개정]
- 서울특별시교육청 학습부진아 지원 조례 [시행 2018. 1. 4.][서울특별시조례 제6793호, 2018. 1. 4., 타법개정]
- 세종특별자치시교육청 학습부진 학생 지원 조례 [시행 2020. 4. 10.][세종특별자치시조례 제1476호, 2020. 4. 10., 제정]
- 인천광역시교육청 학습부진아 지원 조례 [시행 2017. 9. 25.][인천광역시조례 제5847호, 2017. 9. 25., 제정]
- 충청남도교육청 학습부진 학생에 대한 교육지원 조례 [시행 2019. 4. 10.][충청남도조례 제4466호, 2019. 4. 10., 타법개정]

표 3-3 교육청별 학습부진 학생 지원 조례 구성

	경기도 교육청	경상남도 교육청	서울특별 시교육청	세종특별 자치시교 육청	인천광역 시교육청	충청남도 교육청
목적	✓	✓	✓	✓	✓	✓
지원계획 수립	✓	✓	✓	✓	✓	✓
실태조사	✓	✓	✓	✓	✓	✓

학교지원	✓	✓	✓	✓	✓	✓
교원연수	✓	✓	✓	✓	✓	✓
협의회 설치 및 기능	✓	✓		✓		✓
협의회 구성 및 회의		✓				✓
협력체계	✓					
인식개선교육	✓					
자문위원회			✓		✓	

차이점을 살펴보면, 경기도교육청과 경상남도교육청, 세종특별자치시교육청에서는 학습부진 학생을 위한 '치유 프로그램 지원 및 운영'을 추가로 제시하고 있다. 또한, 서울특별시와 인천광역시에서는 학습부진 '대책자문위원회'를 설치함을 제시하고, 그 외 교육청에서는 학습부진학생 '교육지원협의회'의 설치와 기능을 제시하고 있다. 특별히 경기도교육청에서는 학습부진 학생에 대한 지원의 영속성 유지와 유관기관 등과의 협력체계구축에 대한 협력체계와 인식개선교육의 내용도 별도의 조항으로 추가 제시하고 있다.

서울특별시교육청 학습부진아 지원 조례

[시행 2018. 1. 4.] [서울특별시조례 제6793호, 2018. 1. 4., 타법개정]

제1조(목적) 이 조례는 「초·중등교육법」 제28조 제1항 제1호 및 같은 법 시행령 제54조에 따라 학습부진아의 학습능력 향상을 지원함으로써 학습부진아가 정상적인 학교생활을 통해 건강한 사회구성원으로 성장하도록 하는 것을 목적으로 한다.

제2조(정의) 이 조례에서 사용하는 용어의 뜻은 다음과 같다.

1. "학습부진아"란 「초·중등교육법」제28조 제1항 제1호에 따른 학생을 말한다.
2. "학교"란 「초·중등교육법」제2조에 따른 학교를 말한다.

제3조(교육감의 책무) 서울특별시교육감(이하 "교육감"이라 한다)은 학습부진아의 학습능력 향상을 위해 학교의 장에게 교육과정을 탄력적으로 운영하도록 하는 등 교육상 필요한 시책을 마련하여 지원하여야 한다.

제4조(교육지원계획의 수립) ① 교육감은 학습부진아의 학습능력 향상을 위한 체계적인

지원계획(이하 "교육지원계획"이라 한다)을 매년 수립하여야 한다.

② 교육지원계획에는 다음 각 호의 사항이 포함되어야 한다.

1. 교육지원계획의 기본방향과 추진 목표
2. 학습부진아 실태조사 및 판별기준
3. 교재 개발 및 학습 프로그램 운영지원 방안
4. 교원 연수방안
5. 심리상담, 학습·진로상담, 가족상담 등의 상담지원 방안
6. 학부모 교육과 정보제공 방안
7. 서울특별시 및 유관기관과의 연계지원 방안
8. 학습부진아 교육지원 우수사례 발굴 및 보급
9. 그 밖에 교육감이 필요하다고 인정하는 사항

제5조(실태조사) ① 교육감은 교육지원계획의 실효성을 높이기 위해 매년 학습부진아 실태조사를 실시하여야 한다.

② 교육감은 제1항의 실태조사를 실시하는 경우 전문지식과 연구경험이 풍부한 대학, 연구기관 등에 이를 위탁할 수 있다.

제6조(학교의 지원) ① 학교의 장은 교육감이 정하는 기준에 따라 학습부진아를 판별하여야 한다.

② 학교의 장은 학습부진아에 대하여 교육감이 정하는 수업일수의 범위 안에서 체험학습 등 필요한 교육을 실시하거나 교육감이 적합하다고 인정하는 교육기관 등에 위탁하여 교육을 실시할 수 있다.

③ 교원은 학습부진아의 학습능력 향상을 위한 관련 연수를 이수하여야 하고, 학교의 장은 교원의 연수를 체계적으로 지원하기 위해「초·중등교육법 시행령」제54조 제7항에 따른 계획을 수립·시행하여야 한다.

제7조(자문)「서울특별시교육청 정책자문위원회 설치·운영 조례」제2조 제1항 제6호의 학습부진대책자문위원회는 학습부진아 지원에 관한 다음 각 호의 사항에 관하여 자문한다. <개정 2018. 1. 4.>

1. 제4조의 교육지원계획 수립
2. 학습부진아 지원 관련 주요시책의 시행 및 평가, 개선 방안
3. 그 밖에 학습부진아 지원을 위하여 교육감이 요청하는 사항

제8조(시행규칙) 이 조례의 시행에 필요한 사항은 교육규칙으로 정한다.

이 밖에도 2017년에 제정된 제주특별자치도교육청 기초학력 향상 지원 조례와 2020년 3월에 제정된 전라남도교육청 기초·기본학력 보장 조례(안) 등이 있다. 이 조례는 기초·기본학력 보장에 필요한 사항을 규정함으로써 모든 학생

이 능력에 따라 교육을 받을 수 있는 교육환경 조성에 이바지함을 목적으로 한다(제1조). 또한, 기초·기본학력을 정의하고(제2조), 교육감의 책무(제3조), 다른 조례와의 관계(제4조), 시행계획 수립(제5조), 진단(제6조), 맞춤형 교육 및 지원(제7조)을 명시하고 있다. 특히, 제6조 맞춤형 교육 및 지원과 관련하여 진단검사 결과와 담임교사 및 교과교사의 추천에 따라 학습지원이 필요하다고 판단되는 학생을 선별할 수 있고(제1항), 전담교원을 지정하여 맞춤형 교육을 실시할 수 있으며(제2항), 필요한 경우 보호자를 대상으로 교육상담을 실시하거나 전문기관과 연계하여 교육을 실시할 수 있다(제3항)고 하였다. 이 외에도, 실태조사(제8조), 위원회의 설치(제9조), 기초·기본학력 보장 사업(제10조), 협력체계 구축(제11조), 전담기관(제12조)과 시행규칙(제13조)의 내용을 포함하고 있다.

Ⅲ. 교육사각지대 학생 관련 국내 법(안) 분석을 통하여

우리 교육현장에는 난독증, 경계선급 지능 학생, 학습부진학생, 특수교육대상자로 진단받지 않은 학습장애 및 정서행동장애학생 등과 같이 특별한 교육적 지원을 필요로 하는 학생들이 이들에게 적합한 교육적 지원을 받지 못한 채 교육사각지대에 머물러 있는 경우가 상당수 존재한다. 특히, 코로나19로 인한 학력격차의 심화와 기초학습의 부진 등의 문제가 심각하게 다루어지고 있는 현 시점에서 탄탄한 학습안전망 구축은 무엇보다 시급하며, 특별한 교육적 지원을 필요로 하는 학생들을 위한 지원은 학생들을 학습장애, 학습부진, 난독증 등으로 명명하여 구분 짓기에 앞서, 좀 더 포괄적으로 접근하는 것이 필요한 때이다.

행정적인 지원절차상 학생들을 분류하는 것은 필요한 작업이나 학습부진, 학습장애, 경계선지능의 학생, 난독증 학생, 학습지원대상학생, 다문화 학생 등 학습에 어려움을 겪으며 특별한 교육적 지원을 요구하는 학생들이 공통된 특성을 많이 보임에도 불구하고 각기 다른 법과 조례에 기반하여 각각 다른 명칭으로 진단되고 교육되어지는 과정에서 적합한 대상자로 선정되지 못하는 일이 다수 발생하고 교육사각지대가 형성되게 됨으로 보다 촘촘한 법안과 정책이 마련되어져야 한다. 촘촘히 짜여진 안전망을 통해 교육적 지원이 다각도로 제공되어지는 것이 필요하다. 그러기 위해서는 특수교육 측면에서, 일반교육 측면에서 다음의 논의가 이루어져야할 것이다.

먼저, 특수교육 측면에서 특수교육대상자는 「장애인 등에 대한 특수교육법」에 명시되어 있는 하나의 장애유형에 반드시 속해야만 적격성을 가질 수 있는 것이 아닌, 특수교육을 필요로 하는 사람이기 때문에 특수교육서비스를 받을 수 있다는 당위성을 가질 수 있어야 한다. 특수교육은 장애영역이라는 범주를 벗어나 필요(요구)에 의한 지원이 제공되는 형태이어야 한다.

특수교육대상자 중 학습장애학생의 경우, 학습장애로의 진단율은 지속적으로 감소추세에 있으며, 2020년 특수교육대상자 현황을 살펴보면, 학령기 전체에 걸쳐 학습장애로 진단된 학생수는 1,200여 명으로 전체 특수교육대상자의 1.3%에 지나지 않는다(국립특수교육원, 2020). 하지만, 학습장애 학생 수가 감소하는 동안 난독증, 학습부진, 학습지원대상 학생 등 특별한 교육지원을 필요로 하는 학생 수가 증가했다는 사실은 흥미로운 점이다(김애화 등, 2018). 국내 학습장애 통계는 일반학급 내 많은 학습장애 학생들이 학습장애가 아닌 다른 명칭으로 분류되어 그들의 요구에 부합되는 지원을 받지 못하거나, 장애로 진단받지 않은 채, 교육사각지대에 놓여있음을 보여주는 것이다. 이렇듯, 학습장애라는 장애명으로 진단되지 않았기 때문에, 특수교육서비스 제공의 적격정 문제와 지원의 한계 등이 발생하고 있다. 적격성에 부합되지 않기 때문에 서비스를 제공받지 못하는 것이지만, 장애의 한 범주에 속하지 않았기 때문에 조기에 적절한 지원을 제공받지 못하여, 더 큰 학업적, 정서적 어려움을 겪게 될 위험성을 지니게 되는 악순환이 반복되고 있는 것이다. 특정장애영역으로 진단받지 않았기 때문에 특별한 교육적 요구를 지닌 학생들을 특수교육과는 무관한 학생으로 생각할 것인지에 대하여 심각하게 재고할 필요가 있다. 어떠한 '장애'를 지니고 있는가보다는 어떠한 '지원'을 필요로 하고 있는가를 살펴볼 수 있어야 교육사각지대에 놓인 학생들을 위한 지원이 특수교육적 측면에서도 논의될 수 있을 것이다.

다음으로, 일반교육 측면에서는 다양한 특별한 교육적 지원을 요구하는 학생들에게 적절한 교육을 제공하기 위하여 특수교육 분야와의 협업이 이루어져야 한다. 학업적, 정서적 어려움을 지녔으나 특수교육대상학생으로 진단되지 않은 경우의 많은 학생들이 교육사각지대에 존재하고 있으며 일반교육 세팅에서 교육

받고 있다. 그러나 일반교육현장에서 이들을 위한 개별적이고 구체적 지원의 한계 등 사각지대 교육 범주에 놓여있는 학생들의 지도에 대한 현실적인 어려움이 토로되고 있으나 특수교육과의 연계나 공식인 협력체계 없이 일반교육 안에서 별도로 운영되고 있어 부진으로 숨어 있거나 잠재된 학습장애 학생은 물론 학업성패 과도기에 놓인 학습곤란(learning difficulties) 학생들의 특별한 '요구'와 '지원'을 충족하는 데에 상당한 제한이 따른다(민수진, 2019).

우리 사회는 기초학력 보장을 포함한 체계적인 교육 시스템을 구축하여 개개인의 잠재력의 발현과 자아를 실현하기 위한 학교기초학력 3단계 안전망을 구축하고 있다(최수미, 김동일, 김주선, 2018). 1단계는 수업 내 지원으로 정규수업 시간에 교사가 학습자에게 학습결손이 발생하지 않도록 맞춤형 지도를 할 수 있게 지원하는 것이다. 2단계는 학교 내 지원이다. 단위학교 내 상담교사 또는 교장 등으로 구성된 다중지원팀을 통한 학생 중심의 맞춤형 프로그램을 지원하는 것이다. 마지막으로 3단계는 학교 밖 지원이다. 학습뿐만 아니라 복합적인 원인으로 학습부진이 되어 학교의 노력만으로 해결하기 어려운 학생들이 종합적인 지원받을 수 있도록 하는 것이다. 이러한 체계적 지원시스템임에도 불구하고, 현재의 교육정책들은 1단계와 3단계 지원에 치우쳐져 있어, 2단계에 해당하여 위험군 학생으로 명명되는 교육사각지대 학습자들에 대한 적절한 진단 및 판별이 이루어지지 않고 있다고 볼 수 있다(최수미 외, 2018). 일반교육과 특수교육 모두에서 교육사각지대에 있는 학생들을 위한 교육적 지원방안을 함께 고민해 볼 수 있어야한다.

또한, 학습종합클리닉, 두드림 사업, 대학생 멘토링과 같은 외부 인력으로 인한 단기간의 성과를 보이는 사업으로 이들을 지원할 것이 아니라 일반교육과 특수교육의 체계 속에서 유기적으로 지원체제가 구성되어져 전문성과 책무성을 갖춘 교사들의 역량이 발휘되는 지원이 이루어져야 하겠다. 무엇보다 교육사각지대 학생들의 요구를 파악하여 지원해줄 수 있는 법적, 제도적 정비와 정책, 지원사업이 필요하며 전문성을 가진 교사를 중심으로 한 탄탄한 학습안전망이 구축되어져야 할 것이다.

토의문제

1. 교육사각지대 학습자 선정 및 지원과 관련된 법적 근거를 제시하시오.
2. 교육사각지대 학습자를 지원하기 위하여 일반교육과 특수교육의 협력체계를 법적으로 어떻게 제안할 수 있을지 생각해 보시오.

04

교육사각지대 아동과 청소년의 방학 중 학력손실 보완(Break the Gap over Break): 미국 교육 사례를 중심으로

박유정(공주교육대학교 교육학과 교수)

케빈의 부모님은 자동차 정비소를 운영하고 있다. 보통 아침 7시에 정비소 문을 열기 위해 출근을 하면, 어머니는 케빈과 케빈의 동생 케이니를 등교 시킨 후 곧바로 정비소로 간다. 7학년인 케빈과 2학년인 케이니는 오후 두시 반이 되면 학교 일과를 모두 마치고 학교에서 제공하는 방과 후 수업을 받고 수업을 마치는 오후 4시가 넘어서야 어머니가 데리러 온다. 방과 후 수업이 없는 날에는 스쿨버스를 타고 집 근처에 위치한 Boys and Girls Club으로 와서 시간을 보내거나 곧바로 집으로 가서 케빈은 동생 케이니와 함께 시간을 보낸다.

하지만 여름 방학이 되면 부모님이 정비소에서 일을 하는 낮 시간 동안 케빈은 동생 케이니와 단 둘이 집에 있어야 하는 경우가 많다. 부모님의 경제 사정상 과외교사나 아이들의 생활을 돌봐줄 베이비시터를 고용하기는 어려워 케빈이 동생의 식사를 챙겨주거나 동생의 읽기 공부를 도와주며 대부분의 시간을 보낸다. 집에서 걸어서 갈 수 있는 도서관이나 박물관, 미술관 등과 같은 시설이 거의 없어 대부분의 시간을 집에서 보내곤 하며, 그나마 차로 갈 수 있는 근교의 시설 또한 바쁜 부모님 사정으로 인해서 이용하기가 쉽지 않다. 또한 부모님이 시간을 내기 쉽지 않아 방학 중에 휴가나 여행을 간 적도 거의 없다. 그나마 학기 중에는 규칙적으로 생활하고 또래 친구들과 어울릴 수 있는 기회가 많지만, 방학 중에는 그것마저 어렵다.

케빈의 모습은 미국 대부분의 지역에서 흔히 일어나는 이야기다. 긴 여름방학이 시작되면 아이들의 규칙적인 생활과 학습 지도에 공백이 생기는 경우를 종종 볼 수 있으며, 사회경제적으로 취약한 가정의 경우 방학 중 아이들의 학습을 위한 가정교사를 고용하거나 사교육에 추가 비용을 지불하는 것도 쉽지 않다. 이렇듯 긴 방학의 특성과 열악한 가정환경 등으로 인해 아이들은 보충학습 또는 선행학습의 기회를 얻지 못하게 되고 이는 방학을 마친 후 학력격차로 이어지곤 한다.

본 장에서는 방학 동안 일어나는 학력손실에 대한 원인과 이로 인해 발생 가능한 문제점 등을 미국의 사례와 데이터, 연구 결과 등을 통해 살펴보고, 방학으로 인한 학업성취도 격차를 완화하기 위한 방향과 우리나라 상황에 시사하는 점 등에 대하여 탐색할 것이다.

Ⅰ. 서론: 학교교육과 방학, 방학으로 인한 학력손실 가능성

학교는 한 사회의 구성원이 되는 데에 필요한 다양한 기술과 기능을 익히는 공간이자 기관이다(Fuhman & Lazerson, 2005). 학교는 한 개인의 성장을 지원하고 개인이 소속된 사회에 대해 배우고 적응할 수 있도록 지원하는 사회화의 기관이기도 하다(Singleton, 2014). 이러한 학교의 기능은 크게 개인의 성장 측면과 사회의 발전 측면에서 살펴볼 수 있다. 우선, 개인의 성장 측면에서 학교는 학령기 학생들의 학습과 사회성 발달, 그리고 가치관 형성에 기여하는 전문적인 기관이다. 이를 위해 학교는 개인이 소속된 지역사회에 기반한 교육과정과 프로그램을 기반으로 개인이 필요로 하는 '학습의 기회'를 제공한다. 학교를 통해 학생들은 교육과정을 이수하기 위하여 기본적인 교과학습에 대한 참여를 경험할 뿐만 아니라, 학교 생활 이후에 성공적이고 독립적인 생활을 유지해 나가는 데에 필요한 다양한 기술과 기능을 익힐 수 있다. 즉, 학생들은 학교가 제공하는 교육을 통해서 읽기, 쓰기, 셈하기 등과 같은 기초 학습 능력의 성장을 경험하고, 이를 바탕으로 학령기 이후에 사회의 일원이자 독립적인 개체로서 자아실현을 하는 데에 필요한 요건들을 갖추게 된다. 다음으로, 학교는 사회구성원들의 전반적인 성장과 공동체로서의 가치관 형성을 통해 사회전체의 발전을 도모하는 기관이기도 하다. 학교는 사회구성원들이 학습기회를 보장하고, 학교 교육을 통한 학습기회를 통하여 사회구성원들의 사회경제적 격차를 줄이는 데에도 기여한다(Singleton, 2014). 이를 위해 학교는 학생들의 사회경제적 지위와 학습 접근권 제한 등으로 발생 가능한 학력격차 및 학습손실을 발견하고, 학교 정규 교육과정과 프로그램 외에도 교과외 활동(extra curriculuar activities), 보완 수업(supplementary curriculum) 등을 통하여 학생들의 학습을 지원하고 보완하는 역할을 한다(Reese, 2005; Theoharis, 2009).

이상에서 언급한 바와 같은 개인적 성장과 사회 발전을 위한 학교의 역할과 기능이 제대로 수행되기 위해서는 한 가지 전제가 필요하다. 바로, 학교(혹은 학교에 준하는 기관)가 제공하는 교육과정과 프로그램에 학생들이 '참여'한다는 것으로, 이는 학교를 통한 교육효과를 기대하고 극대화하기 위한 가장 기본적이면서도 필수적인 전제라고 볼 수 있다(Denton, 2002; Singleton, 2014). 다시 말해 학교의 역할, 또는 학교 프로그램의 효과에 대한 미시적(예를 들어, 학생의 기초 학습 수준, 학년 말 성취도) 또는 거시적 평가(예를 들어, 대학 및 취업률, 경제적 능력) 등이 가능하기 위해서는 학생들의 학교 교육과정 참여와 프로그램 또는 학습 자료 등에 접근이 전제되어야 한다(Quinn et al., 2016).

학생들의 학습에 대한 접근권은 학교가 운영되는 학기 동안 정규 교과과정에 참여한 정도 혹은 방과 후 프로그램(after school programs) 등을 통해서 보장된다. 대개의 경우 학령기 학생들은 일과의 많은 시간을 학교에서 보내게 되며, 이러한 과정에서 학교 내 학습 공간(예를 들어, 교실 벽보, 복도의 글귀, 학교 도서관 등), 교육 제공자인 교사와의 관계, 교과서를 포함하는 학습자료, 또래들과의 협업 등을 통하여 다양한 직·간접적 학습기회를 경험하고 또 보장받을 수 있는 여건이 제공된다고 볼 수 있다. 특히 공립학교의 경우 이와 같은 인적·물리적 자원은 학교 내에서는 학생들의 사회·경제적 지위와는 상관없이 제공되며, 학생들은 가정의 사회경제적 지위에 상관없이 학습에 필요한 다양한 자원을 경험할 수 있는 기회를 지닌다. 특히, 사회경제적으로 어려운 상황에 있는 학생들의 경우에는 학교 내에서 제공하는 학습 보완 프로그램등을 통해 기초학습 및 학과 학습에 대한 지원을 받는 경우가 많다(Singleton, 2014; Quinn et al., 2016).

그렇다면 학교가 운영되지 않는 방학은 어떠할까? 앞서 언급한 바와 같이, 학교의 교육과 학습효과를 기대하기 위해서는 학생들의 학교 교육과정과 프로그램을 통한 학습 참여가 전제되어야 하고, 대부분의 학습 참여는 학기 중에 가능하다. 다시 말해, 학기 중에 학생들은 학습에 대한 접근권이 상대적으로 수월하게 보장받을 수 있는 셈이다. 하지만 방학이 진행되는 경우 학생들의 학교 교육 접근 기회는 상대적으로 제한되고, 방학 기간 동안에는 학생들이 학교가 제공하는 인적·물리적 자원에 대한 접근할 수 있는 기회가 상대적으로 낮은 것으로 보고되고 있다(Atteberry & McEachin, 2016)

방학 기간 동안 제한되는 학습기회에 대한 우려는 사회경제적으로 취약한 가정환경을 지닌 학생들의 경우 더욱 문제시될 수 있다. 이들 학생들이 학교 교육과정에서 제공하는 일과에 참여하지 않는 방학 기간 동안에 가정에서 제공되는 교육 환경이나 학습 자료가 불충분한 경우가 많았으며, 결국 이로 인한 학습기회와 자료의 제한으로 이어져 학력격차 또는 학습손실이라는 결과를 가져오는 경우가 많은 것으로 나타났다(Atteberry & McEachin, 2016). 특히 주(state) 또는 학교 구(school district)마다 차이는 있으나 여름방학이 약 3개월 정도 지속되는 미국의 학기제로 인하여 여름방학 동안 발생되는 학력격차 또는 학습손실(learning loss)은 실제 데이터로도 보고되고 있다. 즉, 많은 연구들에서 사회경제적으로 취약한 계층의 학생들은 사회경제적으로 여건이 더 나은 또래 그룹에 비해 읽기, 쓰기, 수학, 사회, 과학 영역 등 다수의 학업 관련 영역에서 방학 후 학력이 상대적으로 저하되는 것으로 보고되고 있으며(Atteberry & McEachin, 2016; Quinn et al., 2016), 이러한 학력격차는 부모의 소득 수준 및 사회경제적 계층과도 밀접한 연관을 지니는 것으로도 나타났다. 이처럼 여름방학 기간 동안 제한되는 학습경험과 기회로 인해 또래들 혹은 다른 계층의 학생들 간에 나타나는 학력격차가 학력손실(Summer learning loss), 여름방학효과(Summer effects) 또는 여름미끄럼효과(Summer slide)라는 개념으로 언급되기 시작하였으며, 1980년대 이후 다양한 연구들에서 방학 기간 동안의 학력손실이 어떠한 특성과 양상으로 나타나는지, 어떠한 프로그램을 통해 학력손실을 최소화할 수 있는지 등에 대해 구체적으로 제시하기 시작하였다.

본 장에서는 여름방학효과 개념을 미국의 사례를 통해 살펴보고, 여름방학효과가 어떻게 나타나는지 그 양상과 특성을 선행연구들을 통해 파악하고자 한다. 특히 여름방학효과에 의한 학력손실을 보완하기 위한 프로그램의 특성과 프로그램 평가 결과 등을 통해서 사회경제적으로 취약한 계층의 학생들의 학력손실을 보완하기 위해 어떠한 사항들이 고려되어야 하는지 그 시사점을 도출하고자 하였다.

Ⅱ. 여름방학효과(Summer Effects)와 교육사각지대의 학생들

1. '여름방학효과' 문제 대두의 배경

여름방학효과 또는 여름방학으로 인한 학력손실에 대한 개념은 학교의 기능에 대한 근본적인 역할에서 그 논의를 찾아볼 수 있다. 본 장의 서론에서 살펴본 바와 같이 학교의 역할과 학교교육의 방향을 통해 제시하는 다양한 기능들 중 하나로, 학교는 사회구성원인 모든 학생들에게 학습 기회를 최대한 보장하여 사회경제적 계층과 상관없이 적절한 교육주체(교사)와 교육자료를 제공한다. 하지만, 방학 기간 동안에 학교는 이러한 기능을 수행하기 어려우며, 상대적으로 긴 여름방학 기간을 지닌 미국의 경우 방학 기간 중 학교의 역할에 대한 기대는 다소 부정적이었다. 무엇보다 여름방학 동안의 학교 기능의 공백은 미국의 학기제, 교사 계약 제도, 교과서 및 학교 교육 자료의 제공 형태 등과도 밀접한 연관을 지닌다고 볼 수 있다.

미국의 경우 방학기간과 학기의 운영은 주, 학교구 또는 학교마다 상이하나 많은 공립 초중등학교의 경우 2－3달에 걸친 여름방학과 3－4주의 겨울방학의 기간으로 구성되어 있으며, 여름방학이 끝난 8월 중하순에 새학년을 시작하는 시스템이다. 다시 말해 여름방학 이후 다시 2학기가 시작되는 우리나라의 학기제와는 달리 미국의 초중등학교의 학생들은 여름방학 이후 새학년으로 진급하게 된다. 따라서 학생들에게 여름방학은 이전학년을 마치는 시기이자 새학년 학습을 맞이하는 시기이며, 한 단계 높아지는 학습에 대한 준비도가 갖춰져야 하는 시기이기도 하다.

교사 계약 기간도 학기제와 방학 시기에 따라 이루어지는 경우가 많다. 대부분 교사들의 경우 9개월을 기준으로 계약을 하게 되며, 9개월은 여름방학이 끝날 즈음부터 다음 여름방학이 시작되기 직전의 시기와 일치한다. 즉, 우리나라의 학교 교사 채용 및 운용과는 달리 미국에서는 여름방학 기간 동안 교사가 학교에 소속되지 않은 독립적인 고용 상태를 유지하는 경우가 많으며, 여름방학 기간을 위한 추가적인 계약 없이는 학교 교육 프로그램에 참여하거나 학생 관리에 책임지거나 관여할 의무가 없는 고용 상태가 된다.

미국의 공립 초중등학교에서 교과서와 학습 자료를 제공하는 형태가 우리나라와 다소 다르다는 점에서도 그 특성을 찾아볼 수 있다. 우리나라의 경우 새 학기가 시작되면 학생들에게 개별 교과서 전권이 무상으로 제공되며, 교과서는 각 학생들의 개별 소유가 된다. 따라서 학생들은 교과서를 언제든지 집으로 가져갈 수 있으며 방학 여부와 상관없이 교과서와 학교 내에서 활용한 학습 자료에 대한 접근이 용이하다고 볼 수 있다. 하지만, 많은 미국 공립학교의 경우 교과서가 개별 학생에게 제공되는 형태가 아니며, 대부분의 학습자료는 학교에서 제작 또는 교사가 제작한 형태로 제공되고 학습자료들은 포트폴리오 형식으로 구성이 되는 경우가 많다. 학습 텍스트뿐만 아니라 연필, 색연필, 교구 등도 학교에서 제공되는 경우가 대부분이다. 이와 같은 교과서 및 학습자료 제공 방식으로 인해 학교 내에서는 학생 개개인의 사회경제적 지위에 큰 영향 없이 다양한 읽기 자료와 학습 자료를 무상으로 제공받을 수 있다는 큰 장점이 있는 반면, 학교 밖에서는 부모의 소득 수준이나 경제적 지위에 따라 학습자료를 접근 또는 소유하는 정도에 큰 격차를 가져올 수 있는 단점 또한 발생하게 된다. 따라서 긴 방학 기간 동안에는 가정의 소득수준이나 환경에 따라 학습 자료에 접근할 수 있는 기회가 달라지게 되며, 부모와 가정에서 제공되는 교육 환경이 풍부하지 못할 경우 자연스럽게 학력격차로 이어지는 상황이 발생할 가능성도 커진다고 볼 수 있다(Atteberry & McEachin, 2016; Hippel & Hamrock, 2016).

2. 여름방학효과로 인한 학력손실 및 격차에 관한 데이터 보고

긴 여름방학 이후 학생들의 학력격차가 생길 수 있는 상황에 대해 여름학습손실(Summer learning loss) 또는 여름미끄럼효과(Summer slide) 등과 같은 용어들로 우려를 나타내기 시작한 것은 실제로 약 100여 년 전부터이며, 1990년대 이후 연방 정부차원의 데이터 수집과 통계적 접근의 발전으로 학력격차 양상에 대한 보고는 더욱 뚜렷하게 나타나기 시작했다. 이들 연구에서는 공통적으로 여름방학 시작 전 실시된 표준화검사에서 나타난 학생들의 표준점수와 여름방학 후 실시된 표준화검사 간의 격차를 지적하며 여름방학 동안에 제한된 학습기회가 실제로 지속적인 학습부진으로 연결될 수 있는 가능성까지 제시하고 있다(White,

1906; Heyns, 1978; Entwisle & Alexander 1992; Cooper, 1996; Downey et al, 2004).

1980년대에 여름방학효과에 대한 대표적인 연구로는 Hayes와 Grether(1983)의 읽기와 수학 간 학력격차에 대한 연구를 들 수 있으며, 중간소득 계층의 학생들과 저소득층 학생들 간의 읽기, 수학 학력격차를 초등학교 2학년, 그리고 초등학교 6학년에 걸쳐 보고하고 있다. 이들 연구에서 중간소득과 저소득층의 학생들간 학력격차가 초등학교 2학년 때는 약 7개월이었던 것이 초등학교 6학년에는 2년 7개월 정도의 격차로 나타나 계층 간 학력격차가 학년의 증가에 따라 더욱 심화될 수 있음을 보여주었다. 특히, 학기 중에는 계층 간에 학력 수준의 차이가 거의 나타나지 않는 것으로 보고하고 있지만 여름방학 기간 이후에는 학력 수준의 차이가 더욱 커지며, 고학년으로 올라갈수록 학력격차가 벌어지는 데에 기여하는 요인으로도 판단하고 있다. 특히, 초등학교 2학년에서 6학년으로 올라가는 4년 동안 겪게 되는 4번의 여름방학이 전체 학력격차 요인의 약 80%를 설명하는 것으로 나타났다. 이는 사회경제적으로 유리한 위치의 가정에서는 여름방학 동안 책과 학습자료 등을 상대적으로 더 많이 제공하며, 방학 동안의 여행과 다양한 장소 경험 기회 등이 학력격차에 기여할 수 있다고 논의하고 있다.

이전의 연구들에서는 여름방학효과로 인한 학력격차가 과연 존재하는가의 여부에 더욱 초점을 두었다면 1990년대 이후와 2000년대 이르러서는 여름방학효과로 인한 학력격차가 어떠한 과목에서 발생하며, 학력격차에 기여하는 요인들은 무엇인지 등에 더욱 초점을 두게 된다. 대표적인 연구로 Cooper와 동료들(1996)이 실시한 39편의 문헌연구에서 표준화검사와 표준점수 등을 통해 여름방학효과를 검증하였으며 이들 연구에서 공통적으로 학생들의 여름방학 전과 후 표준점수를 비교했을 때 약 1개월 수준의 점수가 더 줄어든 것으로 측정되었다. 이 연구에 따르면 여름방학효과로 인한 학력격차는 교과 영역 또는 기술 영역에 따라서도 그 점수가 다르게 나타났다. 특히, 학력격차는 표준화검사 영역들 중 수학계산과 철자 영역에서 가장 두드러진 부진을 나타냈으며, 지속적인 연습과 절차적 지식이 요구되는 영역의 점수에서 더 크게 뒤처지는 것으로 보고되고 있다. 이 연구에서 살펴본 여름방학효과의 특징 중에 하나는 학생들 간의 개인차는 여름방학효과에 크게 영향을 미치지 않는 것으로 나타났다. 즉 학생들의 성별, 인종, IQ 등과 같은 변인들은 여름방학 후 학력감소에 크게 영향을 미치지 않는 변인으로 나타났다. 한 가지 특이한 점은 모든 학생들이 전반적으로 여름방학 후의 수학 영역에서 학력감소를 적게 혹은 크게 경험하는 것으로 나타났으며, 학력감소 정도가 큰 학생들의 경우 사회경제적으로 취약한 계층의 부모 또는 가정에 소속된 학생들이 더 많은 것으로 나타났다. 하지만 읽기 영역의 경우 사회경제적으로 유리한 계층 가정의 학생들은 읽기 능력이 더욱 상승하는 경우도 많았지만, 읽기이해점수의 경우, 사회경제적으로 취약 계층의 학생들의 감소폭이 더욱 큰 것으로 나타났다. 이러한 결과들은 여름방학을 통해 모든 학생들이 어느 정도 학력 수준의 감소를 경험할 가능성이 있으나, 학력감소의 폭이 현저하게 나타나는 사회경제적 취약 계층의 학생들을 위한 여름방학 동안의 학력보완 프로그램, 읽기 프로그램 또는 자료 등에 접근할 수 있는 기회를 제공하는 것이 필요함을 시사하는 것으로 볼 수 있다.

여름방학효과로 인한 학력감소가 사회경제적으로 취약한 학생들에게 더 큰 문제가 될 수 있다는 것을 지적한 또다른 증거는 Burkman과 동료들(2004)의 연구에서도 찾아볼 수 있다. Burkman과 동료들은 미국 교육부와 교육통계청에서 수집한 Early ChildhoodLongitudinal Study-Kindergarten Cohort(https://nces.ed.gov/ecls/) 데이터를 분석하였으며, 종적 데이터 분석을 통해 사회경제적 지위의 차이가 학생들의 여름방학 기간 동안의 학습에 영향을 어느 정도 미치는지에 대해서 분석한 바 있다. 이들의 연구결과에 따르면 한가지 흥미로운 점은 사회경제적 취약정도와 학력감소는 선형적인 관계가 아니었으며, 사회경제적으로 유리한 상위 25% 집단과 사회경제적으로 취약한 하위 25% 집단 간에 발생한 학력격차가 전체적인 학력격차에 기여하는 것으로 분석하고 있다. 또한 사회경제적으로 취약한 계층의 학생들이 방학 동안에 지역사회에서 제공하는 캠프나 활동 등에 참여한 경우에도 여름방학 후의 학력격차를 감소시키는 데에는 유의미하게 작용하지 않은 것으로 나타났다. 다시 말해, 사회경제적으로 유리한 상위 25% 학생들의 경우 여름방학 기간 동안 경험하는 학습내용과 자료가 학교 내에서 제공하는 것과 상응하거나 그 이상의 질과 양으로 나타난 반면, 사회경제적으로 취약한 하위 25% 학생들의 경우는 학교에서 제공하는 학습내용과 자료에 미치지 못하는 환경에 처해 있으므로 방학기간 동안의 학습을 기대하기 어려운 것으로 해석될 수 있다. 또한 단순한 여름 캠프나 단기적으로 행해지는 지역사회의 행사 참여 정도로 학습 효과를 기대하기 보다는 학교의 커리큘럼과 상응하는 체계적이고 지속적인 프로그램이 제공되어야 여름방학을 통해 발생하는 학력격차가 줄어드는 데에 기여할 수 있을 것이라고 지적하고 있다.

그림 4-1 여름방학효과의 영향으로 인한 저소득층 학생의 5학년 학습수준 예측

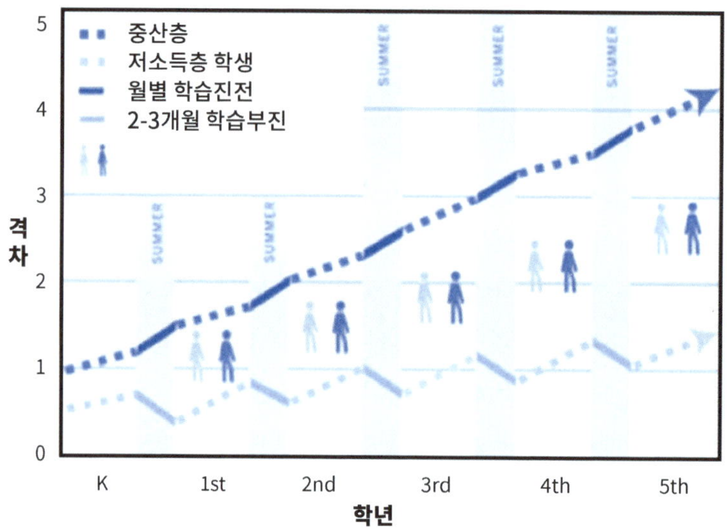

출처: http://gradelevelreading.net/our-work/summer-learning-loss 그림 재구성, Cooper,H., Borman, G., & Fairchild, R. (2010). School calendarsand academic achievement. In J.L. Meece & J.S. Eccles (Eds.),Handbook of research on schools, schooling and human development (1st edn., pp. 342-355). New York: Routledge

3. 여름방학효과와 학력손실의 원인

여름방학으로 인한 학력격차와 학력손실의 여부가 다양한 데이터들과 연구들을 통해 확인됨과 동시에 학력격차가 구체적으로 어떠한 원인들에 의해서 발생하는지에 더욱 초점을 둔 연구 또한 진행되었다. 여름방학효과로 인한 학력격차에 대해 보고한 많은 연구들에서는 학력격차의 원인을 여름방학 동안 제한된 읽기 환경과 자료(Hayes & Grether, 1983), 반복적 연습과 절차적 지식 활용이 필요한 교과 학습 경험의 제한(Cooper et al., 1996), 부모의 교육 수준과 가정 환경

에 따른 학습 여건과 기회(Cooper et al., 2010) 등을 공통적으로 지적한다.

여름방학 후 학력손실 또는 학력격차에 영향을 미치는 요인에 대한 연구 보고들에 따르면, 학생들이 여름방학 기간 동안에 경험하는 활동이 직간접적으로 학업성취에 영향을 미친다고 밝히고 있으며, 이러한 활동은 사회경제적 수준에 따라서 다르게 나타나고 있는 것으로 보고되고 있다. 이들 연구들에 따르면, 사회경제적 수준에 따라 여름방학 동안 참여가능한 학습 관련 활동과 교육의 내용과 참여 빈도 등이 유의하게 달랐으며, 이러한 차이는 부모의 직업, 부모의 수입, 부모의 교육 수준, 거주 지역 수준 등과 같은 사회경제적 특성과 수준에 따라 나타났다(NCES, 1999). 미국의 국립교육통계센터(National Center for Educational Statistics)의 보고에 따르면, 여름방학을 어떻게 보내느냐의 여부는 여름방학 직후 뿐만 아니라 장기적으로 아이들의 읽기나 수학 등과 같은 학업성취에 영향을 미치는 것으로 보고되고 있다(NCES, 1999; NCES, 2018). 실제로, 유리한 사회경제적 배경을 지닌 학생일수록 여름방학 동안의 체험활동과 교육활동에 참여하는 빈도가 더욱 다양했으며, 사회경제적으로 취약한 계층의 학생들일수록 방학 동안 학습 기회는 상대적으로 저조한 것으로 나타났다. 구체적으로, 사회경제적으로 취약한 계층의 초등학생들 중 약 20%만이 여름방학 기간 동안에 예술, 과학, 탐구 박물관을 다녀왔다고 보고한 반면, 사회경제적으로 상위 계층의 경우, 62%가 이와 같은 활동을 한 것으로 보고하고 있다(Meyer, Princiotta, & Lanahan 2004). 또한, 저소득 계층의 초등학생들은 여름방학 동안 텔레비전을 보는 시간의 양이 부모와 대화를 하는 시간보다 훨씬 더 많은 것으로 보고되고 있으며, 고소득 계층의 아이들의 경우 부모와의 대화, 부모와의 독서 등의 시간을 상대적으로 더 많이 가지는 것으로 나타났다(Gershenson 2013), 이러한 경향은 고학년 학생들의 방학생활에서도 유사한 패턴으로 나타났다. 즉, 사회경제적 계층에 따라 대학입학에 필요한 관련 학습을 하는 시간과 시간제 월급을 받는 일을 하는 시간 등에서 차이가 나타났으며, 사회경제적으로 취약한 계층의 아이들의 경우 방학 동안 대학 준비에 관련되는 학과목 학습에 시간을 보내기보다, 소득을 위한 활동에 더욱 많은 시간을 보내는 것으로 나타났다(NCES, 1999). 이는 사회경제적 수준에 따라 아이들이 여름방학 동안 체험활동과 학습을 체험하는 데에 차이가 있다는 것을 보여주며, 사회경제적으로 취약한 아이들일수록 학업보충이나 학습 준비를 위한 학습활동에 참여할 수 있는 기회 또한 저조하다는 것을 나타낸다. 또한 저소득층 학생들의 경우 긴 여름방학 동안 가정 내에서 부모나 학습 조력자의 도움을 받을 수 있는 기회가 낮아 학력손실의 가능성에 더욱 노출되어 있으며, 학기가 시작되면 학습부진으로 이어지게 될 수 있음을 시사한다고 볼 수 있다.

한편, Alington과 McGill-Franzen(2017)은 여름방학효과로 인한 읽기능력의 손실(Reading loss)은 단순히 다음 학기뿐만 아니라 지속적인 읽기 능력 및 학업성취도에 영향을 미치는 주요 원인이 될 수 있다고 설명하고 있다. 이들에 따르면 초등학교 고학년과 중학생들이 또래들 간에 보이는 읽기 능력의 격차는 유치원과 초등학교 저학년과는 다른 원인에 기인할 수 있다고 언급한다. 즉, 유치원에서 초등학교 저학년에 이르는 읽기 능력의 경우 교사의 읽기 지도, 읽기 프로그램의 지속성과 강도, 교사의 지도 방법, 부모의 사회경제적 위치 등의 변인들로 인해 읽기 능력에 차이를 더 많이 설명할 수 있으나 초등학교 고학년 이후의 읽기 능력 차이를 설명하는 데에는 지속적으로 경험한 긴 여름방학의 차이가 큰 설명력을 가지게 된다고 보고 있다. 초등학교 저학년의 경우 여름방학 후 적게는 약 1개월 또는 2.5-3개월의 학력격차로 여름방학효과를 설명할 수 있으나, 초등학교 5학년 이후의 격차는 점점 극대화되고 많게는 약 3년 이상의 학력격차로 벌어지게 되며, 이는 중고등학교를 거치며 지속적인 읽기 어려움과 전반적인 학습 어려움으로 연결될 소지가 있음을 지적한다. 이와 같은 Alington과 McGill-Franzen의 주장은 여름방학효과를 미시적 관점에서 학년 수준의 격차로 이해하기보다는 이로 이해 지속적으로 발생하는 읽기 능력의 격차에 대해 주목하며 여름방학을 통한 읽기 능력의 보완이 학교와 지역사회 차원에서 체계적으로 진행될 수 있어야 함을 시사하는 것이라 볼 수 있다. 또한 학생들이 학교에 출석하지 않는 여름에 학교에서 주도하는 프로그램뿐만 아니라 부모와 가정 환경 차원에서 제공할 수 있는 효과적인 읽기 학습 환경에 대해서도 주목할 필요가 있다고 주장하며 학교와 지역사회뿐만 아니라 읽기 능력 향상을 위한 가정 내 학습자료 지원 방향(예를 들어, 도서관을 통한 책 대여제도 활성화, 가정으로 책 배달, 학교와 지역사회 학습자료 개방 등)에 대해서도 제시하고 있다.

4. "접근 기회의 부족(Lack of Access)"

여름방학효과로 인한 학력손실의 원인과 관련한 다양한 연구들에서 공통적으로 제시하고 있는 또 다른 원인은 바로 접근 기회의 부족("Lack of Access")이다. 앞서 언급한 Alington과 McGill-Franzen도 그들의 저서 "여름방학 동안의 읽기 손실은 읽기 능력 격차의 대부분을 설명할 수 있는 근간(Summer reading loss is the basis of almost all the rich/poor reading gap)"에서 여름방학효과는 학생들에게 단순히 책과 읽기 환경에 접근할 수 있는 기회를 보장하는 것만으로도 충분히 감소될 수 있다고 주장하고 있다.

'접근 기회의 부족'에 대한 논의와 주장은 이들뿐만 아니라 사회경제적으로 취약한 학생들의 읽기 환경 접근에 대해 연구한 다른 선행연구들에서도 충분히 증거를 찾아볼 수 있다. 예를 들어, Entwisle, Alexander와 Olson은 "faucet theory(수도꼭지 이론)"을 통해서 저소득층의 학생들이 고소득층의 학생들에 비해 여름방학 기간 동안에 상대적으로 학습의 기회가 더 낮을 수밖에 없다고 설명하고 있다. 이 이론에 따르면 "recourse faucet(학습자료 수도꼭지)"는 학기 중에는 모든 학생들이 학습의 기회를 가지고 학습을 가능하게 하지만, 여름방학 기간 동안에는 사회경제적으로 취약한 계층에게는 물줄기와 수압이 낮아지지만 사회경제적으로 유리한 계층에게는 여전히 적당한 물이 제공되고 있다는 것을 의미한다(Entwisle, Alexander, & Olson, 2000). 즉, 사회경제적으로 유리한 계층은 사회경제적으로 풍족한 환경 속에서 다양한 학습자료의 습득과 체험이 유리하고 방학을 통하여 학습 능력을 더욱 향상시킬 수 있는 기회가 주어지는 것이라고 설명하고 있다(Borman, Benson, & Overman, 2005).

사회경제적 계층에 다른 학습 정보 접근 정도는 미국 전체 학생들을 대상으로 한 보고서에서도 구체적으로 제시된 바 있다. 2004년에 발표된 미국의 국립교육통계센터(National Center for Educational Statistics)는 여름방학기간 동안 사회경제적 계층과 도서관 접근 정도에 따른 학생들의 도서관 이용 여부에 대해 보고하고 있다. 이 보고에 따르면, 높은 사회경제적 계층의 경우 90.7%가 도서관이 집 근처에 있다고 답한 반면, 낮은 사회경제적 계층의 경우 64.3%만이 집 근처에 도서관이 있다고 답하고 있다. 또한 높은 사회경제적 계층에서는 80.2%의 아이들이 여름방학 기간 동안에 도서관 방문 경험이 있다고 답하였으나, 낮은 사회경제적 계층에서는 46.4%만이 여름방학 기간 동안에 도서관 방문 경험이 있다고 답하여 이들 간에 도서관 이용 경험이 나타났음을 보여준다. 사회경제적 위치가 취약한 것으로 보고된 집단 내에서도 집 근처에 도서관이 있는지의 여부에 따라 도서관 방문 경험의 정도가 다르게 나타났다. 이웃에 도서관이 있는 경우에는 55.6%가 방학기간 중에 도서관을 방문한 적이 있다고 답한 반면, 이웃에 도서관이 없는 경우에는 30.8%만이 방학기간 중에 도서관을 방문한 적이 있다고 답한 것으로 나타나, 도서관 방문 경험은 도서관 접근성에 따라 다를 수 있음을 시사하고 있다.

표 4-1 사회경제적 계층에 따른 여름방학 동안의 도서관 접근 정도

	전체		이웃(근처) 도서관이 있는 경우		이웃(근처) 도서관이 없는 경우	
	이웃(근처) 도서관 유무(%)	도서관 방문 경험(%)	도서관 방문 경험 유무(%)	평균 도서관 방문 획수	도서관 방문 경험 유무(%)	평균 도서관 방문 획수
전체	79.1	64.8	69.9	6.8	46.7	5.0
SES-하	64.3	46.4	55.6	4.7	30.8	3.7
SES-중	80.5	66.2	69.7	7.1	52.8	5.2
SES-상	90.7	80.2	81.1	7.0	71.8	6.0

출처: https://nces.ed.gov/pubs2004/2004037.pdf 자료 재구성

실제로 Neuman과 Celano(2001)의 연구에 따르면 저소득 계층이 사는 지역일수록 책을 취급하는 가게의 수, 아동을 위한 책을 파는 서점의 수, 공공도서관 등과 같은 이용시설의 수가 현저히 낮게 나타났다. 또한 중산층 또는 고소득 계층이 사는 지역에서 취급하는 책들에 비해 책의 질이 낮거나 연식이 높고, 베스트 셀러나 인기 도서 등을 취급하는 비율이 확연히 낮은 것으로 조사되었다. Fryer와 Levitt(2002)의 연구에서도 저소득층 학생들의 경우 지역 내에서 책을 빌리거나 책을 읽을 수 있는 센터를 이용할 수 있는 곳의 비율이 현저히 낮았으며 이로 인해 학생들은 중상류 계층의 또래들에 비해 접근 가능한 책의 숫자가 낮

은 것으로 나타나 사회경제적인 계층의 차이로 인해 읽기 기회가 상대적으로 감소될 수 있다는 것을 여실히 보여주었다.

Ⅲ. 여름방학효과로 인한 학력손실 보완 제도와 프로그램

1. 학력손실 보완을 위한 프로그램들

여름방학효과로 인한 학력손실 문제와 학력격차를 줄이기 위한 프로그램의 도입이 필요함에 따라 주(state) 정부 및 학교구(school districts) 차원에서 다양한 프로그램을 제시하기 시작하였으며 이들 프로그램은 크게 학교 수업 일수 증가(extending school year), 여름학교(Summer school), 학교 일정 수정(modifying school calendar)의 방향으로 나누어질 수 있다.

학교 수업 일수 증가 전략은 학습을 위한 학교 출석 일수를 높이거나 매일 수업에 소요되는 시간을 늘여 학생들이 지속적으로 학습에 참여할 수 있도록 보장하고자 하는 방법이다. 하지만 이 접근은 비용 대비 효과 측면에서 비판을 받았으며, 특히 수업의 질에 초점을 두지 않고 수업의 양에만 더욱 초점을 두는 접근이라는 점에서 효과성에 대한 의문을 제기하게 되었다. 무엇보다 학교에서는 늘어난 수업 일수를 위해 교사와 관련 인력들을 더욱 충원해야 하는 반면, 학생들의 학력 증가 측면에서는 큰 효과를 얻지 못한 것으로 평가되고 있다(Patall et al., 2010). 학교 일정 수정 전략은 전체 수업 일수나 수업에 소요되는 시간에 대한 조정이 없다는 측면에서 학교 수업 일수 증가 전략과는 다르다. 하지만 학교 일정 수정 전략의 경우 전체 수업 일수는 그대로 유지하되 방학 기간이 줄어들게 됨에 따라 교사 채용과 계약, 학교 행정 및 상담 관리 인력에 또 다른 비용이 발생하게 되었다. 또한 물리적인 방학 기간은 줄어들었으나 이로 인해 학생들이 학교 학습이나 학습 자료에 노출되는 기회나 질(quality)이 증가한 것은 아닌 것으로 파악됨에 따라 그 효과성에 대해서는 여전히 명확한 답이 없는 상태이다(Cooper et al., 2003; Cooper et al., 2004). 끝으로, 여름학교(summer school) 전략은 학교 수업 일수 증가나 학교 일정 수정처럼 이미 진행되어 온 학교의 교육과정과 수업 시수에는 전혀 상관없이, 여름방학 기간 동안 학생들에게 필요한 학습 내용을 보완적으로 제공하는 시스템으로, 현재까지 여름방학효과를 감소하는 데에 가장 대안적이고 실현가능한 접근으로 평가받고 있다.

2. 여름학교(Summer school) 성과에 영향을 미치는 요인들

여름학교는 여름방학효과로 인한 학력손실과 읽기능력을 보완할 수 있는 대체 시스템으로 지금까지 다수의 연구에서 그 효과성을 입증하고 있다(Christie, 2003; Cooper et al., 2000; Lauer et al., 2006). 이에 따라 과연 여름학교에서 제공된 프로그램들이 어느 정도 효과적이었는지를 연구한 Cooper와 동료들(2000)의 메타분석 연구에 따르면 여름학교의 효과는 저소득층의 학생들뿐만 아니라 중산층 학생들에게도 유의미한 효과를 가져올 수 있는 것으로 나타났다. 특히 여름학교는 초등학교 저학년과 중고등학교 학생들에게 가장 효과적이었으며. 개별 프로그램으로 제공된 형태보다 소수의 학생들을 함께 지도하는 형태가 더욱 효과적인 것으로 나타났다(Cooper et al., 2000). Kim과 Quinn(2013)이 진행한 메타분석에서는 여름학교가 저소득층 학생들에게 훨씬 더 유리할 수 있다는 증거를 제시한다. 이들의 연구에 따르면 같은 여름학교 프로그램에 참여한 학생들의 경우 저소득층 학생들의 읽기 표준점수 평균 상승률이 더욱 높게 나타났으며, 이는 학교기반 여름학교(school-based programs)뿐만 아니라 가정기반 여름학교(home-based programs)에서도 유사한 결과를 나타냈다고 보고하고 있다.

몇몇 연구들은 여름학교가 효과적인 결과를 가져오기 위해서 갖추어야 할 요건들에 대해 언급하고 있다. 공통적으로 경력있는 유능한 교사 채용, 연구에 기반한 중재 적용, 학생들의 참여를 유도하는 프로그램 구성, 여름학교 프로그램에 대한 지속적인 모니터링 등으로 볼 수 있다.

우선 여름학교에서 학생들을 가르치는 교사는 학습 내용에 대한 전문가임과 동시에 저성취 학생들에 대한 충분한 이해를 갖추어야 하며, 저성취 학생을 위한 교육과정 수정, 프로그램 조정 등에 대한 자질을 갖추는 것이 필요하다(Christie, 2003). 실제로 테네시주에서는 여름학교 교사를 선발할 때에, 교사평가 점수가 우수하거나 저성취 학생 지도 부분에서 인정을 받은 교사 채용을 우선시한다.

여름학교가 그 본래의 의도대로 효과적인 결과를 가져오기 위해서는 여름학교 프로그램을 구성하는 중재의 종류와 수업 자체의 질(instructional quality)에 대한 고려가 필요하다(Augustine et al., 2016; Cooper et al., 2000; Kim & White, 2011). 이들 연구에 따르면 여름학교의 프로그램 구성은 연구기반중재(research-based interventions)의 형태에 근거하여야 한다고 언급하고 있다(Christei, 2003; Kim & White, 2011). 저소득층을 위한 여름학교 프로그램의 효과에 대해 분석한 Augustine과 동료들(2016)의 연구 결과에 따르면 여름학교에 참여한 학생들의 성과는 프로그램이 연구에 기반한 중재를 활용하였느냐의 여부에 따라 크게 달라졌다고 제시한다. 구체적으로는 국립읽기위원회(National Reading Panel)에서 제시한 효과적인 읽기 교수를 적용한 경우에 학생들의 읽기이해 능력의 백분위 점수가 50에서 65로 증가하는 것으로 나타나, 연구기반 혹은 증거기반 중재가 적용되는 것이 중요함을 시사하였다. 다시 말해, 여름방학 동안에 단순한 시간때우기식의 활동과 학생들에게 일괄적으로 제공되는 학습지의 형태가 아니라 증거와 연구에 기반하여 방학 기간 동안에 효과적을 전달될 수 있는 프로그램을 선택하고 그 프로그램을 학생들의 특성과 학습수준에 맞게 수정하고 제공하는 것이 더욱 중요한 관건이 된다(Guryan, Kim & Quinn, 2014).

여름학교의 효과적인 결과에 영향을 미치는 또 다른 변인으로는 학생들의 참여를 들 수 있다(Belle et al., 2000). 저소득층의 초등학생들에게 여름방학 기간 동안 연구기반 읽기 중재와 책을 제공한 Belle과 동료들의 연구에 따르면 여름학교 프로그램의 운영에 가장 어려운 요인은 학생들의 출석과 동기였다고 지적하고 있다. 약 6주에 걸쳐 프로그램이 진행되는 동안에 학생들의 출석률은 매우 저조하였으며 읽기 동기에 대한 검사지에서 매우 저조한 읽기 동기를 나타내는 경우가 많았다. 이에 대해 저자들은 사회경제적으로 취약한 저소득층 학생들의 경우 읽기 동기 자체가 저조하여 여름방학 기간 동안에 학습에 대한 참여도가 떨어졌으며, 여름방학 프로그램의 효과성을 위해서는 프로그램의 효과성 여부와 동시에 학생들의 참여 동기를 이끄는 전략이 필요한 것으로 지적하고 있다(Belle et al., 2000; Denton, 2000).

끝으로, 여름학교 프로그램의 효과성에 대해 평가한 연구들에 따르면, 효과적인 여름학교의 운영과 학생들의 성과 도출에 중요한 변인은 주(state)와 학교구(school districts)의 지속적이고 체계적인 모니터링으로 나타났다(Christie, 2003;

Almus& Dogan, 2016). 즉, 여름학교의 준비와 시작단계에서부터 교사들의 수업진행, 학생의 진전도, 학습 자료, 학생의 참여도와 부모에 대한 정보 전달과 관련하여 여름학교의 운영 과정과 결과 전반에 걸친 관심과 모니터링이 동반될 때에 여름학교 이후 학생들의 성과가 가장 높은 것으로 평가될 수 있었다. 또한 Almus와 Dogan(2016)의 저소득층 학생들을 위한 여름학교 평가에 따르면 여름학교에 참여한 학생들은 여름학교 기간 동안에 진행되는 현장학습, 교과 외 활동, 운동 시간 등을 통해서 참여 의지를 더 높이는 것으로 나타나 여름학교 프로그램의 구성을 학습적인 요소에만 그치는 것이 아니라 다양한 체험을 통해 지속적인 학습동기를 부여하는 형태로 진행되어야 한다고 지적한다.

시카고의 여름학교 프로그램인 "Summer Bridge"를 연구한 Denton(2002)에 따르면 여름학교를 통해 학생들의 학업손실을 최소화하고 다음 학년을 준비하기 위해서는 초등 저학년 때부터 여름학교 참여를 시작해야 하며, 단순히 한 번 여름학교에 참여하는 형태가 아니라 매해 지속적이어야 한다고 지적한다. 실제로 그의 연구에서 여름학교에 참여한 초등학교 저학년 학생들의 경우 여름학교 후 표준화 학업성취 점수의 평균 변화율이 중학교 학생들에 비해 높았으며, 이전 년도에 여름학교에 참여한 적이 있는 학생들의 평균점수 상승률이 가장 높은 것으로 나타났다고 보고하고 있다.

Ⅳ. 요약 및 교육사각지대 학생들을 위한 시사점: 방학을 활용한 저소득층 학생들의 학습 보완을 위한 방향

대부분의 아이들은 학기 중에 학교 환경에서 교사, 학습자료, 그리고 학습동료(또는 또래)들을 통해서 수월하게 학습기회에 접근할 수 있다. 특히 학생들은 빈부의 차이에 상관없이 공립 교육 시스템하의 학교 교육을 통해서 사회구성원들에게 요구되는 자질과 기술들을 습득할 수 있는 기회를 가질 수 있다. 이와 같은 학습권 또는 학습기회를 통한 학습 자료에 대한 접근은 학교의 일과가 일정하게 진행되는 학기 중에는 다소 수월하게 진행될 것이다. 하지만 학교 일과가 진행되지 않아 학교와 학습제공자의 영향을 덜 받는 방학의 공백 동안에는 학습

기회와 학습자료의 양과 질은 학생 개인의 가정환경에 더욱 많은 영향을 받게 된다. 본 장에서 제시한 많은 연구들에서 언급된 바와 같이 사회경제적으로 유리한 가정환경의 학생들은 방학 기간을 통해 학교 수준과 동일한 혹은 그 이상의 학습기회를 가지는 것이 가능하다. 하지만 이러한 학습기회는 가정의 교육환경뿐만 아니라 지역 사회의 환경에도 영향을 받는다. 특히, 사회경제적으로 취약한 가정환경의 아이들은 방학 기간 동안에 가정과 지역사회에서 접근 가능한 학습자료와 기회가 상대적으로 적으며 이는 결국 아이들의 학력손실 또는 학업성취 저하라는 결과를 가져올 수 있다.

다수의 연구에서 지적된 바와 같이 방학으로 인한 학력손실의 문제는 미국의 학기 운영의 특성으로 인해 더욱 명확한 문제로 대두되기 시작하였으며, 많은 연구들에서 저소득층 또는 사회경제적으로 취약한 가정의 학령기 학생들이 여름방학 후에 학력손실을 경험하는 것으로 보고하고 있다. 이러한 학력손실은 보통 수학, 읽기 영역에서 두드러졌으며, 소득수준이 낮을수록 계층 간 학력손실의 격차는 더욱 큰 것으로 보고되고 있어, 사회경제적으로 취약한 학생들에게 여름방학을 통한 보완학습과 지속적인 프로그램을 제공할 수 있는 방향에 대한 관심으로 이어지게 된다. 이에 따라 학교 수업 일수 증가(extending school year), 학교 일정 수정(modifying school calendar), 여름학교(summer school) 등과 같은 대안들이 나오게 되었으며, 이들 대안 중 여름학교는 현재까지도 지속적으로 실시되고 그 효과성에 대해 많은 연구적 증거들이 제시되고 있는 상황이다.

이상에서 미국의 상황을 중심으로 방학효과의 개념과 관련 현상들, 그리고 학력손실에 대처하기 위한 방안으로 제시된 전략들과 여름학교의 운영과정과 그 결과들에 대해 살펴보았다. 앞서 여름방학효과 문제가 나타난 배경에서 언급되었듯이 여름방학 후 학력손실 현상을 이해하기 위해서는 미국의 특수한 학기제와 교사 고용제도와 계약 기간, 그리고 교과서 이용 방식 등과 같은 교육사회적 배경요인들을 간과할 수 없다. 따라서 여름방학효과가 우리나라에도 존재할 것이라는 가정하에 시사점을 도출하기보다는 미국의 여름방학효과와 보완 프로그램의 전례 등을 통해 사회경제적으로 취약한 계층의 학생들을 위한 방학 중 접근 가능한 학습 프로그램과 자료들을 어떻게 구성하고 제공할 수 있는지 등에 관한 방향에 대해 시사점을 찾고자 한다.

1. 가정과 지역사회 내에서 "접근 가능"한 학습 자료와 센터 제공

"Faucet theory"에서 언급된 바와 같이 방학 기간에 사회경제적으로 취약한 가정의 아이들의 경우 상대적으로 제한된 학습 기회를 가지게 되며, 많은 연구들에서 공통적으로 "접근의 부족(lack of access)" 현상에 대해 지적하고 있다. 실제로 Belle과 동료들(2020)의 연구에서 강도 높은 읽기 프로그램에 참여한 저소득층 학생들과 단지 책을 주기적으로 제공받은 학생 그룹 모두 읽기이해 능력의 향상을 보였으며, 읽기이해 향상정도는 거의 비슷한 수준으로 나타났다. 이러한 발견은 Allington과 McGill−Franzen(2017)의 저서에서도 언급되고 있는 것으로 저소득층 가정의 학생들이 책을 읽는 환경과 기회를 빈번히 가질 수 있도록 지원하는 것만으로도 상당한 학습 효과를 가져올 수 있다고 지적한다. 특히 Neuman과 Celano(2001)의 연구에서 나타난 바와 같이 소득 수준에 따라 아이들의 거주환경과 지역사회에서 제공가능한 서점, 도서관, 센터 등과 같은 학습 자료 접근 공간의 양과 질에서 큰 차이를 보였다. 이러한 연구 결과와 논의 등에 근거해 볼 때, 사회경제적으로 취약한 계층의 아이들이 학기 중뿐만 아니라 방학기간 중에 "접근 가능"하고 유용하게 활용할 수 있는 학습 공간에 대한 정보와 이용 방향에 대한 안내가 지속적으로 제공되어야 할 것으로 보인다.

2. 아이들의 참여 동기와 여건 증진을 위한 배려와 부모들을 위한 정보 제공

여름학교 프로그램을 평가한 많은 연구들에서 학생들의 낮은 프로그램 참여율, 높은 결석률 등이 문제로 지적되고 있다(Belle et al., 2020; Kim & Quinn, 2013). 학생들이 낮은 참여율의 원인으로는 학습 능력 증진에 대한 동기의 부족, 맞벌이 또는 한부모 가정에서 가사일 혹은 형제·자매 돌봄에 참여, 프로그램에 대한 부모의 이해 부족 등을 들 수 있다. 많은 저소득층 학생들의 경우 한부모(혹은 미혼모) 가정이 많거나, 부모가 일터에서 오랜 시간을 보내게 됨에 따라 학교에 가지 않는 방학기간 동안 가사일이나 형제·자매 돌봄 등을 하게 되어 학습을 위한 개인 시간을 갖지 못하는 경우가 있다. 또한 부모의 일터에 나가 도와야 하는 경우도 많아 온전히 방학 중 프로그램에 참여하지 못하거나 프로그램 참여 시간을 확보하지 못하는 경우도 많이 발생하였다. 이러한 상황은 아이들이 스스로 통제할 수 없는 상황이며, 프로그램 참석 자체가 불가능할 경우 프로그램 성과는 더 이상 논의할 수 없게 된다. 따라서 방학 중 운영되는 학습 보완 프로그램이 운영되기 전에 학생 개개인의 참여가 가능한지에 대해 사전에 살펴보는 것이 필요하며, 다양한 개별 상황이 발생할 경우 대안적인 경로나 접근 방법이 있는지에 대한 배려가 충분히 이루어지는 것이 필요하다. 무엇보다, 학생들이 여름학교나 방학 중 가정에서 학습의 기회를 충분히 가지거나 혹은 지역사회에서 제공되는 보완 프로그램 참여율을 높이기 위해서는 부모의 이해와 참여 또한 이끌어 낼 수 있어야 한다. 최근에 진행된 한 연구에 의하면 여름방학으로 인해 학업손실이 예상되는 학생들의 부모에게 간단한 문자메시지를 보내어 정보를 제공하는 것만으로도 아이들의 읽기 능력이 향상될 수 있는 것으로 보고되고 있다(Kraft & Monti-Nussbaum, 2017). 이 문자메시지는 여름방학 기간 동안에 아이들이 책 혹은 학습자료를 얻을 수 있는 도서관이나 센터에 대한 정보, 아이들과 함께 할 수 활동에 대한 안내, 여름방학 기간 동안의 학습 활동의 중요성 등과 같은 내용을 포함하였다. 또한, 문자 메시지를 제공받은 부모 그룹의 경우 다음 학년도 학생들의 출석률과 교사-부모 회의 참여율까지도 높아지는 것으로 보고되어 부모들에게 제공되는 정보의 중요성에 대해 시사하는 바가 크다고 볼 수 있다.

3. 경험과 능력을 갖춘 전문가에 의한 연구기반 컨텐츠 전달

여름방학효과에 관한 연구들을 종합한 메타분석들에서 공통적으로 지적된 바는 여름학교나 방학 중 학력 보완 프로그램들이 연구에 기반한 중재(research-based interventions)이거나 증거기반 전략(evidence-based strategies)에 의해 학습내용이 구성되었을 경우 참여 학생들의 학습 성과가 더욱 높은 것으로 나타나고 있다. 이는 1990년대 후반에 실시된 Cooper와 동료들의 메타분석 연구뿐만 아니라 Kim과 Quinn(2013), 가장 최근인 Augustine과 동료들(2016)의 분석 결과에서도 구체적으로 제시된 사항들이다. 즉, 저소득층 학생을 위한 보완 프로그램을 구성할 때에 단순히 학교 교과학습을 연속적으로 반복하거나 학습지와 같은 단순 결과물을 유출하는 방식의 학습이 되어서는 안 된다. 개별 학생의 부족한 학업 부분에 대한 정확한 진단과 평가, 그리고 보완되어야 할 학업 부분에 대한 정확한 파악이 선행되어야 한다. 또한 부족한 학업 영역 파악 후 각 영역에 적절한 연구기반 중재를 적용하는 것이 학생의 학업 성장을 보완하고 지원하는 데에 필수적이라고 볼 수 있다.

뿐만 아니라 이들 연구에서는 효과적인 교사(effective teachers)의 중요성에 대해서도 지적하고 있다. 학력 보완 프로그램 전달에 대한 논의가 이루어질 때 대부분의 주제들은 프로그램의 효과성을 극대화하기 위한 프로그램 내용, 전달 시간과 빈도, 학생 모니터링 방법 등이 주를 이룬다. 하지만 앞서 언급한 메타분석에 의하면 여름학교나 학업손실 보완 프로그램이 누구에 의해 전달되었는지, 프로그램 전달자가 강도 높은 훈련을 받은 전문가인지의 여부도 학생들의 성과 향상에 중요한 변인이 될 수 있다고 명확히 지적하고 있다. 무엇보다 사회경제적으로 취약한 계층의 학생들에 대한 이해, 저성취 학생들의 학습 특성에 대한 이해와 지도 경험 등이 뒷받침된 교사들이 소속된 그룹의 경우 학업 보완 프로그램의 효과는 더욱 높아지는 것으로 나타났다. 이러한 결과들은 저소득층 학생들을 위한 학업 보완 프로그램의 구성뿐만 아니라 전달의 효과성을 높이기 위해 충분히 고려되어야 할 것으로 보인다.

토의문제

1. 여름방학으로 인한 학력격차를 보완하기 위한 대책으로 우리나라의 각 시 · 도 교육청에서는 다양한 학습 보완 프로그램을 제공하고 있다. 이러한 학습 보완 프로그램의 종류 및 프로그램 전달 방법에 대해서 살펴보고, 학생의 특성 또는 가정환경에 따라 어떻게 다르게 적용될 수 있는지 논의해 보자.
2. 여름방학 동안에 제공될 수 있는 학교 또는 지역사회 주도의 보완 프로그램의 성과는 프로그램의 질, 프로그램 전달자(예를 들어, 교사 또는 관련 전문가) 등과 같은 외부 요인뿐만 아니라 학생의 학습 동기 또는 참여 의지 등과 같은 내적 요인들에도 영향을 받는다. 방학 동안 학생들의 동기를 자극하고 규칙적인 학습 참여를 유도할 수 있는 지원 방향에 대해 논의해 보자.

05

제도권 내 사각지대 학습자로서의 학습장애: 진단 및 지원을 위한 과제*

신재현(경인교육대학교 특수(통합)교육학과 교수)

최근 학교 교실에는 글을 잘 읽지 못하는 학생, 즉 난독증(dyslexia)을 지닌 학생들이 점점 많아지고 있다. 이 학생들은 지적 수준은 정상 범주이지만 중추신경계통의 이상으로 인해 글자의 해독에 특별한 어려움을 보이는 경우로 난독증은 학습장애(learning disabilities)라는 장애의 하위 범주이다. 난독증과 같이 학습장애를 지닌 학생들은 조기에 발견하여 연구를 통해 검증된 효과적인 교수 및 중재를 제공하면 어려움이 완화될 수 있지만, 안타깝게도 너무 뒤늦게 발견되거나 제대로 된 지원을 받지 못한 채로 방치되는 사례가 발생하고 있다. 읽기에 어려움을 보이는 난독뿐 아니라, 수 연산에 어려움을 보이는 난산(dyscalculia), 쓰기에 어려움을 보이는 난서(dysgraphia) 등도 조기 선별과 진단, 그리고 체계적이고 효과적인 교육적 개입이 요구되는 학습장애이다. 이들이 현 학교 교육 시스템 내에서 지원의 사각지대에 놓여 있다면 그 이유는 무엇인가? 효과적인 진단과 개입을 위한 방안은 무엇일까? 이 글을 통해 학습장애 학생들의 진단과 지원을 위한 장단기적 과제에 대해 살펴보고자 한다.

Ⅰ. 들어가는 말

학습장애(learning disabilities)[1]라는 용어가 생긴 지 어느덧 반세기가 지났고,

---

* 이 글은 신재현, 정평강(2021). 학습장애 진단 및 선정 절차의 현황과 과제: 특수교육지원센터를 중심으로. 학습장애연구, 18(1), 1－25. 논문 내용의 일부를 수정·보완하였음.

1) 학습장애의 정의는 국가별 혹은 정의를 내리는 주체별로 조금씩 다르기는 하지만 대체로 낮

우리나라 특수교육법(1994년 당시 특수교육진흥법)에 학습장애가 포함된 지도 25년이 흘렀다. 그동안 국내 학계에서는 학습장애의 정의, 진단, 교육지원체계 구축, 세부 영역별 지도 방안 등에 대한 다양한 연구 및 논의가 진행되어 왔다(국립특수교육원, 2019). 뿐만 아니라, 학습장애에 대한 사회와 대중의 관심도 증가하였는데, 얼마 전 학습장애의 하위 유형 가운데 하나인 난독증(dyslexia) 학생이 대학수학능력시험에서 다른 장애와 같이 시간 연장 등의 편의를 제공해 달라고 제기한 진정에 대하여 국가인권위원회는 교육 당국에 난독증 학생에 대한 전반적 실태 조사를 실시하고 대학수학능력시험에서 난독증 학생에 대한 편의 제공 방안을 마련하라는 판결을 내리기도 하였다. 이 판결은 난독증을 포함한 학습장애가 일시적인 문제가 아니라 한 사람의 전 생애에 걸쳐 학업적, 사회적, 직업적 영역에서 중대한 영향을 초래할 수 있는 장애이므로 학습장애 학생이 다른 수험생과 공정하게 시험을 치를 수 있어야 한다고 인정한 매우 중요한 사례이다.

그러나 국내 학습장애 분야의 학문적 발전과 사회의 인식 수준 향상에도 불구하고, 공교육 시스템 내에서 학습장애 학생의 진단과 판별, 그리고 이들을 위한 효과적인 교육적 지원이 질적으로 얼마나 잘 이루어지고 있는가에 대해서는 의문의 여지가 있다. 예컨대, 학습장애 관련 연구 분야 중 학습장애 진단에 관한 연구가 약 14%에 이르지만(김소희, 정혜승, 2007) 학습장애 진단기준과 절차는 여전히 주요 쟁점으로 남아 있다(이대식, 2019). 또한, 학습장애 출현율 통계가 공식적으로 발표된 이후 지속 감소하고 있는데, 지난 2001년부터 20여 년 동안 학습장애 출현율은 약 10분의 1 수준으로 줄었다(국립특수교육원, 2019). 학습장애 학생이 정말로 줄어든 것이라면 좋아해야 할 일이겠지만, 여러 가지 정황을 고려할 때 제대로 된 선별 및 진단이 이루어지지 않았다고 보는 것이 타당하며, 이는 결국 마땅히 이들이 받아야 할 교육과 서비스를 받지 못한 채로 지원의 사각지대에 방치되어 있음을 의미한다(신재현, 2019c). 이 글에서는 국내 학습장애 진단의 이슈를 살펴본 후 현 상황에서 보다 효과적인 학습장애 학생 지원을 위한 방안들에 대해 살펴보고자 한다.

은 학업성취도(저성취), 정상 범주의 지능(보통 지능지수 70 이상), 내적 원인(중추신경계 결함), 배제 준거(다른 장애(예: 감각장애, 정서·행동장애)나 환경적 요인(예: 교육적, 문화적 결핍)이 직접적 원인인 경우 배제) 등을 주요 정의요소로 포함한다.

Ⅱ. 학습장애 진단의 이슈와 과제

1. 국내 학습장애 진단 감소 현황

앞서 언급한 바와 같이 국내의 학습장애 출현율은 지속적 감소 추세를 보이고 있다(그림 1 참조). 2020년 특수교육 연차보고서에 의하면 학습장애를 지닌 특수교육대상자는 총 1,223명으로 전체 특수교육대상자의 약 1.3%, 전체 학령기 인구의 0.018%를 차지한다. 이에 반해 미국의 학습장애 출현율을 살펴보면 2020년 현재 전체 특수교육대상자의 38%, 학령기 학생의 3.5%를 차지하고 있다(National Center for Education Statistics, 2020). 국내 학습장애 출현율은 특수교육대상자 유형 가운데 그 구성 비율이 가장 낮은 반면, 미국은 학습장애가 전체 특수교육대상자 중 가장 높은 비율을 차지한다. 또한, 국내 다른 유형의 특수교육대상자 수는 완만하게 증가하고 있는 반면, 학습장애는 유독 급격한 감소 추세를

그림 5-1 연도별 학습장애 출현율 변화

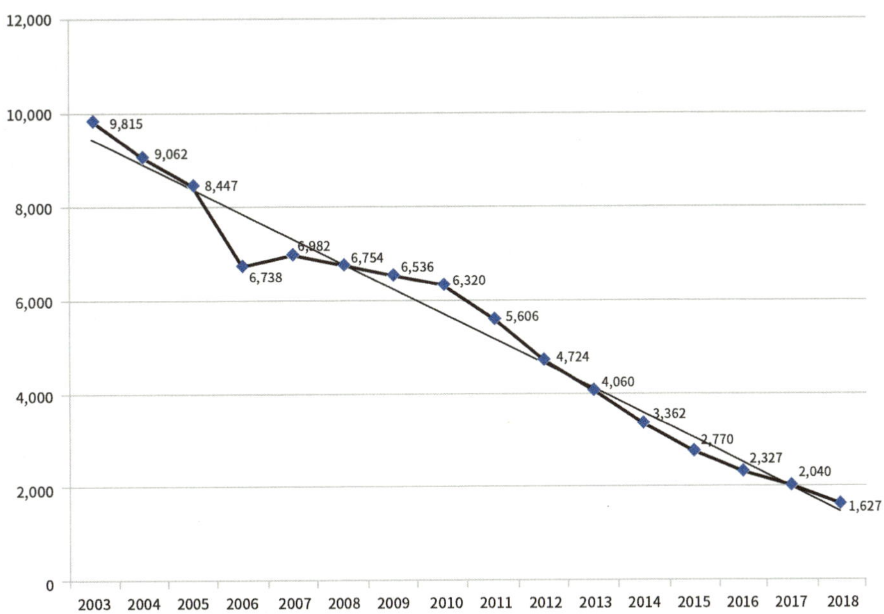

출처: 이대식, 2019.

보이고 있다. 이러한 추세가 지속된다면 향후 수년 안에 우리나라의 학습장애 출현율은 극소수에 이를 것으로 보고 있다(신재현, 2019c; 이대식, 2019).

그러나 여러 연구 결과를 종합해 봤을 때 실제 우리나라에 학습장애 학생 수가 이렇게 적을지는 의문이다. 선행연구에 따르면 학습장애의 한 유형인 난독증 학생이 적게는 1%에서 많게는 약 4% 이상으로 추정된 바 있고(김윤옥 외, 2015; 우정한, 2018), 제주도 내 1~6학년 학생 659명을 대상으로 한 출현율 연구에서는 읽기와 수학 어느 한 영역에서 학습장애로 판단된 학생의 비율이 12.7%에 이르렀다. 최근의 연구에서는 단어인지에 어려움을 갖는 읽기 학습장애 출현율을 살펴본 결과 읽기 학습장애 위험군의 출현율은 약 8.5%, 그리고 읽기 학습장애 출현율은 약 6%로 나타났는데 초등학교 1~3학년에서의 출현율이 4~6학년에서의 출현율보다 높았다(김애화 외, 2020). 그런가 하면 최근 교육부가 발표한 2019 국가수준학업성취도 평가 결과에 의하면 중학교 학생들의 국어와 수학 과목에서의 기초학력미달 비율이 각각 4.1%와 11.8%로 나타난 바 있으며(교육부, 2019), 지적장애에 해당되지는 않지만 지능 지수 평균에서 -1에서 -2 표준편차 사이에 해당하는 IQ 70~85 사이의 '경계선 지능 학생'이 학령기 학생 중 약 13%를 차지한다는 보고(김윤옥 외, 2015)가 있다. 학습장애의 진단기준에서 지능지수를 보통 70 이상으로 적용한다는 점, 그리고 심한 저성취를 보이는 집단에서 학습장애 학생이 진단된다는 점을 고려할 때, 기초학력미달 학생과 경계선 지능 학생 중에는 학습장애 학생이 상당수 포함되어 있을 것이라 어렵지 않게 추측할 수 있다(김애화 외, 2020; 이대식, 2019).

학습장애 학생이 실제보다 훨씬 적게 진단된다는 사실은 무엇을 의미하는가? 우선 적절한 교육적 지원을 받으려면 최대한 이른 시기에 학업적 결함을 시사하는 위험 요소를 찾아내야 하는데, 이를 위한 위험군 학생에 대한 선별(screening)이 제 기능을 하고 있지 못하다는 것이다. 위험군 학생에 대한 선별이 제대로 이루어져야 필요한 지원을 조기에 일차적으로 제공하고, 그러한 지원에도 불구하고 학업적 어려움을 지속적으로 호소할 경우 보다 심층적인 진단(diagnosis)에 의뢰하여 학습장애를 판별함으로써 특수교육 지원 여부를 결정해야 한다. 무엇보다 심각한 것은 실제보다 극히 적은 수의 학습장애 학생이 진단됨으로써 많은 잠재적인 학습장애 학생들이 지원의 사각지대에 놓이고, 그 결과 오랜 기간 방치된 채로 학습결손이 지속 누적됨에 따라 소위 실패할 때까지 기다리는 'wait–to–fail' 문제가 발생하고 있다는 사실이다(신재현, 이대식, 김수연, 이희연, 이은영, 2020; 이대식, 2019).

그렇다면 이처럼 비정상적으로 낮은 국내 학습장애 출현율의 원인을 어디서 찾아야 하는 것일까? 이에 대한 한 가지 추정으로 2010년 교육부에서 각급 교육청으로 하달한 학습장애 선정 기준의 까다로움으로 인해 현장 적용에 어려움을 겪었다는 견해가 있다(김애화, 김의정, 2013; 정대영, 2013). 2010년 교육부의 학습장애 선정 기준[2)]은 미국의 학습장애 진단기준인 중재반응(Response to Intervention, RTI)[3)] 요소를 접목한 것으로 일선 학교에서 특수교육지원센터에 진단 의뢰를 하기 전 '1조건(선별 및 중재)' 단계에서 중재반응(3개월 이상의 집중적이고 효과적인 소집단 규모의 보충학습이나 방과 후 학습)에 대한 증빙과 중재반응 기간 동안 최소 3회 이상의 평가 결과 제출을 요구하였다. 이 절차는 한 명의 학생보다는 학급 전체 학생을 대상으로 교육과정을 운용하고 수업을 진행하는 데 익숙한 일반학급 교사들에게는 익숙하지 않은 일이었을 것이며, 중재반응 기간 중 소집단 규모 보충학습을 제공하고 중재에 대한 반응(진전도)을 평가해야 하는 부분에서 어려움이 있었을 것으로 보인다(김애화, 김의정, 2013; 이대식, 2019). 또한, 개별 학생의 요구에 맞는 효과적인 교수 또는 중재방안을 고안하고 학생의 진전도를 파악하여 교수를 수정하는 과정은 별도의 교육이나 훈련을 받지 않은 교사들에게 쉽지 않은 과정이었을 것으로 짐작할 수 있다.

하지만 중재반응을 요구하는 진단 기준이 학습장애 출현율 감소를 설명하는 단 하나의 결정적인 원인이라고 보기에는 다소 무리가 있을 것으로 보인다.

---

2) 1조건 낮은 학업성적, 2조건 3개월 이상의 보충지도를 제공하고 이 기간에 최소 3회 이상 평가하여 또래보다 중재에 대한 반응이 낮은 경우, 3조건 특수교육지원센터에서 지능 및 학력검사에서 기준 이하, 4조건 배제기준 해당 여부 판단을 통해 진단이 이루어진다.

3) 학습장애 선정 시 과학적이고 검증된 교수 또는 중재에 대한 반응(responsiveness)을 주기적으로 모니터링하여 학업 수준과 진전도 두 가지가 모두 또래에 비해 낮을 때 학습장애로 진단하는 방식으로 2004년 미국 장애인교육법 개정안에서 기존의 불일치기준(discrepancy model: 지능과 학업성취 간 차이를 기준으로 학습장애 여부를 판별하는 것으로 학업성취가 이미 많이 떨어진 상태에서 진단이 되는 소위 'wait–to–fail' 모델이라는 비판을 받음)을 대체할 수 있도록 명문화되었다. 중재반응모델의 경우 진단모델인 동시에 조기 선별과 지속적인 모니터링, 그리고 중재에 대한 학생의 반응에 기반하여 단계적으로 중재의 강도를 높여가는 선(先) 중재 후(後) 진단모델이라고 할 수 있다.

왜냐하면 학습장애 출현율 감소의 폭은 상대적으로 적지만 2010년 이전부터 이미 감소하고 있었으며, 현장의 어려움을 고려하여 중재반응 평가 결과를 요구하지 않도록 수정된 2014년 진단기준이 적용된 이후에도 학습장애 출현율은 꾸준히 감소하고 있기 때문이다(이대식, 2019). 따라서 진단기준이 간소화된다고 해서 학습장애 진단이 잘 이루어지고 결과적으로 출현율이 증가할 것이라 단언하기는 쉽지 않다. 오히려 더 중요한 것은 학습장애 학생을 위한 체계적인 지원 필요성에 대한 현장의 공감대 형성과 더불어 일관된 진단기준 및 절차의 마련, 그리고 진단 이후 학습장애 학생들에게 제공될 증거기반의 교육 프로그램(evidence-based practice) 마련 및 교사 교육 등 제반 여건 형성 등일 것이다(김애화 외, 2020; 신재현, 2019c; 이대식, 2019).

중재반응을 통한 진단 및 지원 체계가 온전히 갖추어져 있지 않은 우리나라에서 현재 학습장애 진단은 학교에서 학습장애의 위험성을 나타내는 초기적 징후들(예: 읽기, 수학 등 기초학력부진, 교사나 부모의 소견 등)에 따라 진단 의뢰를 하면 교육지원청의 특수교육지원센터에서 이후의 세부적인 진단 절차를 담당한다. 그렇다면 특수교육지원센터에서 구체적으로 어떤 방식으로 진단을 하고 있으며, 진단기준 및 선정절차에 있어 진단을 담당하는 입장에서 가지고 있는 어려움이나 개선요구는 무엇인지 살펴볼 필요가 있다.

2. 국내 학습장애 진단 및 선정절차의 현황과 과제: 특수교육지원센터를 중심으로

신재현, 정평강(2021)의 연구에서는 전국 특수교육지원센터 진단·평가 담당자를 대상으로 학습장애 진단 및 선정절차의 현황과 인식, 그리고 어려움 및 개선요구를 묻는 설문지를 제작하여 배포하였으며, 총 25곳의 담당자로부터 응답을 받아 분석하였다. 구체적으로 현행 학습장애 선정 및 진단기준인 2014년 교육부의 선정 기준[4])을 토대로 각 조건별 진단의 현황과 인식, 개선요구를 물었는

4) 2014년 선정 기준에서는 2010년 기준 대비 선별 과정에서 중재반응평가를 요구하지 않으며, 1조건(선별 및 의뢰), 2조건(지능), 3조건(학력), 4조건(배제요인)으로 구성된다. 구체적으로 1조건에서는 기초학력 진단평가 등에서 부진학생으로 선별된 결과, 학습장애 선별검사에서 위

데, 자세한 설문 내용은 <표 5-1>과 같다.

표 5-1 학습장애 진단 및 선정절차 설문 문항 내용

영역	문항 내용
인구학적 정보	• 지역, 응답자 직위, 학교급, 교직 경력, 센터 근무/평가 업무 경력
전반적 현황	• 현재 사용 중인 진단기준, 현행 기준의 진단 정확성, 기준의 명확성
1조건 (선별 및 의뢰)	• 가장 빈번히 확인하는 선별 자료, 개선요구
2조건(지능)	• 사용하는 검사 도구, 검사 횟수와 기준, 지능이 70 안팎일 경우 학습장애와 변별이 어려운 장애, 2조건 필요성, 개선요구
3조건(학력)	• 사용하는 검사 도구, 검사 횟수와 기준, 3조건 필요성, 개선요구
4조건 (배제요인)	• 확인하는 배제요인, 확인 절차, 확인의 수월성 정도, 4조건 필요성, 개선요구
기타 진단 관련 쟁점	• 특수교육법 학습장애 정의의 문제 영역 중 실제 확인하는 영역, 중재 반응 평가의 필요성 및 현장 적용의 어려움, 출현율 감소 원인에 대한 인식, 기타 개선요구

(1) 진단 및 선정절차 현황

1) 현재 사용 중인 진단기준

<그림 5-2>에서 보는 것처럼 전체 특수교육지원센터의 76%에서 2014년 기준을 사용하고 있는 반면, 중재반응평가를 요구하는 2010년 기준을 사용하는 곳도 20%를 차지하고 있었다. 현행 진단기준인 2014년 기준을 사용하지 않는 이유에 대해서는, 지역 교육청의 선정배치 계획 및 진단평가 매뉴얼에 따른다는 응답과 운영계획 수정을 통해 2021년부터 사용 예정이라는 응답이 있었다. 교육부에서 지침을 내린 지 수년이 지났음에도 여전히 이전 지침을 사용하거나 별도

험군으로 선별된 결과, 학업 수행이 또래에 비해 낮음을 증명하는 교사의 관찰 결과, 외부 전문기관의 관련 검사 결과 중 하나를 제출하고, 2조건은 지능 70 이상, 3조건은 표준화된 개인 학업성취도 검사 결과 하위 16% 혹은 -1SD에 해당되는 경우를 확인하며, 4조건에서는 다른 장애나 외적 요인이 직접적 원인이 되는 경우를 제외하는데, 단 이러한 요인이 직접적인 원인임이 명확히 밝혀지지 않는 경우 1~3조건 만족 시 학습장애 진단이 가능하다.

의 지침을 사용한다는 점을 통해 진단기준에 대한 홍보와 교육, 그리고 현장의 공감대를 형성하는 과정이 필요함을 알 수 있다.

그림 5-2 특수교육지원센터에서 사용 중인 진단기준 현황

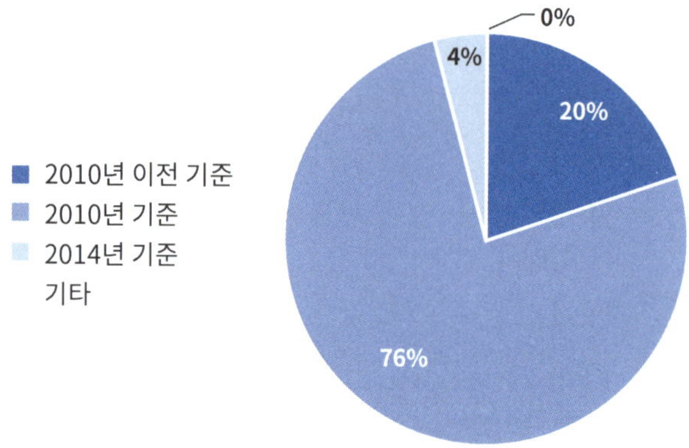

2) 지능이 70 안팎일 경우 학습장애와 가장 변별이 어려운 장애

현행 학습장애 진단기준인 '지능 70 이상'과 관련하여 지능검사 결과가 이 근처에 해당할 경우 변별 진단이 가장 어려운 장애가 무엇인지 물었다. 그 결과 <그림 5-3>에서 보는 바와 같이 경계선 지능을 포함한 지적장애가 68%로 가

그림 5-3 지능이 70 안팎일 경우 학습장애와 가장 변별이 어려운 장애

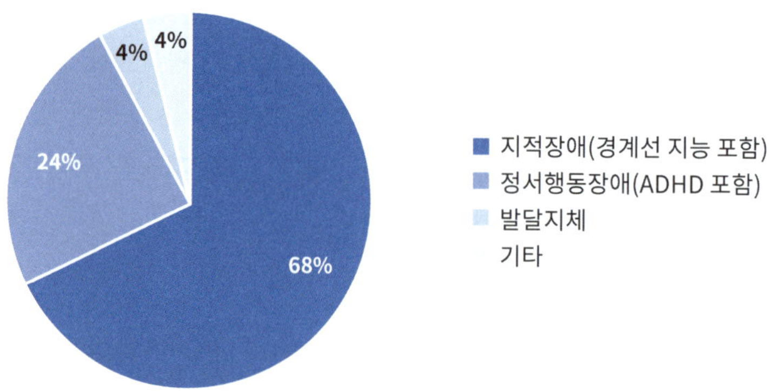

장 많았고, 두 번째가 정서·행동장애였다.

경계선 지능의 경우 지능지수 70~85로 학습부진을 나타내는 이른바 '느린 학습자'로 불리는데, 실제로 현행 학습장애 진단기준의 '배제요인'을 제외하면 학습장애와 겹칠 가능성이 매우 높다. 따라서, 학습장애를 지니고 있으면서 경계선 지능인 학생을 포함하여 일반학급 내 학습부진 범주 안에 숨어 있는 학습장애 학생에 대한 선별·진단 및 맞춤형 지원 대책이 요구된다고 볼 수 있다. 아울러, "정서·행동문제와 학습문제가 같이 나타나면 정서·행동장애로, 학습문제만 나타나면 학습장애로 진단한다."라는 견해가 있었는데, 학습장애의 경우도 정서·행동문제가 동반될 수 있으므로 특수교육지원센터에서 보다 명확한 변별 진단을 할 수 있도록 학습장애 정의에 기술되어 있는 '내적 요인' 즉 정보처리 혹은 인지처리과정에 대한 명확한 조작적 정의와 함께 이를 평가 과정에 반영할 수 있어야 할 것이다.

이 밖에 현황과 관련하여, 1조건(의뢰 및 선별)에서 가장 많이 활용하는 검사나 자료는 기초학력 또는 교과학습 진단평가나 국가수준학업성취도평가(36%)였고, 교사의 관찰 결과(34%)가 근소하게 뒤를 이었다. 2조건(지능)의 경우 K-WISC 검사군이 압도적으로(92%) 많이 활용되고 있었으며, 3조건(학력)에서는 국립특수교육원의 개인 학력검사인 NISE-B ACT(60%)를 가장 많이 활용한다고 응답하였다. 4조건(배제요인)의 경우 다른 장애 요인을 확인한다는 응답(80%)과 외적 요인을 확인한다는 응답(68%)이 가장 많았다.

(2) 진단 및 선정절차에 대한 지원센터 담당자 인식

1) 현행 학습장애 진단기준으로 정확한 진단 가능 여부

<그림 5-4>에서 보는 바와 같이 특수교육지원센터 담당자들의 68%는 현행 진단기준으로 어느 정도 정확한 진단이 가능하다는 견해를 보였다. 그러나 담당자의 30%는 '아니다' 또는 '전혀 아니다'라는 반응을 보였는데, 그 이유로는 학습부진과의 변별이 어렵고 배제요인 판단이 쉽지 않으며, 학교나 지원센터에서 학생을 집중적으로 관찰하는 기간이 짧기 때문에 정확한 진단에 어려움이 따른다는 것이었다.

그림 5-4 현행 학습장애 진단기준으로 정확한 진단 가능 여부

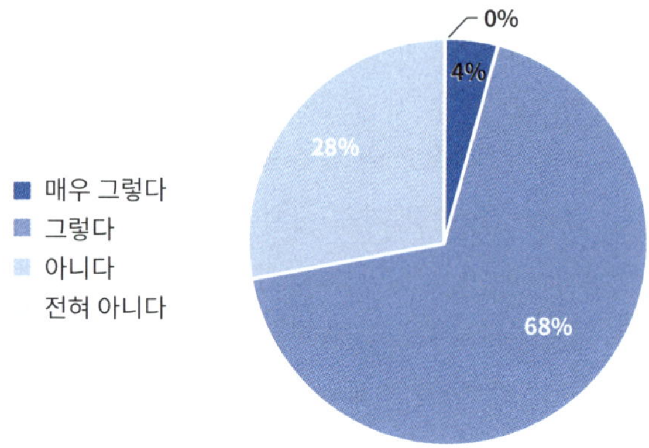

2) 현행 학습장애 진단기준의 명확성

<그림 5-5>의 결과에서 보듯, 48%는 현행 진단기준이 명확한 편이라고 응답하였지만, 44%는 다소 불명확하다, 그리고 8%는 매우 불명확하다고 응답하였다. 불명확하다고 답한 이유로는 '배제요인에 대한 판단의 어려움'이 가장 많았으며, 그 외에 지능 기준이 너무 낮다는 견해, 1조건인 학교에서의 선별기준이 모호하다는 견해가 있었다.

그림 5-5 현행 학습장애 진단기준의 명확성에 대한 인식

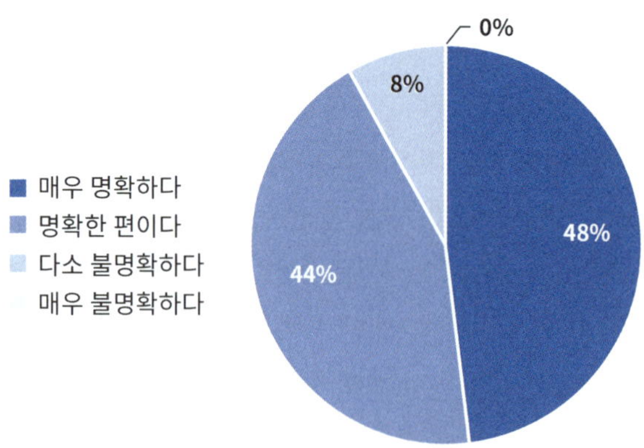

3) 중재반응평가의 필요성

현행 진단기준에서는 중재반응평가를 요구하고 있지 않지만, 2010년 기준에는 포함되어 있었고 특수교육 내 학습장애 인구가 가장 많은 미국의 경우 2004년 장애인교육법 개정을 통해 중재반응모델을 학습장애 진단을 위한 대안 모델로 인정하고 현재 다수의 주에서 사용되고 있는 현황을 반영하여 중재반응평가가 필요한지 물었다. <그림 5-6>에서 보는 바와 같이 두 견해가 팽팽히 맞서고 있었는데, 필요하다는 입장에서는 1회성 검사로는 학습장애 선정이 어렵기 때문에 중재반응평가를 통해 신뢰도를 높일 수 있다고 보았다. 반면, 필요하지 않다는 입장의 경우 학교에서 적용하기 어려우며(예: 일반교사와의 협조, 증거기반 중재 프로그램 필요 등), 소요시간이 오래 걸린다는 등 주로 진단평가 과정의 편의성과 학교에서의 현실적인 적용의 어려움과 관련된 이유였다. 흥미로운 사실은 현재 중재반응평가를 요구하지 않는 2014년 기준을 사용 중인 특수교육지원센터의 절반 이상이 중재반응평가가 필요하다고 답했다는 점이다.

그림 5-6 중재반응평가의 필요성에 대한 인식

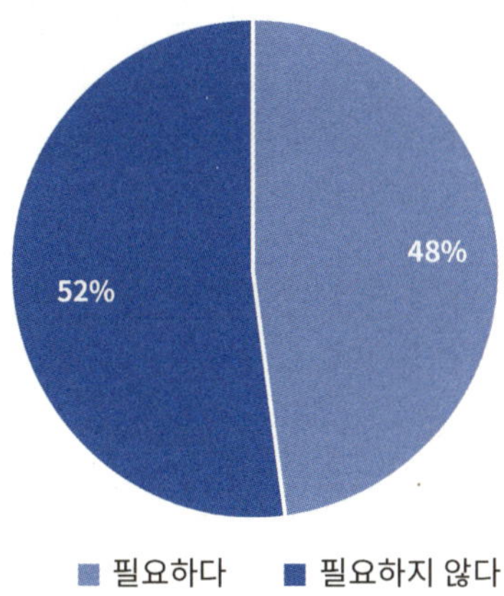

4) 학습장애 학생 출현율 감소 이유

학습장애 학생이 계속 감소하고 있는 현상에 대한 특수교육지원센터 담당자들의 견해를 물은 결과, 진단기준과 절차의 복잡성과 까다로움, 그리고 모호함이 가장 많았다. 그 외에 지적장애나 정서행동장애, 발달지체 등 다른 장애로 판정되는 경우가 많은데, 배제요인 등 다른 조건으로 인해 학습장애에서 제외되는 경우가 많다는 것, 그리고 학교에서 선별이 잘 이루어지고 있지 않아 진단 의뢰 자체가 적다는 견해와 장애학생으로 판별되고 싶어 하지 않는 학부모의 인식도 한몫을 하는 것으로 나타났다.

이 밖에 담당자 인식과 관련하여 3조건(학력)에서 단순한 개인별 학력검사보다 학습장애의 원인이 되는 세부 영역을 구체적으로 확인하고 중재에 의미 있는 정보를 제공하기 위해 인지처리과정(cognitive process) 측정에 초점을 두는 것에 대한 견해를 물었다. 이 질문에 대해 92%가 찬성 의견을 보였는데, 학력검사만으로는 학습장애와 학습부진 간 변별이 어려우므로 인지처리과정 측정을 통해 진단의 변별도를 높일 수 있을 거라는 견해였다. 아울러 평가 담당자의 전문성이 요구되므로 양질의 연수 필요성을 언급하기도 하였다. 또한, 4조건(배제요인) 확인의 수월성 정도에 관한 질문에 대해서는 56%가 다소 어렵다, 20%가 매우 어렵다는 반응을 보였는데, 가장 큰 이유로는 가정환경이나 교육기회 결핍 등 배제요인을 짧은 기간 내에 객관적으로 확인하기가 매우 어렵다는 것이었다. 특히 부모가 정확한 정보를 제공하지 않는 경우 정확한 배제요인 판단이 사실상 힘들다는 견해를 보였다.

(3) 진단 및 선정절차의 어려움 및 개선요구

앞서 현황과 인식을 통해 특수교육지원센터의 학습장애 진단과 관련한 어려움은 어느 정도 파악할 수 있었는데, 다시 한번 정리하자면 우선 각 조건(현행 1~4조건)에 대해 보다 명확하고 현실적인 기준을 요구하고 있었다. 특히 배제요인 확인을 위한 객관적인 자료 수집과 배제요인의 범위와 기준에 대한 재설정을 요구하고 있었다. 아울러 다른 장애나 관련 영역(예: 학습부진, 지적장애와 경계선 지능, 정서 · 행동장애, ADHD)과 구별되는 학습장애 학생의 독특한 특성을 확인할 수 있는 절차와 기준을 요구하였다, 즉, 학습장애 각 유형별로 핵심적인 기본학습기능 및 인지처리과정 영역과 기준을 상세화할 필요가 있다는 것이다. 예를 들어 단어 읽기 수준 읽기 학습장애(난독증)의 경우 음운인식, 해독, 읽기 유창성, 빠른이름대기 등을 측정하고 진단기준을 제시하는 것이다. 이 외에도 구체적인 검사도구 정보와 활용방안에 대한 전문성 교육 요구가 있었으며, 1단계 선별을 진행하고 진단을 의뢰하는 주체인 담임교사와의 협력에 대한 요구도 제기되었다.

특수교육지원센터에서 이루어지는 학습장애 진단 현황과 요구를 종합해보면 우선 학습장애 진단기준의 각 조건별 명확성과 함께 지원센터 전문가 재교육을 위해 보다 많은 지원이 필요함을 알 수 있다. 아울러 현재 학습장애 진단기준에서 제외되어 있는 중재반응평가가 현장에서의 여러 어려움에도 불구하고 필요하다고 보는 입장이 상당히 많았는데, 이는 결국 일선 학교 교사들의 선별 및 일차적인 중재에 대한 지원을 통해 선별 정확도를 높이고 무분별한 진단 의뢰를 방지할 수 있는 방안이기도 하다. 하지만 학습장애 진단 절차에 중재반응을 포함하고 진단뿐 아니라 의뢰 전 중재(pre-referral intervention) 등 체계적 지원 시스템을 도입하기 위해서는 여러 가지 요소들이 선행적으로 구축되지 않으면 성공이 쉽지 않을 것이다(신재현, 2019c; 이대식, 2019).

Ⅲ. 학습장애 지원의 이슈와 과제

앞서 살펴본 학습장애 출현율 및 진단의 문제는 학습장애 학생에 대한 체계적인 교육적 지원의 부재 혹은 부족과 직결된다. 이와 관련하여 주목할 것은 학습장애가 정확히 누구이고 어떤 교육적 지원을 필요로 하는지에 대한 인식 및 합의가 이루어지지 않아서 유사 학습 문제들(예: 학습부진, '느린 학습자'로 불리는 경계선 지능 등)과 개념적 혼동을 야기할 뿐만 아니라 그로 인한 교육 재정 투입의 중복과 비효과성도 문제가 되고 있다(국립특수교육원, 2019; 이대식, 2019). 또 다른 문제는 이처럼 다양한 학습의 문제를 보이는 소위 '학습지원 대상학생'들을 지원하기 위한 법(예: 기초학력보장법, 초중등교육법 개정안 '느린 학습자 지원법')이나 지방자치단체의 조례 등이 학습장애 학생을 아예 배제하고 있다는 점이다. 지금처럼 학습장애가 제대로 진단되지 않아 적절한 교육적 지원을 제공받지 못하고 있는 상황에서 학습지원 대상에서도 제도적으로 배제된다면 학습장애 학생들은 사각지대에 방치될 가능성이 더 높아질 것이다. 학습장애는 집중적이고 체계적인 특수교육을 필요로 하는 장애임에도 불구하고 현재 우리의 교육시스템 내에서 제대로 진단되지 않고 있기 때문에 결과적으로는 학습부진이나 경계선 지능 등과 유사하게 인식되거나, 학습장애가 아닌 다른 이름이 학습장애를 대신함으로써 특수교육도 받지 못하고 일반교육 내에서도 방치되는 문제가 발생하고 있다(국립특수교육원, 2019).

이처럼 학습장애와 학습장애는 아니지만 유사하게 학업적 어려움을 보이는 유형들 또는 학습장애의 위험성을 내재하고 있는 학습장애 위험군(at-risk) 학생들을 조기에 효과적으로 찾아내고, 각 유형의 필요와 요구에 따른 차별화된 교육을 제공하기 위한 지원모델이 요구된다. 앞서 논의한 바와 같이 많은 학습장애 혹은 학습장애 위험군 학생이 현재 일반학급 내 어딘가에 진단되지 않은 채로 있다는 사실을 환기할 때, 이러한 체계적인 조기 선별 및 지원 시스템은 매우 중요하다. 아울러 어느 한 시점에서 학습장애냐 아니냐를 진단하는 것보다는 진단의 신뢰도를 높이기 위해 학업 결함 위험 요인이 보이기 시작하는 시점부터 지속적인 모니터링을 통해 단계적인 지원을 제공하면서 또래에 비해 유의하게 낮은 반응을 보일 경우 최종적으로 특수교육대상자로 진단하는 단계별 지원 시스템이 필요하다(신재현, 2019; 이대식, 2019; Fuchs & Fuchs, 2017).

이러한 모델의 대표적인 사례로는 주로 3단계(tier)로 이루어지는 중재반응모형(RTI)을 들 수 있다(그림 5-7 참조). RTI의 1단계는 일반학급에서 모든 학생을 대상으로 연구를 통해 효과가 검증된 보편적 교수가 이루어지고 여기에 반응하지 않는 학생들이 2단계 소집단 교수의 대상이 된다. 2단계에서는 일반교사나 특수교사 또는 이들의 협력에 의해 읽기, 수학, 쓰기 등 기초학습기능 분야를 집중적으로 지도하고 학생의 반응 및 진전도를 주기적으로(예: 2주마다 1회) 점검한다. 2단계 소집단 교수에도 반응하지 않는 학생은 잠재적인 학습장애로 간주하고 3단계 교수를 실시하는데, 이 단계에서는 개별화된 1:1 교수를 가장 집중적이고 장기간에 걸쳐 제공하는 특수교육이 이루어진다고 볼 수 있다(Fuchs, Fuchs, & Vaughn, 2014). 현재 미국의 여러 주(州)에서 RTI를 활용한 학습장애 지원 체계를 갖추고 있으며, 2004년 장애인교육법 개정 시 새로운 학습장애 진단기준으로 권고된 이래 조기 진단과 중재를 아우르는 모델로서 다수의 연구에서 그 효과성이 검증되었다(Al Otaiba & Fuchs, 2006; Fuchs & Fuchs, & Compton, 2012; Fuchs & Fuchs, 2017). 이와 유사한 지원 체계를 핀란드에서도 운영하고 있는데, 특히 핀란드형 3단계 지원체제(그림 5-8 참조)의 경우 소위 '파트타임(Part-time) 특수교육'을 1단계부터 지원함으로써 굳이 2단계나 3단계로 가지 않고서도 효과적인 지원을 비교적 조기에 받을 수 있다는 장점이 있다(이대식, 2019; 장수명, 2015).

그림 5-7 3단계 중재반응모형의 각 단계별 대상과 지원 내용

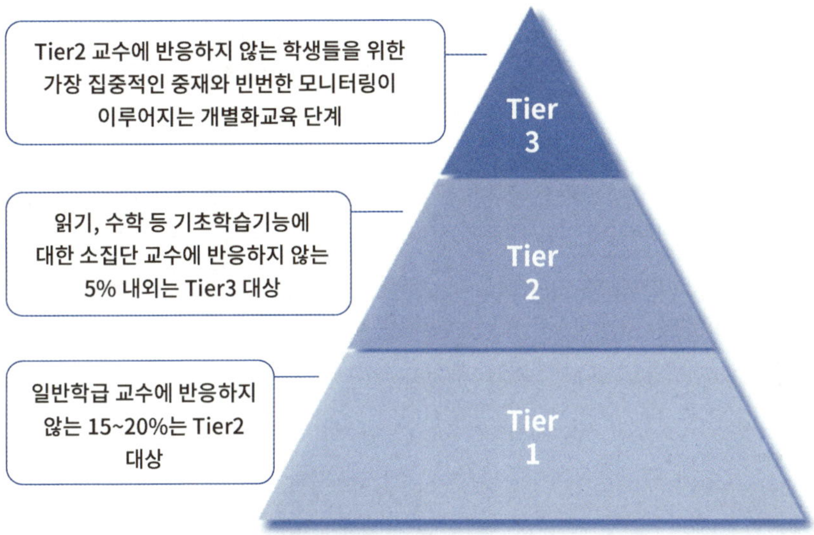

현재 국내에서 대부분의 학습장애는 일반학급에 완전통합되어 있거나 특수학급에 배치되어 있다. 완전통합되어 있는 경우 특수교육적 지원은 거의 이루어지지 못한다고 할 수 있으며(김애화, 김의정, 김자경, 정대영, 2018), 특수학급에 배치된 경우에도 주로 국어와 수학 과목에서만 공통 교육과정을 부분적으로 조정하는 정도로 제공되고 있다. 뿐만 아니라, 학습장애보다 장애의 정도가 더 심한 다른 장애 학생이 다수 입급되어 있는 경우라면 학습장애 학생을 위한 개별화된 집중교수가 이루어지지 못할 가능성이 매우 높다(국립특수교육원, 2019; 김애화, 김은주, 2018). 특히 현재 우리나라와 같이 학습장애와 유사 개념들이 혼용되고 학습장애 진단이 잘 이루어지지 않고 있는 시점에서 일반학급 단계에서부터 학습

장애의 위험성이 있는 학생들을 조기에 선별하여 단계적으로 심화된 중재를 제공하는 모종의 시스템은 앞서 설명한 미국의 RTI나 핀란드의 3단계 지원모델과 동일하지는 않더라도 반드시 필요할 것이다(국립특수교육원, 2019; 신재현, 2019c; 이대식, 2019).

그림 5-8 중재반응모형 기반의 핀란드형 학습 어려움 학생 지원 모델

중재단계	핵심 중재 형태	평가 및 이동 기준	담당자
1단계	· 일반학급 내 정규 수업 · 정규 수업 과정 중 또래 지도 혹은 특수교사에 의한 파트타임 지원	· 8~6주 후 학업성취검사 · 또래보다 심각하게 낮은 반응	일반교사+학습지원팀
2단계	· 일반학급 내 정규 수업+파트타임 · 특수지원+(방과 후/주말) 소집단 집중지도	· 기본학습기능, 인지처리 과정 검사 · 또래보다 심각하게 낮은 수행	학습지원팀 (일반교사+특수교사 중심의 학습지원 전담 교원)
3단계	· (정규수업+소집단 집중 지도)+개인별 맞춤형 집중 지도	· 각 기본/기초 학습 기능 숙달 정도 개별 확인 · 90% 이상의 정답률	학습지원팀 (특수교사 주도)

출처: 이대식, 2019

RTI와 같은 단계별 지원 시스템을 논의함에 있어 몇 가지 고려해야 할 부분이 있다. 미국의 경우 RTI는 2001년 부시 행정부의 낙오방지법('No Child Left Behind') 제정과 함께 전반적인 학교 체제 개혁('School Reform')의 연장선상에서 등장한 것으로 RTI가 일선 학교에서 시행될 수 있는 제반 여건들이 어느 정도 갖추어진 상태에서 시작되었다는 점이다. 즉, 저성취 및 학습부진 학생들을 조기에 선별하고 주기적인 모니터링을 통해 추적함과 동시에 일반교육에서부터 증거기반의 읽기 교수를 투입하는 등 소위 학습지원 대상 학생들을 지원하기 위한 법적, 제도적, 재정적 뒷받침이 이루어진 상황 속에서 미국의 여러 주가 RTI를 적용하기에 이른 것이다. 학습장애를 포함하여 학습문제 조기 진단을 위한 대표적인 조처로 연간 3회에 걸친 모든 학생에 대한 보편적 선별(universal screening) 검사 실시를 들 수 있다(Al Otaiba, Wanzek, Yovanoff, 2015; Zirkel & Thomas, 2010). 이 보편적

선별을 통하여 학습장애 위험군 학생이 선정되고 각 학생들의 학습지원 요구에 따른 단계별 심화 지원이 일반교육과 특수교육 둘 중 어느 하나에서가 아닌 학교 전반적으로 시행되는 것이다.

그런데 이렇게 시작된 RTI조차도 최근 들어 그 효과성에 대한 의문을 제기하는 연구 결과를 비롯하여 RTI를 현장에서 제대로 시행하기 어려운 여건들에 대한 성토가 적지 않게 보고되고 있다(예: Balu, Zhu, Doolittle, Schiller, Jenkins, & Gersten, 2015). 이들 비판은 RTI의 효과가 입증된 연구들은 연구자들이 엄격한 실험통제하에 대규모 연구비를 투입한 소위 'well-funded research'인 반면, 실제 학교 현장에서 실시하고 있는 RTI의 효과는 그리 크지 않다는 것이다(Balu et al., 2015). 또한, 조기 진단이 어려운 능력-성취 불일치 모델에 대한 대안으로 등장한 RTI가 지나치게 긴 시간 동안 중재에 대한 반응을 모니터링하고 단계별 절차를 거치느라 또 다른 'wait-to-fail'(실패하기를 기다리기) 문제를 야기한다는 비판도 있다(Al Otaiba et al., 2015). 우리는 이러한 미국의 RTI 적용과 현황을 통해 두 가지를 배울 수 있다. 첫째, 학교 기반의 RTI가 진단 및 중재 모델로 성공적으로 시행되기 위해서는 평가와 중재가 원래 의도된 대로 정확히 실시되는 정도를 가리키는 '충실도(fidelity)'가 핵심이라는 점이다. 이를 담보하기 위해서는 선별, 모니터링, 진단 도구에 대한 정확한 이해와 사용, 증거기반의 읽기, 수학, 쓰기 지도방법에 대한 교사의 전문성, 어느 시점에 어떤 자료를 근거로 어떻게 학생 배치(Tier 이동, 특수교육 의뢰 등)를 결정할 것인가에 대한 데이터 기반 의사결정(data-based decision making) 등 성공적인 RTI의 주요 요소에 대한 교사 대상 전문성 교육이 선행되어야 한다. 둘째, RTI의 '3단계'는 고정된 것이 아니라는 점이다. 필요한 경우 1단계에서 학습장애가 강력히 의심되면 바로 진단에 의뢰할 수 있어야 하고, 단위 학교의 여건상 3단계를 운용하기 어렵다면 2단계 RTI로 대체할 수 있는 유연성이 있어야 한다(이대식, 2019; Fuchs & Fuchs, 2017). 실제로 3단계를 거치는 RTI와 학습장애를 강력히 시사하는 경우 지체 없이 2단계나 3단계 지원을 받게 하는 소위 '역동적 RTI(Dynamic RTI)'를 비교한 연구에서 Dynamic RTI의 효과가 더 크게 나타난 바 있다(Al Otaiba et al., 2015).

국내에서는 아직까지 RTI가 현장에 제도화되어 제대로 도입된 적이 없기 때문에 진단이나 학교 현장에서 실시한 RTI에 대한 효과성 연구도 없는 실정이다(이대식, 2019). RTI는 분명 학습장애 및 학습장애 위험군의 조기 진단과 단계별로 심화된 중재의 제공을 통해 효과를 거둘 수 있는 모델임에 틀림없지만, 이러한 모델이 국내 학습장애 진단 및 중재 체계로 도입되기 위해서는 선결되어야 할 요건들이 적지 않다. 앞서 미국의 RTI 도입 사례에서도 언급하였듯이 우선 교사 전문성 확보, 측정 도구의 개발과 보급을 포함하여 학교 체제 전반의 시스템 개혁이 요구된다. 반드시 RTI가 아니더라도 현 제도권 내에서 보다 내실 있는 학습장애 학생 예방과 체계적 진단, 그리고 중재 지원을 위해서는 지원모델에 상관없이 지속적으로 구축해 나가야 할 몇 가지 과제들이 있다. 어느 하나 짧은 시간 내에 완성될 수 있는 성격의 것들은 아니지만, 그럼에도 불구하고 지금부터 교육 현장과 당국, 연구자들이 머리를 맞대고 고민해야 할 과제들이라 생각된다. 효과적인 학습장애 학생 지원을 위해 필요한 장, 단기적 과제들을 몇 가지 논의해 보고자 한다.

1. 학습장애 위험군 학생 조기 진단을 위한 보편적 선별

앞서 논의한 3단계 RTI에서는 Tier 1, 즉 일반학급에서 모든 학생을 대상으로 기초학습기능(읽기, 수학, 쓰기)을 평가하여 잠재적인 학습장애 가능성 여부를 평가하는 보편적 선별을 실시한다. 선별검사를 통해 또래에 비해 기초학습기능이 현저히 떨어지는 경우(예: 하위 15%) 방과 후 소집단 지도와 같은 추가적인 지원과 함께 보다 빈번한 모니터링을 실시하여 현재 제공된 지원의 내용과 강도가 적절한지, 아니면 더 집중적이고 강력한 수준의 지원이 필요할지 결정하게 된다. 이러한 선별검사의 실시 시기는 학교생활에 어느 정도 적응을 마친 1학년 2학기가 적기가 될 것이다(이대식, 2019). 학습장애 조기 진단을 위한 선별검사의 핵심은 검사도구가 신뢰도와 타당도 등 측정학적 적합성을 갖춤과 동시에 학습장애의 원인이 되는 핵심적 결함 영역을 명확히 알아낼 수 있어야 한다는 점이다(신재현, 2019c; 이대식, 2019). 이러한 측면에서 학습장애 위험군 선별을 위한 검사는 객관식 문항 위주의 교과성취도 평가 형식이 아닌 학습장애의 각 유형별로 근본적인 결함 요소(기본학습기능 및 인지처리요소)를 직접적으로 평가하는 검사이어야 한다. 예를 들면, 읽기 학습장애 중 난독증의 경우 음운인식(분리, 합성, 대치, 변별), 해독(자모음, 받침 없는 글자, 받침 있는 글자, 무의미 단어 읽기 등), 단어 및 문장 읽기 유창성, 빠른이름대기 등을 측정해야 하고, 수학 학습장애의 경우 기초 수 개념(수 크기, 수의 순서, 수 세기 등), 사칙 연산 유창성, 작업기억(working memory), 처리속도(processing speed) 등을 직접 측정해야 한다(Fuchs et al., 2006; Fuchs et al., 2016; Geary et al., 2012; Powell et al., 2017). 이를 통해 어떤 영역에 구체적인 결함이 있는지 확인할 수 있을 뿐 아니라, 이후 중재 계획을 세우는 데도 도움을 줄 수 있다.

또한, 빈번한 모니터링을 통해 개별 학생의 진전도(progress)를 파악하기 위해서는 주기적인 반복 측정이 가능한(예: 주 1회) 검사도구, 즉 검사 시행과 채점, 해석이 간편한 검사체제인 교육과정중심측정도구(Curriculum-Based Measures, CBM)가 필요하다(McMaster, Shin, Espin et al., 2017). 국내에서는 CBM에 기반한 검사도구로 기초학습수행평가체제(BASA, 김동일)가 거의 유일한데, 보다 다양한 CBM 기반 검사도구의 개발과 보급, 그리고 현장에 있는 교사들을 위한 전문성 교육이 이루어질 필요가 있다(신재현, 2017; 2019a).

2. 일반교사, 특수교사의 학습장애 지원 전문성

학습장애 학생에 대한 지원은 특수교사나 일반교사 그 어느 한 사람만의 책임이 아니다. 특히 대부분의 학습장애 학생이 일반학급에 배치되어 있다는 점과 특수교육을 제공받아야 하는 상황을 고려할 때, 두 교사 모두의 책무성과 긴밀한 협력이 요구된다. 학습장애 지원 체계 구축에 있어 어쩌면 가장 시급하고도 중요한 것은 교사들의 현장 전문가로서의 역할 부여와 이를 위한 교육 및 훈련일 것이다. RTI와 같은 학교 기반 학습장애 지원모델이 가능하기 위해서는 몇 가지 선결 요건이 있는데, 이에는 앞서 언급한 보편적 선별체계, 학습장애 위험군 학생에 대한 주기적인 모니터링(예: CBM을 이용한 진전도 확인), 단계별 중재 시스템(예: Tier 1-3), 증거기반의 효과적인 교수 및 중재 프로그램, 그리고 평가 및 중재 프로그램을 의도된 대로 충실하게 실행하는 정도를 나타내는 중재 충실도(fidelity) 등이 포함된다(Institute of Education Sciences, 2009). 이 가운데 중재 충실도는 아무리 훌륭한 평가도구나 중재 프로그램이 개발, 보급되어도 이를 충실하게 실행할 교사의 전문성 여하에 따라 그 효과가 좌우될 수 있음을 의미한다.

특히 학습장애 위험군으로 선별된 학생에게 소집단 중재나 보다 집중적인 개별화 중재를 제공하는 교사는 더 많은 교수, 평가, 그리고 교수적 의사결정과 관련한 전문성을 필요로 하게 된다. 이 교사들의 경우 선별 및 진전도 모니터링을 위한 검사도구의 활용은 물론 효과적인 중재 기법을 적용함과 동시에 중재의 효과를 평가할 수 있어야 한다. 여기서의 핵심은 투입 중인 중재가 효과적이지 않다고 판단될 경우(즉, 진전도 검사로 나타난 학생의 반응이 목표로 한 수준보다 저조할 경우), 현재 중재 프로그램의 내용이나 전달 방식 또는 강도 등에 변화를 주는 교수적 의사결정, 즉 데이터기반교수(Data-Based Instruction, DBI)에 대한 이해와 적용 능력이다(신재현, 2019b; Deno, 1985; Stecker, Fuchs, & Fuchs, 2005). DBI는 교수(중재) - 평가 - 의사결정이 순환하는 하나의 교수적 의사결정 프레임으로써(그림 5-9 참조) 만약 시의적절한 교수 수정이 이루어지지 못하면 조기 중재

그림 5-9 데이터기반교수(DBI)의 일반적 단계

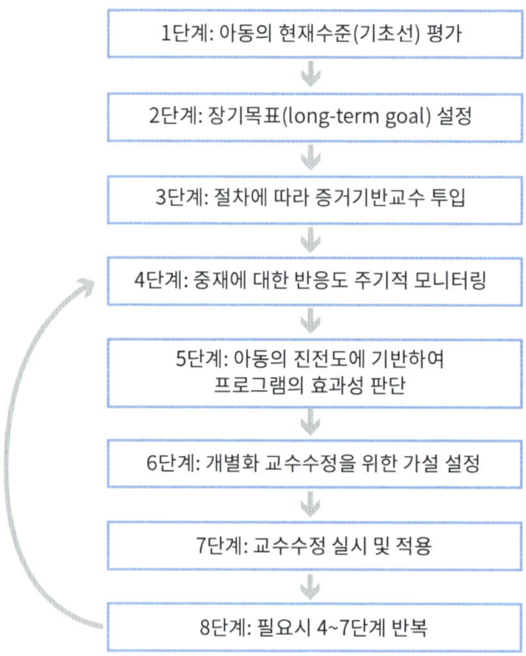

출처: 신재현, 2019b

의 기회를 놓칠 가능성이 높아진다(Fuchs et al., 2017). 이러한 DBI의 효과는 많은 연구를 통해 그 효과가 검증된 바 있으며(예: 신재현, 2019b; 정평강, 신재현, McMster, 2018; McMaster et al., 2020; Stecker, Fuchs, & Fuchs, 2005) 미국 교육부 산하의 National Center on Intensive Intervention에서는 DBI를 학습장애 학생을 위한 가장 효과적인 개별화교수 방안으로 제시하고 있다.

3. 학교 내 학습장애 지원 교원 증원 · 양성 및 학습지원 전문 리소스룸

앞서 논의한 바와 같이 교사의 전문성은 학습장애 지원을 위한 가장 필수적이고도 중요한 요건이다. 학습장애 및 학습장애 위험군 학생의 경우 담임교사의 책무가 될 가능성이 높은데 현재로서는 대부분의 일반교사들이 지도 전문성을 갖추고 있다고 보기 어렵다. 마찬가지로 특수교사의 경우도 학습지원 전문성을 충분히 갖추고 있다고 단언하기는 쉽지 않다(이대식, 2019). 앞서 논의한 RTI와 같은 지원체제가 성공하기 위해서는 일반교사 및 특수교사 모두의 전문성이 요구되며, 무엇보다 일반학급에서 학습장애 위험군으로 선별된 학생에 대한 2단계, 3단계 중재를 제공하는 과정에서 일반교사와 특수교사의 협력이 매우 중요하다(신재현, 2019c; 이대식, 2019). 우려되는 점은 학습부진 학생 등을 지원하기 위한 법안인 기초학력보장법의 지원 대상에서 애초부터 학습장애 학생들은 제외하고 있다는 부분인데 이렇게 된다면 학습장애의 경우 일반교육 환경에서 지원받을 수 있는 근거가 없게 되며, 일반학급에 소속되어 있지만 특수교육대상자라는 이유로 담임교사에게 자신의 소관이 아니라고 생각할 여지를 갖게 하여 그렇지 않아도 쉽지 않은 일반-특수교사 간 협력은 더 요원해질 수 있다(이대식, 2019). 일반-특수교사 간 유기적 협력을 지원하기 위한 법적·제도적 토대 마련과 더불어 학교 내에서 협력을 통한 전문성을 발휘할 수 있도록 회의 및 지도 준비에 필요한 시간을 보장해주는 등 근무여건을 조성해 줄 필요가 있다(신재현, 2019c).

중장기적으로 추구해야 할 방향은 일반교사와 특수교사의 학습지원 전문성을 강도 높은 연수나 재교육 과정 등을 통해 지속 향상함과 동시에 학습지원을 전문으로 하는 교원을 추가로 배치하고, 현재의 특수학급과는 별개로 학습장애, 학습부진 등 학습지원 요구가 있는 학생들에 대한 집중적인 지원을 제공하는 별도의 학급(학습도움실 또는 리소스룸)을 설치하는 것이다(강은영, 김우리, 신재현, 2020; 국립특수교육원, 2019). 특수교사 1명이 다양한 장애를 지닌 학생들을 가르치는 상황에서 별도의 리소스룸과 같은 형태는 추가적인 학습지원이 필요한 학생들에게 Tier2 또는 Tier3 중재를 제공하는 장소로 기능할 수 있다. 학습지원 전문교원의 경우 기초학력보장법 등 관련 법안에서 누가 하게 될 것인지 명시하고 있지 않은데, 전문성을 고려한다면 현직 혹은 미임용 일반 또는 특수교사가 되는 것이 바람직하다(이대식, 2019). 물론 검증된 기관(예: 대학, 관련 학회 등)에서 학습지도(예: 한글 읽기 지도, 수 개념 및 연산지도, 쓰기 지도 등)나 특수교육 영역(예: 정서행동장애, ADHD, 경계선지능 등) 관련 이론과 실습을 포함한 집중 연수를 이수한 경우에만 전문교원 자격을 부여해야 할 것이다(이대식, 2019).

그 밖에 교사, 관리자, 장학사를 대상으로 한 포커스그룹 인터뷰 결과 담임교사의 질 높은 1차 책임지도 실현을 위한 여건 조성 및 체계적인 이후 2차, 3차 심화 지원을 위한 학교 체제의 정비와 제도적 뒷받침, 단위 학교별로 학습장애 학생 등 학습지원 요구학생에 대한 공유된 책무성을 공감하는 학교 문화 형성도 중요한 것으로 나타났다(강은영, 김우리, 신재현, 2020). 아울러, 장기적으로는 교원 양성 단계에서부터 학습장애, 학습부진, 다양한 학습자 등과 관련한 교과목 이수 학점을 늘리는 방안도 검토되어야 할 것이다. 초등교원을 양성하는 교육대학의 경우 현행 특수교육의 이해(또는 특수교육학개론) 한 과목만으로는 학습장애 및 부진 학생 지도 전문성을 기르기에 너무도 역부족이다(신재현, 2019c; 이대식, 2019).

4. 연구기반중재 연구 · 보급 및 원스탑 플랫폼 구축

또 하나의 과제는 학습장애로 제대로 진단되지 않은 경우 앞서 언급한 일반교육 내 지원 프로그램(예: 학습종합클리닉)의 수혜를 받게 될 가능성이 높은데, 이러한 프로그램을 제공하는 인력의 전문성에 대한 우려와 제공되는 프로그램이 학습장애 학생들에게 얼마나 효과적인지 즉, 중재 프로그램의 증거기반 여부에 대한 의문이 있다(국립특수교육원, 2019). 또한, 특수교육을 받는다고 하더라도 특수교사가 학습장애 학생 지원에 얼마만큼의 전문성을 지니고 있는지, 그리고 학습장애 및 학습장애 위험군 학생에게 보충 및 집중적인 개별화 교육(intensive individualized interventions)을 제공하기 위한 효과적인 증거기반의 중재 프로그램이나 모니터링을 위한 검사 도구 등이 얼마나 준비되어 있는가 하는 문제도 반드시 따져봐야 한다(신재현, 2019c; 이대식, 2019). 최근 사설 클리닉에 의한 진단 및 중재가 많이 이루어지고 있는데, 전문성을 충분히 갖추지 않은 기관에 의한 사교육 난립 문제, 연구에 의해 효과가 검증되지 않은 학습치료 만연 등에 따른 피해가 문제가 되고 있다(국립특수교육원, 2019).

증거기반중재 또는 연구기반중재는 학교 교육의 책무성과 교육 프로그램의 효과성이 강조됨에 따라 특정 교수 프로그램의 양적·질적 효과를 객관적인 기준에 따라 평가하고자 하는 노력에서 비롯되었다. 해당 프로그램이(예: 난독증 학생을 위한 파닉스 기반 해독 프로그램) 양적 효과를 얼마만큼 보여주는지(예: 효과크기), 그리고 얼마나 연구방법 측면에서 충실하게 연구가 수행되었는지(예: 연구대상과 표집, 실험·통제 집단, 측정도구, 자료분석 등)를 기준으로 평가하며, 그러한 연구들이 지금까지 얼마나 축적되었는지를 기준으로 증거기반 여부를 판단하게 된

그림 5-10 중재 프로그램의 증거기반 여부를 비교 평가할 수 있는 WWC 웹사이트 화면

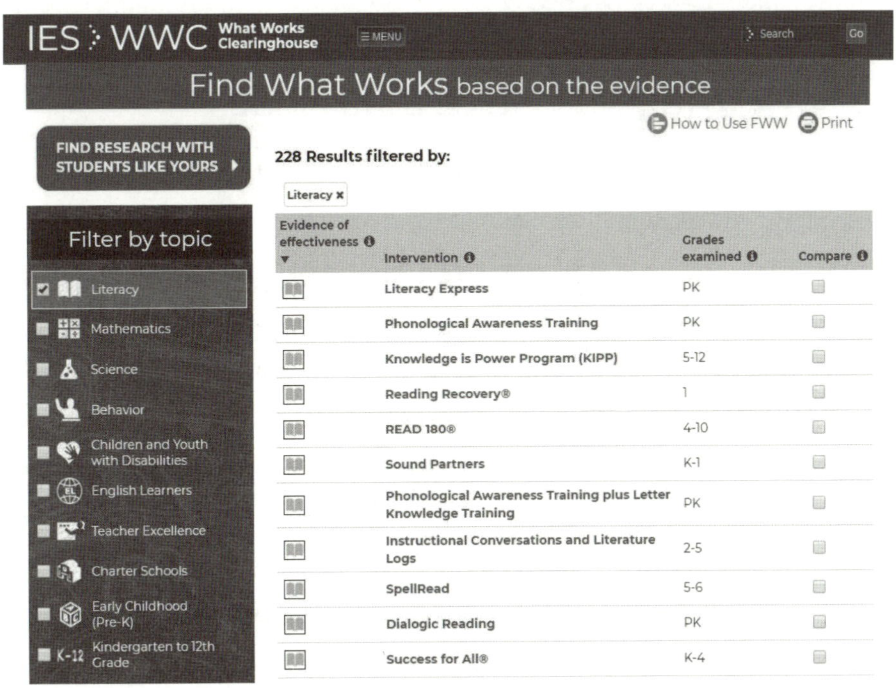

다. 지금까지 특수교육 연구자들(예: Gersten et al., 2005; Horner et al., 2005)뿐 아니라 미국 특수아동협회(Council for Exceptional Children) 등도 이러한 기준을 마련하고 있다.

<그림 5-10>은 미국 교육부 산하의 학습 및 행동 지원을 위한 What Works Clearinghouse(WWC)에서 다양한 학습 및 행동 중재 프로그램에 대하여 연구 결과에 기초한 증거기반 정보를 제공하는 화면이다. WWC는 읽기, 수학, 쓰기 등의 기초학습 영역에서 증거기반 프로그램을 소개하여(예: 이론적 배경, 주요 요소와 절차, 적용 대상, 프로그램의 효과, 현장 적합도 지수 등), 교사들이 다양한 프로그램과 평가도구들을 한 자리에서 비교·평가함으로써 개별 학생에게 가장 적합한 것을 찾을 수 있도록 돕는다(신재현, 2019b). 연구자들이 아무리 좋은 중재 프로그램을 개발하여도 현장에 보급되고 교사들이 쉽게 활용하지 못한다면 효과적인 학습지원이 이루어지기는 어려울 것이다. 또한, 일반·특수교사들의 가장 큰 요구 가운데 하나가 효과 있는 교수·중재 프로그램에 대한 정보와 사례 제공임을 고려할 때(이희연, 이대식, 신재현, 박주현, 박혜성, 2020), 중재 정보를 비교·확인할 수 있는 원스탑 플랫폼 구축이 반드시 필요하다.

5. 학교-교육청-대학연계 지원모델 등 다중 지원방안 구축

난독증과 같은 학습장애 학생에 대한 지원은 일차적으로는 담임교사 등 학교의 책무성 범주에 있으나 다인수 학급, 교사의 전문성, 프로그램 준비 여부 등 다양한 변수로 인해 효과적인 지원이 쉽지 않다. 또한, 미국과 같이 단계별 RTI 지원모형 등이 제도화되어 있지 않은 국내에서 일반교사와 특수교사의 협력과 지원 전문성을 온전히 기대하기도 힘든 실정이다. 이에 따라 일부 교육청에서는 외부 전문기관과 연계한 학습지원 프로그램을 운영하고 있는데, 대표적인 사례로 학교-교육청-지역사회 대학이 연계한 난독증 학생에 대한 학습지원 사례를 들 수 있다. 지역사회 대학과의 연계를 통해 세 가지 장점을 기대할 수 있는데, 첫째는 학습장애 지도 전문성을 갖춘 교수진 및 연구원이 직접 아동을 1:1로 지도하는 형태이고 둘째는 학부 및 대학원생 중 자원자를 받아 집중적인 훈련(예: 난독증의 이해와 지도, 정서·행동 측면의 지원, 진단평가 방법 등)을 제공한 뒤 수요가 있는 지역아동센터와 연결하는 것이며, 셋째는 지역의 현직 교사들을 대상으로 대학이 전문가 연수를 진행하는 것이다.

실제 교육대학에서 예비교사들을 대상으로 증거기반의 난독증 훈련(예: 파닉스 기반 음운인식, 해독 등 한글 읽기 지도방법, 학생의 동기 및 정서·행동 문제 지원을 위한 방안, 검사 도구의 이해와 활용, 학부모 상담 등)을 집중적으로 제공한 뒤, 지역아동센터의 아동과 1:1로 연결되어 약 12회기(회기당 2시간) 중재를 실시한 결과 모든 학생의 한글 읽기 수준이 향상되었으며, 지도에 참여한 예비교사들의 학습 및 생활지도 역량이 향상됨을 확인할 수 있었다(신재현 외, 2020). 이들은 중재를 시작하기 전 총 8회에 걸친 워크숍을 통해 난독증 학생 지도역량을 함양하였고 중재를 진행하는 동안에도 교수·연구진에게 7회의 슈퍼비전(코칭)을 통해 아동 개별 특성과 지도상 어려운 점, 향후 보완해야 할 점 등에 대해 정보를 공유하고 피드백을 받았다. 이러한 사전 집중교육과 지속적인 코칭은 예비교사를 통한 난독증 지도의 핵심이며, 예비교사들은 이를 통해 난독증 학생 지도, 관리 전문성을 함양함과 동시에 학생에 대한 이해와 교사로서의 효능감도 함께 증대되었다(신재현 외, 2020). 현장의 교사들 또한 수업 준비나 교수 방법에 대한 고민을 혼자 해결하는 경우가 많은데(이대식, 2005), 전문가에 의한 지속적인 코칭 또는 슈퍼비전은 효과적인 학습지원에 있어 매우 중요하므로(Desimone, 2009; McMaster et al., 2020) 현직 교사들에게도 지속 제공할 수 있는 방안 마련을 고민할 필요가 있다.

Ⅳ. 결 론

이 글에서는 국내 학습장애 진단 및 지원의 현주소와 과제에 대해 살펴보았다. 학습장애로 진단된 학생 수가 정말로 줄어든다면 기뻐해야 할 일이겠지만, 앞서 논의한 것처럼 공식적으로 진단·판별되지 않았을 뿐 교실 어딘가에 방치되어 지원의 사각지대에 놓여 있는 것이라면 이야기는 달라진다(신재현, 2019c). 학습장애 지원을 위한 과제로 제시한 사안들은 결코 새로운 것이 아니며 이미 국내외 여러 학자들이 지속 제기해 왔던 것이다. 국내에서 학습장애가 논의되고 연구가 시작된 지 25년이 넘었지만, 여전히 풀어야 할 숙제가 많이 남아 있다. 하지만 이를 바꿔 생각해 보면 학습장애라는 분야가 그만큼 역동적이고 새로운 가능성을 많이 내포하고 있다고도 볼 수 있다(김동일, 이대식, 신종호, 2016). 학습장애의 재개념화와 진단기준 및 절차의 보완과 구체화, 증거기반 평가도구 및 중재 프로그램의 지속적 개발과 현장 보급, 학교 현장의 효과적인 학습장애 지원을 위한 교사 전문성 향상과 협력 체제 강화, 학습장애 위험군으로 선별된 시점부터 단계별 중재를 제공하는 예방과 지원 중심의 학교 단위 지원 체계 구축, 그리고 학교 밖 전문가를 활용한 다양한 연계 방안 등의 논의가 지속 시행·발전될 수 있도록 법과 제도적 지원이 뒷받침되어야 할 것이다. 그래야만이 학습장애 학생들이 더 이상 교육사각지대에 놓여 방치되지 않고 제대로 된 교육적 지원을 받으며 개별 학생의 독특한 강점을 드러낼 수 있게 될 것이다.

토의문제

1. 국내 학습장애로 특수교육을 받고 있는 학생 수가 매우 적다는 사실은 무엇을 말해주는지 논의하시오.
2. 학습장애 학생의 효과적인 지원을 위한 단기적, 장기적 과제는 무엇인지 토의해 보시오.
3. 이 장에서 제시한 방안 외에 학습장애 학생 지원을 위한 국내외 사례를 조사하고 분석해 보시오.

06

다문화 학생 교육정책 사각지대: 한국인 부모를 둔 교차문화 아이들(Cross-Cultural Kids)

남지은(이화여자대학교 교육대학원 상담심리전공 교수)

Ⅰ. 한국의 "다문화 학생" 지원 정책

우리나라의 교육기본법[1]은 국가가 다문화 학생의 교육을 지원해야 할 의무가 있음을 제시하고 있다. 이에 한국의 다문화 학생을 위한 교육 차원의 지원 정책은 다문화가 사회적 화두로 등장하기 시작한 2006년 무렵부터 꾸준히 실행되어 왔다. 중앙정부차원에서 다문화가족에 대한 업무를 주관하는 부서는 법무부와 여성가족부가 대표적이지만, 그 외에도 여러 부처, 각 시도교육청, 교육대학, 민간단체 등에서 다문화교육 관련 사업을 추진해 왔고, 덕분에 다문화교육의 기반구조는 어느 정도 갖춰진 것으로 평가되고 있다(김정원, 2010). 특히, 교육현장에서는 다문화 가정 자녀의 한국어 사용 문제와 다양한 문화적 배경에서 온 학생에 대한 차별 및 편견 등을 해결하기 위한 다양한 노력들이 진행되어 왔다(신혜진, 2018). 우리나라의 다문화 및 외국인 가정은 지속적으로 증가하고 있으며, 전체 학생 수는 감소하는 추세로 인해 다문화 학생 비율은 더욱 급격하게 상승

1) **교육기본법 제4조(교육의 기회균등)** ①모든 국민은 성별, 종교, 신념, 인종, 사회적 신분, 경제적 지위또는 신체적 조건 등을 이유로 교육에서 차별을 받지 아니한다. ② 국가와 지방자치단체는 학습자가 평등하게 교육을 받을 수 있도록 지역 간의 교원 수급 등 교육 여건 격차를 최소화하는 시책을 마련하여 시행하여야 한다.

하고 있다. 교육부가 매년 발표하고 있는 다문화교육 지원계획은 2020년의 경우 '출발선 평등'이라는 키워드와 함께 다문화 학생들에게 개인적 배경과 관계없이 동등한 교육기회를 보장하려는 취지를 표하고 있다.

다문화 가정 자녀에 대한 보육과 교육에 초점을 둔 여성가족부의 다문화가족지원법[2]이 시행된 이후로 한국에 살고 있는 다문화 가정들이 공식적으로 규정되었으며, 사회통합이라는 목적하에 다문화 가정에 대한 정책적 지원이 제도화되었다(이병호, 한승수, 2016). 해당 법·제도적 차원에서 규정된 우리나라의 다문화 학생은 초·중·고의 학령기 학생에 국한되어 있고, 세 집단으로 구분된다 <표 6-1>. 다문화 학생의 첫 번째 집단은 국내 체류외국인의 자녀들 중에서 한국인과 결혼이민자 사이에서 출생한 국내출생의 자녀, 두 번째 집단은 결혼이민자가 한국인과 재혼하고 이민자의 모국에서 온 중도입국 자녀, 세 번째 집단은 외국인들 사이에서 태어난 외국인 자녀이다. 즉, 다문화 정책에서 규정된 다문화 학생은 부모 중 한명이라도 과거에 외국인이었거나 현재 외국인이어야 한다.

표 6-1 한국의 다문화 학생 분류 및 정의

국제결혼 가정	국내 출생 자녀	• 한국인과 결혼이민자 사이에서 태어나 한국에서 성장한 경우 • 한국어 구사에 어려움은 없으나, 학습에 필요한 문장이나 어휘를 이해하는 데 곤란을 겪는 경우 존재 • 사춘기에 진입하면서 다문화에 대한 고정관념에 불편함을 느끼며, 심리정서 지원 요구
	중도 입국 자녀	• 결혼이민자가 한국인과 재혼한 이후에 본국에서 데려온 경우, 한국인과 결혼이민자 사이에서 태어났으나 결혼이민자 본국에서 성장하다가 입국한 경우 등

2) **다문화가족지원법 제10조(아동 보육 · 교육)** ① 국가와 지방자치단체는 아동 보육·교육을 실시함에 있어서 다문화가족 구성원인 아동을 차별하여서는 아니 된다. 국가와 지방자치단체는 다문화가족 구성원인 아동이 학교생활에 신속히 적응할 수 있도록 교육지원대책을 마련하여야 하고, 특별시·광역시·도·특별자치도의 교육감은 다문화가족 구성원인 아동에 대하여 학과 외 또는 방과 후 교육 프로그 등을 지원할 수 있다. ③ 국가와 지방자치단체는 다문화가족 구성원인 아동의 초등학교 취학 전 보육 및 교육 지원을 위하여 노력하고, 그 아동의 언어발달을 위하여 한국어 및 결혼이민자등인 부 또는 모의 모국어 교육을 위한 교재지원 및 학습지원 등 언어능력 제고를 위하여 필요한 지원을 할 수 있다.

		• 새로운 가족과 한국 문화에 적응하기 위한 스트레스가 발생하며, 정체성 혼란이나 무기력 등을 경험하는 경우 존재 • 한국어능력이 부족하여 공교육 진입과 적응에 어려움 발생
외국인 가정	외국인 가정 자녀	• 외국인 사이에서 태어난 경우(조선족, 중앙아시아 고려인, 시리아 난민 등 포함) • 정주여건이 불안정하여 학업을 지속하기 어려운 경우 존재 ※ 유엔아동권리협약에 따라 미등록 이주아동의 교육권 보장

Ⅱ. “다문화 학생” 정의로부터 소외된 한국인 부모를 둔 교차문화 아이들

교육부의 최근 다문화 학생 정책 내용을 살펴보면 우리나라 다문화 학생의 국적, 연령, 특성 등이 다양해지고 있다는 점을 인지하고 있으나 여전히 정책적 ‘다문화 학생’ 정의에는 포함되지 않는 다문화 학생들이 존재한다. 바로 한국인들 사이에서 출생한(국내, 해외) 자녀들이다. 이들은 다양한 이유(예: 부모 직업, 조기유학 등)로 출국 후 다시 다양한 이유(예: 부모 임기 만료, 부적응 등)로 다시 귀국하는 학생들이며 교차문화 경험으로 인해 여러 독특한 특성과 정체성 양상을 보일 수 있는 문화적 소수자이다(이하 ‘KP 교차문화 아이들’). 초국가적인 이주가 보편화된 현시대 맥락에서 해외이주는 크게 영구적인 이주와 비영구적인 이주로 분류되는데, 교차문화 아이들은 학업이나 부모의 직업 때문에 비영구적 이주를 경험한 아이들이다. 2019학년도 초·중·고 유학생 출국 및 귀국 통계에 따르면 초·중·고 전체 유학생은 19,047명이며, 그중 해외이주는 2,745명, 부모 해외파견동행은 7,225명으로 각각 전체의 14.41%와 37.93%에 해당한다(교육부 한국교육개발원, 2019).

교통수단의 발달과 함께 급격하게 진행된 세계화로 인해 이러한 교차문화 경험의 기회가 증가하였고, 특히 20세기 후반부터는 이러한 경험을 가진 아이들에 대한 연구들이 전 세계적으로 진행되기 시작했다(Pollock & Reken, 1999). 하지만 우리나라에서는 다문화 가정과 아동·청소년이 정책적으로 주목을 받기 시작하면서 연구 또한 정책적으로 정의된 다문화 학생들에게 집중되었으며, 다문화 정책에서 제외되어 있는 교차문화 아이들에 대한 연구는 소수에 불과하였다. 정부의 정책에 지원 대상으로의 포함 여부가 다시금 중요하게 느껴지는 대목이다.

본 글은 정책적으로 제외되어 있는 KP 교차문화 아이들을 구별하여 이들이 가진 독특한 지원 요구를 살펴보고, 궁극적으로 이들을 효과적으로 지원할 수 있는 상담 및 교육 방안들을 모색하고 제언하려는 목적을 가지고 있다. 어린 시절부터 국가 간 물리적인 이동을 통한 교차문화 경험으로 인해 내면, 즉 드러나지 않는 곳에서 다문화성을 가진 한국인 학생들은 개념적으로도 불분명한 위치에 있다. 따라서 먼저 관련 용어들을 정리해 보면서 KP 교차문화 아이들을 구분지어 이해해 볼 필요가 있다.

1. 교차문화 아이들 문헌을 통한 대상 명료화

교차문화 아이들(cross-cultural kids)의 학술적 정의는 "출생에서 18세까지의 발달시기 동안 상당 기간을 두 개 혹은 그 이상의 문화적 환경에서 살았거나 혹은 의미 있게 두 개 이상의 문화에서 상호작용하였던 사람"이다(Pollock, Van Reken & Ruth, 2009 Van Reken & Bethel 2005). 이 개념은 부모의 직업으로 인해 해외로 이주하게 되는 아이들을 의미하는 '제3문화 아이들(Third Culture Kids: 이하 TCK)'의 정의를 더욱 확장한 개념으로, 부모님의 직업뿐 아니라 본인의 유학 혹은 입양, 국제학교 재학 등의 다양한 이유로 성인이 되기 전에 두 가지 이상의 문화를 경험하는 아이들을 의미한다(Tan et al., 2021). 여기에서 이슈는 "의미 있게 여러 문화에서 상호작용"한다는 것의 범위를 어느 수준으로 해석할 것인가이다.

<그림 6-1>을 보면 알 수 있듯이, Pollock et al.(2010)이 조직적으로 정의한 교차문화 아이들은 현재 우리나라 법에서 정의하는 다문화 청소년뿐만 아니라 소수자(예: 성 소수자, 장애인 등) 부모를 둔 아이(children of minorities)과 특정 국가 내의 하위문화 집단들 사이에서 교차문화 경험을 한 아이들(domestic TCK)까지 포함하는 등 매우 다양한 하위집단을 포함하는 광범위한 개념이다. 즉, Pollock 외(2010)는 문화를 민족과 국적뿐만 아니라 성별, 성 정체성 및 성적 지향, 나이 및 세대, 장애, 종교와 영성, 사회경제적 지위 등을 포함하여 광범위

하게 정의하였다.

그림 6-1 교차문화 아이들

출처: Pollock et al., 2010; de Waal et al., 2020 재인용.

그렇다면 본 글에서 관심을 두고자 하는 “어린 시절부터 국제 이동을 통한 교차문화 경험으로 인해 내면, 즉 드러나지 않는 곳에서 다문화성을 가진 한국인 학생들”은 ‘제3문화 아이들’이라는 용어를 사용하여 칭할 때 더 적합한 집단일 수 있다. 실제로 대다수의 국내외 관련 문헌들은 여전히 ‘제3문화 아이들’이라는 용어를 선호하고 있다. 하지만 본 글에서는 교차문화 아이들이라는 용어를 사용하고자 한다. 그 이유는 첫째, ‘교차문화 아이들’이라는 용어가 교차문화라는 주요 경험을 강조하고 있어 직관적으로 이해가 더 용이하기 때문이다. 둘째, ‘제3문화 아이들’이라는 용어는 소위 제3세계(즉, 개발도상국)의 사람들을 지칭하는 것으로 오인될 가능성이 있다(남지은, 남지혜, 김동일, 2018). 셋째, 교차문화 아이들이라는 용어를 국제 이동을 통해 교차문화 경험을 한 아이들에 국한시켜 사용한 연구들이 국내외로 이미 다수 존재(예: 남지은, 남지혜, 김동일, 2018; 오인수, 이승은, 2020; 이수경, 오인수, 2015; Nae, 2019; 등)하기 때문이다.

2. 국내 유사 용어 정리를 통한 명료화

국내의 관련 연구들에서 찾은 유사 용어들을 살펴보면 '다국가 이주 경험 한국 청소년'(한국 TCK; 천수연, 2020), '이주배경 청소년'(김은경, 김현주, 2017), '(중도/해외) 귀국 청소년'(예: 김영인, 권수영, 2020; 정재옥, 주은선, 2003) 등이 있다. 한국 TCK라는 용어는 앞서 서술한 대로 TCK라는 용어가 가진 한계를 지니고 있다. 이주배경 청소년이라는 용어는 이 집단의 핵심 경험인 이주경험을 강조한다는 점에서 직관적이지만, 실제로 이주배경 청소년이라는 주용어를 사용한 국내 연구들을 살펴보면 여전히 정책적으로 정의된 다문화 청소년만을 포함시키거나, 오히려 너무 포괄적으로 사용되고 있다. 실제로 청소년복지지원법 제18조에 따르면 이주배경 청소년은 다문화가족지원법에서 정의하는 다문화 가족의 청소년과 그 외에 국내로 이주하여 사회적응 및 학업수행에 어려움을 겪을 가능성이 있는 청소년을 뜻한다(법제처, 2016). 마지막으로, 귀국 청소년은 다양한 이유로 외국에서 수학한 후 한국으로 다시 돌아온 학생을 지칭하는 포괄적인 용어다. 외국에서 부모와 함께 거주하다 돌아온 학생, 홀로 조기유학을 다녀온 학생, 외국인 학생, 북한이탈주민 등 다양하다. 즉, 이 용어는 귀국이라는 현상에 초점을 둔 것으로, 각 학생이 구체적으로 어떠한 다문화 또는 교차문화 배경을 가지고 있는지에 주목하지 않는다. 귀국 시 입학·전학, 편입학 및 학적처리 행정절차 등은 초·중등교육법시행령 제82조 제3항을 근거로 하여 인정 유학자와 비인정 유학자로, 특례 귀국자와 일반 귀국자 등으로 나눠진다. 본 글은 정책적으로 제외되어 있지만 교차문화 경험이 있는 아이들을 구별하여 이들이 가진 독특한 지원 요구를 살펴보고, 궁극적으로 한국의 다문화 학생 정책에 포함되어야 함을 제안하려는 목적을 가지고 있다. 따라서 앞서 언급된 너무 협소하거나 너무 포괄적인 유사용어로는 해당 목적을 달성할 수 없다.

그렇다면 현재 한국 다문화 학생 집단에 포함되는 아이들과 KP 교차문화 아이들은 어떤 면에서 유사하고 어떤 면에서 다른가? <표 6-2>에서는 국내출생여부, 부모의 국적, 외관상 다문화성이 드러나는지의 여부, 국가 간 이동 경험, 이동적인 국제적 생활방식, 혼합문화 정체성 등의 기준으로 관련 용어들을 정리해 보았다. 국내 출생 여부는 다문화 학생의 하위집단별로 상이한 것을 볼 수 있고, KP 교차문화 아이들의 경우에는 출생 국가가 다양할 수 있다는 것을 알 수 있다. 이보다 더 중요한 식별 기준은 부모의 국적인데, 다문화 학생은 모두 한 명 이상의 외국인 부모를 가지고 있는 반면, KP 교차문화 아이들은 양쪽 부모가 모두 한국인이다. 따라서 KP 교차문화 아이들은 외관상으로는 일반 단일문화 한국 아이들과 다르지 않다. 즉, 이들의 다문화성은 겉으로 잘 드러나지 않는다는 점에 주목해야 한다. 국가 간 이동 경험은 다시 다문화 학생의 하위집단별로 상이하다. 하지만 KP 교차문화 아이들은 반드시 국제 이동을 통한 교차문화 경험이 있어야 한다. 이로 인해 그들의 다문화성이 확보된다. 다음 기준은 이동적인 국제적 생활방식인데, 이것은 제3문화 아이들에게서 나타나는 특성으로, 자의 및 타의에 의해 반복적인 교차문화 경험을 지속하는 경향을 뜻한다. KP 교차문화 아이들 또한 이러한 생활방식을 유지하게 될 가능성이 높으나 반드시 그렇지는 않다. 반면, 다문화 학생들은 부모의 결혼으로 인해 한국의 다문화 가정에서 태어나거나 한국으로 입국하는 아이들이며, 정의상이나 특성상 이동적인 국제적 생활방식과 관련 없는 집단으로 오히려 한국에 정착을 할 경향이 더 높다. 마지막 기준인 혼합문화 정체성을 통해 다문화 학생과 교차문화 아이들 모두 다문화성을 가지고 있음을 나타내었다.

표 6-2 관련 용어 및 개념 정리

용어		국내 출생	부모 중 외국인[3]	외관상 다문화[4]	교차문화(국가 간 이동) 경험	이동적인 국제적 생활 방식/반복적인 교차문화 경험	혼합문화(Hybrid culture) 정체성	정의에 포함된 다른 특성
다문화 학생	국제결혼가정 국내출생 자녀	o	o	o	x	x	o	한국인과 결혼이민자 사이에서 태어나 한국에서 성장한 경우
	국제결혼가정 중도입국 자녀	x	o	o	o	x	o	결혼이민자가 한국인과 재혼한 이후에 본국에서 데려온 경우, 한국인과 결혼이민자 사이에서 태어났으나 결혼이민자 본국에서 성장하다가 입국한 경우 등
	외국인가정 자녀	–	o	o	–	x	o	외국인 사이에서 태어난 경우(조선족, 중앙아시아 고려인, 시리아 난민 등 포함)
교차문화 아이들(cross-cultural kids)	한국인 부모를 둔 교차문화 아이들	–	x	x	o	–	o	부모님의 직업뿐 아니라 본인의 유학 혹은 입양, 국제학교 재학 등의 다양한 이유로 교차문화 경험을 함
	이주배경 청소년/귀국 청소년	–	–	–	o	–	o	

	제3 문화 아이들 (Third Culture Kids; Pollock and Van Reken, 2001; p. 19)	–	–	–	o	o	o	• 성장기의 상당 기간을 부모의 문화 밖에서 보냄 • **부모의 직업으로 인한 국가 간 이동 경험** • 모든 문화와 관계를 형성하지만, 특정 문화에서 완전한 소속감을 느끼지는 못함. • 각 문화의 요소들이 삶에 스며들지만, 문화적으로 소속감을 느끼게 되는 집단은 특정 문화집단이 아닌 자신의 경험을 공유하는 사람들과의 관계

비고: 교차문화 아이들을 설명하는 유사 용어들로는 "global nomads" (McCaig, 1992; Grappo, 2008); "transculturals" (Willis, Enloe, & Minoura, 1994); "nomadic children" (Eidse & Sichel, 2004); "internationally mobile children" (McLachlan, 2007); "cultural chameleons" (McCaig, 1996; Smith, 1996), "cultural hybrids" (Bhabha, 2005)가 있다.

교차문화 아이들과 혼돈되기 쉬운 다문화 학생 집단은 국내 문헌에서 이주 배경을 가진 "중도입국" 청소년으로 정의되는 학생들이며, <표 6-1>에서도 볼 수 있듯이 국제결혼가정의 중도입국 자녀를 뜻한다. 중도입국 청소년은 결혼이민자 중 한국인 배우자와 재혼하면서 데려온 배우자 자녀, 외국인근로자가 입국 후 일정기간이 지난 후에 데려온 자녀, 제3국에서 출생한 북한이탈청소년 등을 포괄한다. 한국 출생 다문화 가정 자녀와 달리 중도입국 청소년은 한국인으로 입양되거나 귀화하지 않는 이상 재한외국인처우기본법, 다문화가족지원법 등 관련법의 지원대상에서 제외된다. 교차문화 청소년과 중도입국 청소년은 자라던 나라를 떠나 청소년기에 한국에 입국하였다는 점은 비슷하지만, 중도입국 청소년은 외국인과 한국인 부모를 둔 아이들이며 모두 외국에서 태어난 뒤 부모를 따라 한국에 온 아이들이다. 중도입국 청소년은 입국 전 한국에서 살아본 경험이 없다. 대부분의 중도입국 청소년들은 다문화 학생들 중 한국어가 가장 서툴

3) 언어, 가치 등의 문화 차이 존재 여부로 인한 가족 내 역동에 영향을 미칠 것으로 예상할 수 있음.

4) 한국인 (인종/민족) 정체성, 한국인 외모로 인한 드러나지 않는 다문화인.

다고 알려져 있으며, 여러 면에서 한국 사회에 가장 적응하기 어려운 학생들이다(노승인, 2018).

지금까지의 설명을 통해 교차문화 아이들이라는 용어 또한 한계가 있음에도 불구하고 왜 본 글에서 사용되었는지를 살펴보았다. 다음 부분에서는 KP 교차문화 아이들이 해외에서 살다가 다시 한국으로 돌아왔을 때 겪게 되는 심리사회적 및 교육적 이슈들은 무엇인지 파악해 볼 것이다. 교차문화 아이들을 위한 국내 교육 및 상담 지원 현황을 살펴보면, 이들의 귀국 후 적응을 위해 귀국학생 특별학급이 운영되고 있다. 하지만 이러한 특별학급은 귀국 학생 수에 비해 그 수가 매우 적으며, 현재 대도시의 초등학교 중심으로 운영되고 있어 중고등학생을 위한 특별과정은 더욱 미비한 것으로 보인다. 또한, 교육자나 상담자를 위한 교차문화 학생 특화 자료나 교육지침이 부족한 상태(문경숙, 임재훈, 윤철경, 이아경, 2009)로 특히 귀국학생 특별학급의 담임교사가 아닌 일반학교의 담임교사인 경우 교차문화 아이들에 대한 이해나 경험이 부족한 실정이다. 따라서 지금까지 이루어진 교차문화 아이들 관련 국내 및 해외 연구들을 살펴보고 이 집단의 독특한 교육적 이슈와 필요한 개입들을 정리해 보고자 한다.

Ⅲ. 교차문화 아이들의 특성

교차문화 아이들은 비이주 또는 단일문화 경험을 한 일반 아이들과 다른 특별한 교육, 정체성, 문화 경험을 하게 된다(Hayden & Thompson, 2004; Limberg & Lambie, 2011). 선행연구에서 나타난 교차문화 아이들의 독특한 경험과 이로 인해 얻게 되는 강점 및 취약점을 정리해보면 <표 6-3>과 같다. '경험'은 모든 교차문화 아이들이 공통적으로 겪게 되는 경험이다. 가장 기본적으로 교차문화 경험을 하게 되는데, 대체로 어린 시절부터 반복적인 언어적, 문화적, 지리적 이동/변화를 경험한다. 이 과정 속에서 교차문화 아이들은 적응과 재적응 과정을 반복하게 되며, 특히 새로운 학교 및 또래 환경에서 반복적으로 적응해야 한다는 점에 주목할 필요가 있다. 이때 교차문화 아이들이 겪는 문화 충격과 역문화 충격은 거시적으로는 거주하는 국가 및 사회의 문화에 대한 것이고, 미시적으로는 해당 거주 국가, 지역의 학교 및 또래 문화에 대한 것이기도 하다. 여기에서 좀 더 주목해야 할 부분은 역문화 충격이다. 해외 체류를 마치고 한국으로 귀국 시 교차문화 아이들이 한국에서 경험하게 되는 역문화 충격은 이들이 해외에서 새로운 문화로 진입할 때 겪었던 문화 충격보다 그 여파가 훨씬 클 수 있다. Gullahorn과 Gullahorn(1963)는 문화 충격과 역문화 충격의 여파 차이가 문화적 기대치에 기인한다고 하였다. 즉, 낯선 문화권으로 진입할 때는 사전에 문화적 다름을 예상하고 마음의 준비를 하게 된다. 반면, 모국에서의 역문화 충격은 기대치 못한 것인 경우가 많으며, 그렇기 때문에 타국에서 적응하는 것보다 본국으로 귀국한 후 적응하는 것이 더 힘들 수 있다(김영인, 권수영, 2020).

표 6-3 **교차문화 아이들의 경험, 특성, 강점 및 취약점**

구분	내용
경험	• 교차문화 경험 • 어린 시절부터 반복적인 언어적, 문화적, 지리적 이동/변화와 이로 인한 적응, 재적응 과정의 반복. 특히, 새로운 학교 및 또래 환경에서의 반복 적응 • 문화 충격 및 역문화 충격
특성	• 계속되는 이동적인 국제적 생활방식 • 높은 학력
강점	• 이중언어, 다중언어 구사능력 • 다양한 맥락에서 적응 및 상호작용 능력 • 확장된 세계관 • 보다 개방적인 태도 • 보다 높은 국제 정세와 외국어에 대한 관심 • 보다 높은 미지영역 또는 불확실함(unknown)에 대한 민감성과 인내력 • 보다 명확하고 진취적인 미래 계획과 학업 성취 • 보다 유연한 성격 프로파일 및 적응적인 인지/정서 스타일, 탄력성
취약점	• 혼란스러운 문화 정체성 및 소속감의 부재 • 뿌리가 없는 느낌, 소외감 • 교사 및 또래와 관계 형성의 어려움 • 장기적 관계 유지의 어려움 • 가족 내, 특히 부모와의 소통 및 상호이해 등 관계의 어려움

'특성', '강점', '취약점'은 교차문화 아이들 관련 문헌을 검토하여 비이주 또는 단일문화 경험을 한 일반 아이들과 비교했을 때 두드러지는 부분들을 정리한

것이다. 따라서 이 특성들은 반드시 모든 교차문화 아이들에게서 나타나는 특성은 아니며, 개인별로 수준 차이를 보일 수 있다. 먼저, '특성'에는 교차문화 아이들에게 이점이 될 수도 있고 취약점이 될 수도 있는 '계속되는 이동적인 국제적 생활방식'이 있다. 즉, 교차문화 아이들은 성인이 되어서도 어느 한 지역/국가에 정착하기보다는 자발적으로 이동이 많은 진로 및 삶의 방식을 계속해서 선택하는 경향을 보인다(Kwon, 2019). 또, 교차문화 아이들은 대체로 비교집단에 비해 학사 학위를 가지게 될 가능성이 높다는 보고가 있다(Useem & Cottrell, 1999).

'강점'은 오늘날의 국제화 사회에서 가치 있다고 평가되는 교차문화 아이들의 긍정적인 특성이다. 교차문화 아이들은 성장기에 상당기간 해외에서 거주하며 교육을 받기 때문에 이중언어자가 많으며 2개 이상의 다중언어를 구사하는 능력을 가진 이들도 있다. 또, 단기여행이 아니라 일시적으로 타 국가에서 실제 거주하며 일상을 경험하기 때문에 해외의 다양한 사회문화적 환경에서 적응 과정을 거치며 지역사회와 상호작용을 하게 된다. 이러한 경험을 통해 교차문화 아이들은 다양한 사람, 문화 및 신념들에 대한 보다 개방적인 태도(Dewaele & Van Oudenhoven, 2009; McGregor et al., 2013), 확장된 세계관 등을 갖추게 되며, 국제 정세나 외국어 습득에 대해 더 큰 관심을 갖게 되는 경향이 있다(Davis et al., 2010; Useem & Downie, 2011). 반복되는 낯선 곳으로의 이동 및 적응 경험이 축적되면서 교차문화 아이들은 미지영역 또는 불확실함(unknown)에 일반적인 수준보다 높은 민감성과 인내력(Selmer and Lam, 2004; Sheard, 2008; Lyttle et al., 2011; Melles and Schwartz, 2013)을 보일 수 있다. 교차문화 경험을 긍정적으로 받아들인 아이들은 넓은 세상에서의 다양한 경험을 통해 자신을 알아가면서 보다 명확하고 진취적인 미래 계획을 세우고, 학업적으로도 성공하는 사례들이 많다(Wilkins, 2013). 이러한 성공을 촉진하는 요소 중에는 교차문화 아이들이 갖게 되는 유연한 성격 프로파일 및 적응적인 인지/정서 스타일과 탄력성(Abe, 2018)이 있을 거라 예상할 수 있다.

한편, 교차문화 아이들의 어린 시절의 교차문화 경험과 반복적인 국제 이동은 여러 '취약점'을 야기할 수 있다. 먼저, 혼란스러운 문화 정체성 및 소속감의 부재를 경험하면서 어느 곳에서도 '아웃사이더'인 느낌을 갖게 될 수 있다. 이는 뿌리가 없는 느낌(rootlessness)으로 표현되기도 하는데(Hill, 2006; Pollock & Van

Reken, 2001), 어느 한 곳 또는 집단에 소속되지 못하고 혼자 붕 떠 있는 소외감 경험을 의미한다. 따라서 교차문화 아이들은 수용적인 환경과 적절한 기회가 주어지지 않으면 교사나 또래와 관계를 형성하는 데 있어서 어려움을 겪을 수 있으며(Choi & Luke, 2011; Lijadi & Van Schalkwyk, 2014), 특히 장기적이고 친밀한 관계를 유지하는 것을 잘 하지 못할 가능성이 있다(Eidse & Sichel, 2004). 또한, 가정에서도 구성원들이 각자의 성향, 준비도, 처한 환경에 따라 다른 문화적 세계를 경험하기 때문에 소통이나 상호이해에 어려움을 호소할 수 있으며, 심한 경우 타문화에서 중요한 지지체계를 제공해 줄 기반을 잃게 될 수도 있다.

선행연구들을 살펴보면 교차문화 아이들의 경험과 특성은 부정적인 결과를 가져올 수도 있고, 긍정적인 결과를 가져올 수도 있어 보인다. 여러 연구들이 산발적으로 나열해 왔던 교차문화 경험의 결과(outcome)들을 묶어보면 크게 문화 정체성/소속감 관련, 언어 및 문화적 역량 관련, 사회성/대인관계 관련, 가족관계 관련, 정서 및 안녕감 관련, 학업 관련 영역들로 구분지어 논의해 볼 수 있다 <표 6-4>.

표 6-4 교차문화 경험 결과의 양극

영역	부정적인 극	긍정적인 극
문화 정체성 및 소속감	혼란스러운 문화정체성 및 소속감의 부재	맞춤형 하이픈(-) 정체성 및 연결감
언어 및 문화적 역량	언어 및 문화 적응의 실패	이중(다중)언어 능력 및 문화적 역량
사회성/대인관계	관계 형성 및 유지의 어려움	원만하고 친밀한 대인관계
가족관계	분열된 가족관계; 이해, 수용, 소통의 어려움	친밀하고 지지적인 가족관계
정서 및 안녕감	해결되지 않은 상실감, 외로움	정서적 안녕감, 삶에 대한 만족
학업	학업 부진	높은 학업 성취

Ⅳ. 교차문화 아이들의 심리사회적 이슈와 상담 개입

앞서 살펴본 것과 같이 교차문화 경험의 결과는 스펙트럼상에 있는 듯하다. 즉, 교차문화 아이들의 고유한 경험과 특성은 여러 근본적인 취약성의 나락으로 갈 수 있지만, 일반 아이들이 가질 수 없는 특별한 강점으로 발달될 수도 있다. 무엇이 이러한 방향을 좌우하는가? 어떻게 하면 더 많은 교차문화 아이들을 긍정적인 극으로 이끌 수 있을까? 먼저, 교육자와 상담자는 학령기 교차문화 아이들의 교차문화 경험이 발달과업에 미치는 영향을 이해하고 인지할 필요가 있다. 또한, 교육 및 상담 개입은 크게 두 가지 방향이 바람직해 보인다. 첫째, 교차문화 경험이 가져온 여러 가지 잠재적 이점 및 강점들을 최대한 잘 살려줄 수 있도록 해야 한다. 둘째, 교차문화 경험으로 인해 겪을 수 있는 다양한 어려움들을 잘 극복할 수 있도록 도와야 한다. 그렇게 하기 위해 교차문화 경험이 영향을 미치는 주요 영역들에 대해서 조금 더 구체적으로 이해해보도록 하자. KP 교차문화 아이들의 경우, 드러나지 않는 다문화성으로 인해 주변인들이 이들이 필요한 기본적인 적응 지원을 "필요한지 몰라서" 먼저 주지 못할 수 있다.

1. 혼란스러운 문화정체성 및 소속감의 부재 vs. 맞춤형 하이픈(-) 정체성 및 연결감

교차문화 아이들의 성장기 문화 간 이동 경험은 문화적 정체성과 소속감을 약화시키거나 심지어 '문화적 소속감 부재Cultural Homelessness)'와 같은 심리사회적 문제를 유발시킬 수 있다(남지은, 남지혜, 김동일, 2018). 문화적 소속감 부재라는 개념적 틀은 Vivero와 Jenkins(1999)가 처음 제안하였다. 이 틀은 개인이 동일한 지역에 동일한 인종인들이 모인 집단 내에서 확실한 문화적 기반을 확립할 수 있으며, 그런 문화적 기반이 있어야 안정적이고 일관성 있는 규칙, 규범, 신념 및 가치에 근거하여 자신의 사회에서 적절한 행동을 할 수 있다고 가정한다. 즉, 개인은 자신의 어떤 행동들이 사회적으로 수용되고 보상받는지를 명확하게 알 때 자신이 속한 공동체에서 효율적으로 참여하고, 지원을 받고, 성장과 성취를 이룰 수 있다고 주장한다. 이때 공동체는 개인에게 안정적인 애착, 소속감,

사회적 의미 등 정서적인 보상을 제공한다.

여러 차례의 국제 이동으로 인해 교차문화 환경에서 자란 교차문화 아이들은 기존에 있는 특정 문화에서 이러한 문화적 기반을 확립하지 못할 수 있다는 문제점이 있다. 여러 상이한 문화들 사이에 사는 이들에게 문화적인 상황의 변화는 매일 빈번하게 일어난다. 하지만 안타깝게도 각각의 문화에 존재하는 기대, 규칙 및 사회적으로 허용되는 행동들은 교차문화 아이들에게 명확하지 않은 경우가 흔하며, 아이들이 접하는 모든 관계와 사회적 맥락에 걸쳐 일관되게 적용되는 것들도 아니다. 예컨대, 필자의 경우, 한국의 유교적 가치가 중시되었던 가정에서는 어른(부모님)에게 순종적이어야 했지만, 해외 거주 시 다녔던 학교에서는 자율적으로 행동하기를 기대받았으며, 친구들 사이에서는 반항적인 모습을 보여야 인정받을 수 있었던 청소년기가 있었다. 더구나 많은 교차문화 아이들의 경우, 이전 국가와 문화에 대한 애착을 제대로 형성하기도 전에 또다시 다른 곳으로 이동을 해야 할 수 있다. 결국 그들에게 인지적, 정서적 기준틀 역할을 해줄 수 있는 어떤 하나의 문화집단을 찾지 못한 채 그들만의 독특한 "교차문화 경험과 그들 자신의 가족의 문화적 차이를 다루는 방법"을 기준틀로 삼게 된다(Vibero & Jenkins, 1999).

이 모든 역동 속에서 많은 교차문화 아이들은 문화적 소속감을 갖지 못한 상태로 남아있게 된다. 이들의 '문화적 소속감 부재' 상태는 어떤 특정 문화 집단에 속하지 않고, 모든 기존 문화집단으로부터 정서적 거리감을 느끼지만 여전히 어디엔가 문화적으로 소속되고 싶은 욕구가 있는 상태로 정의된다. 예상하겠지만, 문화적 소속감의 부재 상태는 외로움, 소속감에 대한 갈망, 낮은 자존감 및 자기수용(Hoersting & Jenkins, 2011; Navarret & Jenkins, 2011), 자신의 정서적 경험을 통합하지 못하는 어려움(Vivero & Jenkins, 1999)과 관련이 있다. 즉, 모국과 해외의 문화를 모두 수용하는 문화적응의 '통합' 양상을 보이는 것 같지만 실제로는 특정 집단이나 문화적 경험과 관련하여 자신이 누구인지 개념화하지 못하며 정서적 유대감을 형성하지 못하는 모습을 보이기도 한다는 것이다(이수경, 2017; 신숙정, 2011; 임양희, 2014; 김석원, 2008, 천수연, 2018).

그렇다면 이렇게 문화적 소속감 부재 상태에 빠질 수 있는 교차문화 아이들을 어떻게 도울 수 있을까? 정체성은 쉽게 말해 "나는 누구인가?"에 대한 답이다.

이러한 정체성은 한 번에 주어지는 게 아니라 일생생활의 살아있는 경험들을 통해 지속적으로 만들어지는 것이다. Swanston(2015)은 교차문화 아이들이 자신의 다문화 정체성을 깊이 있게 이해하지 못하기 때문에 귀국 후 사회에 통합되는 과정에서 어려움을 겪게 된다고 제안하였다. 그런 과정에서 경험되는 정서는 "뿌리가 없는 느낌(sense of rootlessness)"인데, 이 정서를 조금 더 깊이 있게 탐색하면 이것은 "아무 곳에도 속하지 못하면서 동시에 모든 곳에 속하는 느낌"이고 "어디를 가든지 항상 소수자인 느낌"이다. 이러한 정서 경험을 통해 교차문화 아이들은 결국 어떤 특정 장소(geography)나 문화 집단보다는 자신과 비슷한 사람들과의 관계 속에서 뿌리를 내리게 된다.

먼저, 한국 문화에 대한 소속감을 느낄 수 있도록 돕는 접근이 효과적일 수 있다. '한국인' 정체성은 인종/민족과 관련된 정체성이다. 양쪽 부모가 모두 한국인인 경우, KP 교차문화 학생들은 대부분 한국인 정체성을 가지고 있을 가능성이 높다. 하지만 한국인 정체성 수준이 높을지라도 '한국 문화'에 대한 정체성은 여전히 낮을 수 있다. 즉, 자신이 한국인이라는 것은 명확하게 받아들이고 있지만, 한국 문화에서 소속감을 느끼지는 못하는 것이다. 여기에서 소속감이라는 단어를 썼는데, 문화적 정체성은 문화에 대한 소속감으로 생각하면 더 잘 이해가 된다. 이러한 경험을 하고 있는 학생들은 먼저 구체적으로 어떤 장면에서 문화적 소속감을 느끼지 못하는지를 탐색해 볼 필요가 있다. 예컨대, 현재 우리나라 청소년들 사이에서 인기 있는 연예인, 방송프로그램, 게임과 같은 놀이문화 등이 생소하고, 청소년들이 흔하게 사용하는 은어들을 알아들을 수 없어서 이방인 같은 느낌을 받아 소속감이 낮은 경우 이것은 소위 시간과 기회가 주어진다면 해결될 수 있는 문제다. 여기에서 강조되어야 할 부분은 시간과 기회가 동시에 주어져야 한다는 점이다. 많은 아이들이 이러한 문화 적응 시간을 한국인 또래로부터 소외감을 느끼며 외롭게 견디게 된다는 것이 문제다. 개입을 통한 기회제공이 필요한데, 이러한 기회가 부재한 교육환경은 교차문화 학생들이 문화 적응에 실패하기를 기다리는 꼴이 된다. Nuqul(2014)는 특정 국가의 사회 환경이나 문화보다 학교의 문화와 환경이 교차문화 학생의 정체성에 더 큰 영향을 준다고 하였다. 천수연(2020)도 귀국한 한국인 교차문화 아이들의 문화적 소속감 부재 문제를 해결하기 위해 자국 문화에 대한 이해도를 높여주는 한국 문화 교육을 제공해 줄 것을 제안하였다. 대신, 이들에게 제공할 한국 문화 교육은 외국인을 대상으로 한 것과는 다른 교육이 필요하다고 주장하면서 소규모의 요구조사를 진행한 결과 교차문화 아이들에게는 특히 한국역사·문화나 정서문화 등에 초점을 맞출 것을 제안하였다.

반면, 어떤 다른 아이들은 한국 문화의 나이 기반 서열 문화, 경쟁 문화, 외모지상주의로 정의되는 성형 문화 등 만연하지만 많은 이들에게 부정적이라고 평가받는 문화 측면들에 민감해져있을 수 있다. 이런 경우에는 한국에서 문화적응 시간과 한국 문화 교육의 기회가 주어진다고 나아지지 않을 수 있다. 이러한 아이들에게는 한국 문화에 소속감을 갖는 것이 반드시 한국 문화의 모든 측면에 다 동의하고 좋다고 생각해야 한다는 건 아니라는 것을 상기시켜 줄 필요가 있다. 즉, 문화의 부정적인 측면들을 받아들이기 어렵다고 해서 문화적 정체성이 혼란스럽다는 것을 의미하는 게 아니라는 것을 이해하도록 돕는 것이 좋다.

또 다른 접근은 KP 교차문화 학생의 하이픈(-) 정체성(hyphenated identity)을 지원해 주는 것이다. 하이픈은 주로 귀화한 외국계 시민을 묘사할 때 사용된다. 예를 들어, 우리는 한국계 미국인을 Korean-American이라고 부른다. 하지만 교차문화 학생을 공식적으로 하이픈을 사용하여 묘사하는 사례는 흔치 않다. 필자는 어린 시절 체코에서 5년, 미국에서 9년을 살다가 한국으로 다시 돌아왔다. 한국으로 돌아온 지 어언 12년이 되어가는 현재에는 내가 먼저 나의 교차문화 경험에 대해서 개방하지 않는 이상 내가 교차문화인이라는 것을 먼저 알아차리는 사람은 거의 없다. 하지만 나는 내 안에 여전히 존재하는 다문화를 인지하고 있으며, 그것이 언제 어떤 미묘한 방식으로 주류 한국인들에게 오해를 불어일으킬지도 모른다고 생각하고 있다. 그런 의미에서 나는 여전히 나 자신을 교차문화인으로 소개하는 것이 나를 위해서도 상대방을 위해서도 바람직하다고 생각한다. 가장 쉽게 요약할 수 있는 방법이 하이픈의 사용이다. "잘 모르셨겠지만 저는 체코-미국-한국인(Czech-American-Korean)입니다"라고 말하는 것은 일종의 "미리 양해를 구하는" 작업이다. 달리 말해, 우리 사이에는 보이지 않는 문화적인 차이가 존재하니 혹시 서로의 기준과 상식에 어긋나는 언행이 거슬려도 조금 여유로운 관점으로 너그러워지자는 제안 및 요청이다. 역사상 오랫동안 다문화 국가로 자리 잡은 미국의 경우에는 한국계 미국인이 아시아인의 외모를 가지고 있다고 "어떻게 이렇게 영어를 잘 하세요? 어디서 왔나요?" 등 질문 세례를 받는 게 곤욕스럽다고 한다. 하지만 한국에서는 한국어를 유창하게 구사한다면 이주문화 배경이 더욱이 잘 드러나지 않으니 남이 먼저 교차문화인에게 물어봐 주는 경우가 흔치 않다. 교차문화 아이들은 하이픈 정체성을 활용하여 자신을 더욱 적극적으로 남들에게 먼저 표현할 수 있도록 연습할 수 있다. 실제로 Ward 외(2018)는 다중문화 배경을 가진 사람들에게는 여러 문화 정체성 사이에서 균형이나 통합을 이루기 위해서 혼합하는(hybridizing) 전략과 교차하는(alternating) 전략이라는 두 개의 주된 선택지가 주어진다고 하면서 혼합 정체성이 더 높은 웰빙 수준을 예측한다고 보고하였다.

한편, 소속감은 해당 집단의 다른 멤버들이 개인을 어떻게 받아주는지에 따라 저해되거나 촉진될 수 있다. 실제로 대부분의 교차문화 아이들은 기존의 문화 집단들로부터 완전한 이해나 수용을 받는 경험을 하지 못했다고 보고한다(Hershel, 1995). 특히, 귀국 후 교차문화 아이들이 모국의 문화 집단에서 느끼게 되는 소외감이나 이질감은 이들이 외국에서 느꼈던 것보다 훨씬 크게 경험되는 것으로 보인다(김영인, 권수영, 2020). 따라서 교차문화 학생들의 소속감 증진을 위해서는 다른 일반 학생들에게도 개입이 제공되어야 한다. 이것은 학급 내 모든 학생들을 대상으로 한 심리교육과 집단상담을 통해 서로를 알아가면서 이해하고 수용할 수 있도록 돕는 개입이 가장 적합해 보인다. 자신이 속한 공동체(예: 학교)에서의 소속감의 부재가 정신적, 신체적 안녕감 모두를 위협할 수 있음을 보고한 연구들은 상당히 많이 축적되어 있다. 좌절된 소속감이 높은 대인관계 수치심에 기여하고, 이는 다시 미래의 우울증에 영향을 미친다는 연구(Carrera & Wei, 2017), 공동체 관계의 양과 질이 만족스럽지 않을 때 발생하는 외로움(Erzen, & Zikrikci, 2018)이 스트레스(Burke & Segrin, 2014), 우울증(Yadegarfard, Ho & Barramabadian, 2013), 절망감과 자살 위험(Chang et al., 2015)과 관련이 있다고 보고한 연구들 등은 귀국한 교차문화 아이들이 속하게 되는 공동체 내 다른 구성원들에게도 개입을 제공해야 한다는 점을 지지해 준다.

정체성 탐색 시 상담자 자세와 역할은 어떠해야 할까? 기본적으로 교차문화 아이들을 포함한 다문화 내담자를 만나는 상담자들은 문화적 겸손을 갖출 필요가 있다. "문화적 겸손은 내담자의 정체성 상담에서 중요한 성공 요인이었으며,

특히 종교적 신념이 강한 내담자와의 상담에서 긍정적 작업동맹과 상담성과에 기여하는 것으로 나타났다(Owen et al., 2014).” 또한 자신이 다문화 내담자에 대해 가지고 있는 편견에 대한 자각이 있어야 한다. 이것은 상담자가 끊임없이 깨어있으면서 노력해야 하는 부분이며, 그 노력의 결과로 내담자에 대한 선입견이나 편견, 잘못된 가정들을 줄일 수 있어야 한다. 특히 역문화 충격으로 인해 상담자의 문화와 사회에 대한 비판과 불만으로 가득 찬 학생을 만날 때 상담자 안에서 일어나는 정서적 반응이나 역전이를 알아차려야 한다. 학생이 직면한 미묘한 차별이나 편견에 대해서 충분히 경청하고, 반드시 한국 문화에 수긍하는 식의 적응을 이뤄야 한다는 관점을 버려야 한다. 상담자가 먼저 교차문화 아이들의 문화와 경험을 수용하는 태도를 모델링해 줄 때, 아이들도 좀 더 너그럽고 확장된 관점으로 한국 문화를 바라볼 수 있게 될 것이다.

위에서 다룬 다양한 개입들을 통해 교차문화 아이들이 제한된 규격을 가진 특정 문화들 사이에서 우왕좌왕하며 혼란스러운 상태가 아니라, 스스로 정의내린 맞춤형 하이브리드 문화 안에서 누구보다 충만하고, 풍부한 정체성을 가지고 있는 아이들로 잘 성장할 수 있도록 도울 수 있다. 그리하면 결국 성공적인 교차문화 경험을 한 많은 교차문화 아이들이 보고하는 다양한 문화와의 연결감(Gilbert, 2008; Moore & Barker, 2012); 다지역적 소속감(Kwon, 2019); 초문화 정체성(천수연, 2018)을 가지고 살아갈 수 있게 될 것이다.

2. 언어 및 문화적 적응 어려움 vs. 이중(다중)언어 및 문화적 역량

문화적 역량이란 한번 계발되어 지속되는 것이 아니다. 평생에 걸쳐 계속해서 발달되어야 하는 것으로 주장되고 있다. 교차문화 아이들도 마찬가지다. 성장기에 교차문화 경험이 있었기 때문에 줄곧 단일문화 속에서 자라온 또래 아이들보다는 문화적 역량 수준이 높을 가능성이 크고, 이것이 교차문화 아이들이 가진 주요 강점 중 하나로 간주된다. De Waal et al.(2020)은 교차문화 학생들과 한번도 해외에서 거주한 경험이 없는 일반 학생들을 비교한 결과, 어렸을 때의 교차문화 경험은 문화적 역량과 긍정적인 다양성 신념을 발달시키는 데 도움이 된다고 하였다. 하지만 Tarique와 Weisbord(2013)는 교차문화 경험 그 자체로

문화적 역량이 높아지는 것이 아니라고 강조하면서 다수의 교차문화 경험(여러 국가에서 거주한 경험), 언어적 다양성(구사할 수 있는 언어 수), 가정 내 인종/문화적 다양성, 그리고 성격특성 중 경험에 대한 개방성이 다섯 가지 주요 예측변인들이라고 밝혔다.

더 나아가 이들의 문화적 역량 수준이 꾸준하게 유지 및 향상되려면 어떤 노력이 필요할까? 성인 TCK를 대상으로 한 연구이긴 하지만 Lauring, Guttormsen, & McNulty(2019)는 TCK가 거주 국가의 지역인들(local individuals)과 깊이 있는 관계를 맺으며 "상호작용 적응(interaction adjustment)"을 할 때 개인적으로 성장하는 경험을 하게 된다고 보고하였다. 즉, 어린 시절의 국제 경험을 한 개인들은 새롭고 다른 문화를 경험하는 것 그 자체로는 더 이상 개인적으로 발전했다고 느끼기에 불충분하고, 더 나아가 생활 속에서 지역 주민들과 상호작용하며 관계적 적응을 통해 개인적인 성장 경험을 하는 것이다. 사실 상당수의 교차문화 학생들은 국내 공립 학교에 다니지 않고 국제학교에 다니는 경우도 많다. 국제학교를 다니는 교차문화 학생들은 토종 한국인들과 어울릴 기회가 적다는 것을 염두에 두고, 이들이 지역사회에 관여할 수 있는 기회들을 만들어 주면 좋을 것이다.

소위 토종 내국인들과의 관계를 향상시켜 줄 수 있는 개입들은 또 다른 관점에서 중요하다. 앞서 언급한 대로 귀국한 교차문화 아이들이 모두 한국 문화에 대한 민감성 및 수용성을 가지고 있지는 않을 것이다. 한국 문화에 대단히 비판적인 태도를 가지고 존중하지 못하는 태도는 문화적 개방성의 태도가 아닌 것인데, 이러한 태도는 평소 문화적 역량이 높은 교차문화 아이들 중에서도 발견될 수 있다. 즉, 귀국 후 역문화 충격을 겪으며 다른 문화들보다 특별히 한국 문화에 대한 불만으로 가득 차 있는 학생이 있을 수 있다. 이들은 왜 유난히 자신의 모국에 대한 수용성이 낮을까? 그들의 입장으로 들어가 한번 생각해 보면 이해가 수월해진다. 한국 국적 교차문화인들에게 대한민국은 여전히 공식적으로 '내 나라'이고, 그렇기에 한국 문화는 '나의 문화'여야 할 것 같다. 하지만 해외에 나가 살았던 상당 기간으로 인해 대한민국은 더 이상 익숙한 곳이 아니고 한국 문화는 더 이상 당연시될 수 있는 문화도 아니다. 다른 국가와 문화에 대해서는 충분히 개방적이고 수용적인데 나의 모국과 나의 문화에게는 다른 태도인 것은,

우리가 보통 남에게는 관대할 수 있어도 내 가족에 관한 것이라면 괜히 더 신경이 쓰이고 감정을 더 크게 느끼는 익숙한 경험에 비추어 이해해 보면 될 것이다. 이러한 한국에 대한 복잡하고 미묘한 마음을 교차문화 아이들에게 스스로 먼저 직면하고 받아들일 수 있도록 돕고, 그들이 이미 가진 문화적 역량을 상기시켜 주어 한국 문화에 대한 민감성과 수용성을 이루어내는 데에도 그 역량을 발휘할 수 있도록 도와줄 필요가 있다. 자신의 모국과 모국 문화에 대한 보다 균형 잡힌 시각을 발달시키는 것은 심리교육적 개입을 통한 자기이해와 관점의 작은 변화로도 충분할 수 있다.

3. 관계 어려움 vs. 원만하고 친밀한 대인관계

교차문화 아이들이 관계 형성 어려움을 겪을 가능성이 높다고 하면 이들의 성격이나 자질의 이슈로 생각해버리기 쉬운데, 사실은 상황적인 요소로 인한 자연스러운 현상이라는 것을 기억해야 한다. 우리는 일상에서 좋든 좋지 않든 오랜 기간 가까이서 부대끼며 살아가는 과정을 통해 친밀한 오랜 관계들을 만들어 간다. 하지만 이들은 국가 간, 문화 간의 잦은 이동으로 인해 친밀한 관계를 만들어 나갈 기회가 부족했거나 어렵게 느껴질 수 있다. 또한, 교차문화 아이들은 정든 장소와 사람들과 헤어지는 반복적인 경험들로 인해 상당한 상실감 및 슬픔을 겪게 된다. 대체로 이러한 이별 경험은 교차문화 아이들 당사자들이 원치 않았거나 갑작스럽게 느껴지기 때문에 "해결되지 않은 슬픔(unresolved grief)"으로 남게 된다(Pollock et al., 2017). 이별 및 부정적인 정서 경험이 잘 소화되지 않았다면 그 이후의 삶, 특히 관계 영역에 영향을 줄 수밖에 없다(Gilbert, 2008). Smith와 Kearney(2016)는 Kubler-Ross의 슬픔의 단계 모델에 기반하여 교차문화 아이들의 애도 과정을 설명하면서, 슬픔이 제대로 다루어지고 해결되었는지 여부가 교차문화 아이들의 정서적 건강에 영향을 준다고 하였다.

기본적으로 교육자나 상담자는 교차문화 아이들이 적절한 기회가 주어진다면 친밀하고 오래가는 관계를 맺고 유지하고자 하는 바람이 있고, 이를 위한 능력을 개발할 수 있다는 가정을 가질 필요가 있다. 그렇지만 아무리 관계에 대한 의지와 열망이 있다고 해도 이들의 대인관계가 더욱 효과적이고 행복할 수 있도록 돕는 개입들이 필요할 수 있다. 대인관계가 어려운 이유는 각 아이마다 다를 수 있으므로 대인관계 문제에 대한 정확한 사정이 가장 먼저 이루어져야 한다. 예컨대, 귀국한 현 시점에서 대인관계 어려움을 겪고 있다 해도 이전의 거주 문화권에서는 대인관계 문제가 없었던 아이들도 있을 것이다. 또, 교차문화 아이들은 단일문화 아이들보다 대체로 타인에 대한 존중과 포용력은 높지만(Selmer & Lam, 2003), 타인에 대한 신뢰는 낮을 수도 있을 것이다.

대인관계를 잘하든 못하든 모든 교차문화 아이들에게 필요한 개입이 있다면 바로 지지망의 구축이다. 이 지지망 구축 개입은 앞서 언급된 소속감의 문제, 언어 및 적응의 문제 등을 함께 완화시켜 줄 수 있는 개입이기도 하다. 특히 비슷한 사람들과 만날 수 있는 기회를 제공해 주는 것이 좋다. Smith와 Kearney(2016)는 모국에서 교차문화 아이들끼리 서로 연결하여 자신들의 하위문화(subculture)를 다시 만들어 내는 것이 모국에서의 적응을 도울 수 있다고 하였다. 일반적으로 교차문화 아이들은 자신과 비슷한 이주 배경을 가진 다른 사람들과 사회적 관계를 형성하고 싶다는 바람을 가지고 있는 것으로 보고된다(Kwon, 2019). 문제는 KP 교차문화 아이들은 일반 한국인들과 인종이나 민족이 다르지 않기 때문에 외관상으로 볼 때 차이가 나지 않는다는 점이다. 드러나지 않는 다문화성은 KP 교차문화 아이들 사이에서도 서로를 쉽게 못 알아보게 만든다. 즉, 교차문화 아이들이 자신과 비슷한 경험을 한 학생들을 스스로 찾는 것이 쉽지 않을 수 있다. 특히 귀국 후 얼마 되지 않은 시점이거나 학교 및 또래 적응에 어려움을 겪고 있는 학생들이라면 교육자들이 직접 나서서 연결시켜 주고 이들 간의 관계 형성을 촉진해 주는 것이 큰 도움이 될 것이다. 만약 주변에 직접 만날 수 있는 다른 교차문화 아이들이 없다면 SNS를 활용하는 것도 좋은 방법이다. Hannaford(2016)는 디지털 세계를 활용하는 것이 교차문화 아이들을 서로 연결해 주고 소속될 수 있는 공간을 제공하는 효과적인 방법이라고 하였다. 어쩌면 교차문화 아이들은 이미 인터넷 소셜네트워크를 통해 국제적인 우정을 유지해 나가는 데에 익숙해져 있을 것이다.

동시에, 국내 일반학교의 (일반)학급에 다니고 있는 교차문화 학생들이 자신의 교차문화 경험에 대한 내러티브를 다른 학생들과 교사들과 나눌 수 있는 장을 마련해 주는 것도 도움이 될 것이다. 즉, 자신이 일반 학생들과 미묘하게 다른 점들에 대해 "설명할" 기회를 주고, 이해받을 수 있는 기회를 주는 것이다. 교차문화 학생들은 자신의 경험을 성찰하고 의미를 부여할 수 있는 공식적인 기회가 주어지는 것이기도 하다.

교차문화 아이들에게 '우정'은 나이와 상관없이 교차문화 경험이 없는 사람들보다는 조금 더 복잡하고 어려운 주제임이 틀림없다(Bikos et al., 2009; Hervey, 2009; Lijadi & Van Schalkwyk, 2018). 하지만 교차문화 아이들은 학령기를 지나 성인이 되어서는 스스로 어디에서 누구와 친하게 지낼지를 정할 수 있는 힘/능력을 가지게 될 수 있는데, 그때는 주도적으로 자신과 비슷한 사람들을 만나 어울리며 관계 어려움을 극복한다고 보고된 바 있다(Kwon, 2019). 그렇게 되기까지 교육자 및 상담자는 아동청소년기에 있는 교차문화 아이들을 잘 끌어줄 필요가 있다.

4. 분열된 가족관계 vs. 친밀하고 지지적인 가족관계

많은 교차문화 아이들은 여러 변화 속에서도 변치 않는 가족관계에서 안정감, 위로, 지지를 얻는다(Bikos et al., 2009). Van Der Zee et al.(2007)은 가족 응집력이 교차문화 아이들의 삶의 질과 사회문화적 적응을 예측한다고 하였다. 가족 구성원들 간에 정서적 유대감이 높은 교차문화 아이들의 경우, 가족 외의 관계 또한 성공적으로 형성하고 유지할 수 있게 되며, 새로운 문화에 잘 적응하는 경향이 있는 것으로 나타났다.

하지만 교차문화 경험은 가족에게 새로운 도전을 안겨줄 수 있다. 가장 큰 변화로 가족이 물리적으로 분리되는 경우가 있다. 교차문화 아이들 중 본인의 유학으로 인해 원가족 및 친척들과 떨어져 생활하게 되는 경우로, 교차문화 아이들의 정서 건강에 좋지 않은 영향을 끼칠 수 있다(Purnell & Hoban, 2014). 게다가 이러한 경우에는 가족과 일상생활을 공유하지 못하는 기간으로 인해 교차문화 아이들이 가족의 이해와 공감을 얻지 못하는 상황이 발생하기도 한다(Purnell & Hoban, 2014).

또, 가족과 함께 이주를 하는 경우에도 교차문화 경험으로 인해 가족 구성원들 사이에 문화적 간극이 더욱 커질 수 있다. 한 가족 내에서 같이 동일한 국가와 문화 환경에서 교차문화 경험을 했음에도 다른 경험을 보고하는 경우가 있기 때문이다(Cockburn, 2002). 즉, 교차문화 아이들은 가족 내에서도 제대로 이해받지 못하는 경우가 있을 수 있다. 먼저, 부모와 자녀 세대는 상이한 방식과 속도로 문화적응 과정을 거침에 따라 점증적으로 다른 문화적 세계를 경험하게 된다. 부모가 교차문화 경험이 있는 사람인지 아닌지에 따라 자녀가 경험하게 되는 이해와 수용 수준은 상이할 것으로 예상할 수 있다. 또, 형제자매, 심지어 쌍둥이 간에도 상이한 경험을 하는 것으로 나타났다(Sears, 2011). TCK 형제자매 연구를 보면, 같은 시대에 같은 가정과 부모의 상황으로 인해 같은 국가로 이주를 하지만, 각각 다른 경험으로 인해 더욱 이동적이고 국제적인 삶을 추구하는 이가 있는가하면, 어떤 이들은 모국으로 돌아가 다시 뿌리를 내리기도 한다. 왜 이러한 현상이 존재하는지에 대해서 다양한 해석이 있을 수 있지만, Cockburn(2002)은 교차문화 아이들의 정체성 발달 어려움은 1) 아이가 모국이 아닌 다른 나라에서 보낸 기간과 2) 해외 이주 당시 아이의 발달 단계와 연관이 있다고 보고, 5세 이하 또는 청소년기를 보내고 있는 교차문화 아이들이 정체성과 관련하여 가장 위험이 크다고 보았다.

부모의 교차문화 경험이 부정적이어서 자녀가 좋지 않은 영향을 받는 경우도 있을 수 있다. 예컨대, 부모가 새로운 거주 국가에서 직업 스트레스를 많이 받는다고 지각하는 경우, 교차문화 아이들의 적응 수준이 낮은 것으로 나타났다(Van Der Zee et al., 2007). 연구자들은 이러한 결과가 새로운 나라에서 부모가 행복해 보이지 않는 점이 해당 거주 국가에 대한 아이의 태도에 부정적으로 영향을 미치기 때문일 수도 있고, 부모의 직업 스트레스로 인해 부모가 아이의 적응에 덜 신경을 쓰게 되기 때문일 수도 있다고 하였다. Bikos et al.(2009)는 선교사 자녀들 대상으로 연구를 하였는데, 부모가 새로운 국가에서 선교 일에만 과하게 집중하여 자녀가 정서적으로 방치되는 위험을 강조하면서 선교 일에 자녀를 참여시킬 것을 제안하였다. 또, Cockburn(2002)는 부모가 변화에 어떻게 반응하는지가 중요하다고 하면서, 새로운 문화에 잘 적응하지 못하고 패닉 상태에 빠지는 부모를 둔 아이들이 불안이 높을 수 있다고 하였다.

이렇듯 교차문화 아이들을 평가하는 과정은 아이 개인에 대한 변인뿐만 아니라 가족이라는 맥락을 포함시켜야 한다. 또, 교차문화 아이들의 가족을 사정하고 개입할 때, 상담자는 위에 언급된 다양한 가능성들을 염두에 두고, 가족 내 역동을 다각적으로 살펴봐야 할 것이다. 교차문화 아이들을 지원하기 위한 다양한 개입들은 부모 및 가족 요소를 필수적으로 포함시키는 것이 좋은데, 특히 부모가 역문화 충격 및 적응에 대한 정보나 교차문화 아이들의 특징에 대한 교육을 받도록 하는 것이 도움이 될 것이다. 모국에 돌아와 적응에 어려움을 겪고 있는 교차문화 가정이 있다면, 가족 구성원들 간의 응집력 수준을 높이기 위한 가족 치료가 권장된다. 더 나아가 교차문화 아이들이 가족 내에서 더 큰 지지를 받으며 적응 문제를 공유하고 해결할 수 있도록 그들의 부모를 대상으로 하는 프로그램(예: 스트레스 감소 프로그램) 또한 고려해 볼 만하다.

5. 부정적인 정서 및 낮은 삶의 만족 vs. 긍정적인 정서 및 높은 삶의 만족

교차문화 경험의 심리적 영향에 대한 선행연구들이 제법 진행되었다. 특히 교차문화 문화 아이들은 모국으로 돌아와서 종종 외로움과 고통을 느끼면서 우울, 불안, 스트레스, 분노와 같은 부정적인 정서 경험과 씨름하는 것으로 보고되었다(Davis et al., 2010; Hervey, 2009; Smith & Kearney, 2016). 예컨대, 의도치 않게 모국 문화의 규범을 어기게 되는 상황이 자주 발생되면 교차문화 아이들은 혼란, 경계심, 부적절함, 수치심을 느끼며 자기비난을 하면서 고립을 택하게 될 수도 있다(Vivero & Jenkins, 1999).

한국으로 돌아오는 교차문화 아이들의 정서 및 정신건강 문제를 해결하기 위해 다양한 프로그램들이 고안될 필요가 있다. 먼저, 귀국 전 개입이 중요해 보인다. Purnell과 Hoban(2014)은 학교나 가족이 다가올 변화에 대한 준비를 해주었는지에 따라 교차문화 아이들의 정서 및 정신건강 수준이 달라질 수 있다고 하였다. 또, 귀국 후 적응을 돕는 프로그램들이 효과적일 수 있다. 예를 들어, 13일짜리 귀국 적응 프로그램을 개발하여 실시한 결과, 참여자들의 우울, 불안, 스트레스 등이 40% 정도 감소된 것이 확인되었다(Davis et al., 2010, 2013). Hoersting과 Jenkins(2011)는 낮은 자존감이 문화적 소속감의 부재와 관련이 있지만 지지(affirmation), 소속감 및 전념이 완충효과를 보였다고 하였다.

더 근본적으로, Cranston(2017)은 교차문화 아이들이 자신의 교차문화인으로서의 정체성을 발견하는 것이 교차문화 경험으로 인해 경험하게 된 슬픔, 상실감, 불안과 같은 힘든 정서들을 관리하는 데 도움이 된다고 하였다. 아직까지 자신의 교차문화로 인한 특별한 정체성에 대해 이해가 부족하다면 교차문화 아이들이라는 개념에 대한 교육과 더불어 앞서 언급된 하이픈(−) 정체성(hyphenated identity)을 지원해 줄 필요가 있다.

또, 대부분의 교차문화 아이들은 자신이 다른 사람들과 다르다는 것을 느끼지만, 자신의 감정, 느낌에 대해 명확하게 표현하지 못하고, 왜 다르다고 느끼는지 정확하게 파악하지 못한다. 따라서 문화적 소속감의 부재로 힘들어하는 교차문화 청소년들을 위해 정서경험을 더욱 명확하게 인식할 수 있도록 돕는 상담개입이 효과적일 것으로 보인다(남지은, 남지혜, 김동일, 2018). 남지은 외(2018)는 151명의 교차문화 청소년들을 대상으로 문화적 소속감 부재와 심리적 안녕감 간의 관계를 탐색하고, 그 관계에서 정서인식 명확성의 조절효과를 검증한 결과, 문화적 소속감의 부재가 심리적 안녕감에 영향을 미칠 때 정서인식 명확성이 조절효과를 보였다. 구체적으로, 심리적 안녕감의 6차원 중 긍정적 대인관계와 개인적 성장 영역에서 정서인식 명확성의 수준이 문화적 소속감의 부재와 심리적 안녕감 간의 관계를 조절하는 것으로 나타났다. 문화적 소속감의 부재 정도가 낮은 개인들은 긍정적인 대인관계 수준이 정서인식 명확성 수준에 따라 달라졌다. 즉, 문화적 소속감의 부재를 경험하고 있는 청소년들 중 자신의 정서에 대한 인식이 보다 명확한 이들은 다른 사람들과 보다 긍정적인 관계를 맺고 있는 것이다. 흥미롭게도 문화적 소속감의 부재 정도가 높은 청소년들은 정서인식 명확성 수준과 상관없이 개인적 성장에 대한 큰 열망을 보고하였다. 즉, 이들은 겉으로는 진취적이게 보여도 내적으로 명확하지 않은 정서들을 경험하며 어려움을 겪고 있을 수 있다. 이 결과는 교차문화 청소년들이 보다 행복한 삶을 만들어나가기 위해서는 자신의 문화적 소속감의 문제를 해결하는 노력뿐만 아니라 자신의 정서 경험을 명료하게 이해하는 노력 또한 필요함을 시사한다.

Ⅴ. 교차문화 아이들의 학업 이슈와 교육적 개입

국내에서는 귀국 학생의 학업과 학교생활 적응 어려움을 조명한 연구들이 상당수 있다(김영인, 권수영, 2020). 학업 성취가 낮을 경우, 학교생활 부적응과 높은 상관을 보였다(이명숙, 이규민, 2009; Crystal, Chen, Fuligni, & Stevenson, 1994). 실제로도 귀국 청소년들은 한국에 돌아와서 가장 힘들게 느꼈던 부분을 학업이라고 언급하고 있다(권선미, 1997; 전형일, 2003; 정재옥, 주은선, 2003). 이런 학업 적응의 어려움은 귀국 청소년들의 심리적인 스트레스에도 영향을 준다(문경숙, 임재훈, 윤철경, 이아영 2009). 해외 체류로 인한 학습 부진이 계속될 경우, 귀국 청소년은 학습에 대한 흥미나 의욕을 잃게 되며, 좌절감, 열등감도 겪는다(방승진, 이상원, 2001).

교차문화 아이들의 학업 이슈들과 관련 교육적 개입들을 정리해보면 다음과 같다.

1. 한국어 능력이 부족한 학생들이 있을 수 있다. 귀국 후 초기 적응교육을 통해 이러한 한국어 교육 지원이 가능해야 한다.
2. 다른 학교체제 사이에서 발생할 수 있는 학습결손이 있을 수 있다. 특히 기본을 다져야 하는 특정 연령시기 동안 문화 간 이동을 했었는지 파악하고, 단계별 순차적 학습이 필요한 특정 과목영역에서 특별히 어려움을 겪고 있지는 않는지 주목해야 한다.
3. 한국에서 "학업우수학생"에게 기대되는 성취 및 역량 수준이 다를 수 있다. 따라서 교차문화 아이들이 해외에서 생활할 당시에는 우수한 성적을 받아왔지만, 귀국 후에는 "뒤처지는" 학생이라는 시선을 받게 될 수 있다. 이러한 변화는 교차문화 학생의 자존감 및 정신건강에 영향을 미칠 수 있기 때문에 한국의 학업 상황과 문화적 차이를 이해할 수 있도록 도울 필요가 있다.
4. 학습문화의 차이에서 오는 혼란이 있을 수 있다. 예컨대 수업 중 질문하는 행동이 적극적으로 격려되었던 문화에서 살다가 한국에 왔더니 질문하기보다 알아서 스스로 잘 하는 것을 기대 받을 수 있다. 또, 선행학습이 자발적으로 이루어졌던 과거와 달리 귀국 후에는 학원을 다니며 반드

시 선행학습을 해야 하는 상황이 낯설고 스트레스를 유발할 수도 있다. 이러한 교차문화 아이들에게는 문화마다 좋게 생각되는 학습 방식이 다름을 인지할 수 있도록 돕고, 각 방식의 장단점을 고려해볼 수 있도록 유연성을 길러줄 필요가 있다.

5. 다른 이유로 일시적인 어려움을 겪는 경우가 있을 수 있다. 예컨대, 준비 없이 갑작스럽게 귀국을 하는 경우, 학교 내 관계 적응이 어려운 경우, 유달리 치열하게 경쟁하는 한국의 독특한 교육 문화에 적응하기 어려운 경우가 있을 수 있다. 일시적인 어려움의 원인을 평가하고 구체적으로 개입할 필요가 있다.
6. 학령기 어느 시점에서 귀국을 했는지에 따라 특별한 개입이 요구될 수도 있다. 예컨대, 입시를 준비해야 하는 시기라면 해야 할 학업의 양이 많고, 절대적 시간은 부족해서 더욱 힘들 수 있다. 심리적 지원과 더불어 진학 및 진로와 관련된 상담을 통해 현실적인 전략을 수립해 줄 필요가 있다.

Ⅵ. KP 교차문화 아이들을 만나는 교육자와 상담자의 기본 문화적 역량

교차문화 경험의 긍적적인 측면을 증가시키기 위해서는 먼저 교차문화 경험이 어떤 강점으로 이어질 수 있는지를 알아야 하고, 그것이 각 교차문화 아이들이 현재 살고 있는 문화와 사회 맥락에서 인정받을 수 있도록 도모해야 한다. 이렇게 하기 위해서는 교차문화 아이들의 특성을 알고 있는 것만으로는 부족하고 기본적으로 문화적 역량이라는 것을 갖추어야 한다.

먼저 학생의 현 거주 문화와 사회가 가지고 있는 가치들에 대해서 잘 알고 있으면서 중재자/홍보자가 되어줄 필요가 있다. 즉, 한국으로 귀국한 교차문화 아이들의 경우, 한국이라는 사회와 문화는 교차문화 학생에 대한 교육적, 상담적 지원에서 특수한 맥락을 만들어 낸다. 한국(모국)으로의 귀국 맥락에서 교차문화 아이들을 지원하려면 다음과 같은 질문을 던져볼 필요가 있다. 한국 문화에서 교차문화 경험의 의미는 무엇일까? 오랫동안 단일민족, 단일문화 국가로 알려진 한국에서는 명백히 외국인인 사람들 또는 외관상으로 다른 사람들이 더욱 눈에 쉽게 띄는 환경이다. 차라리 눈에 띄게 다문화인 경우가 나을까? 나와 같을 것으로 예상되는 사람이 예측하지 못한 언행이나 태도를 보일 때 더욱 당황하진 않는가?

또한 교육자나 상담자 자신이 가지고 있는 교차문화 아이들에 대한 편견, 선입견 등을 점검해 보고, 그것들이 아이들과 효과적인 작업관계를 형성하고 유지하는 데 방해되지 않도록 계속해서 깨어있어야 한다. Comas-Diaz(2019)는 상담자가 문화적 역량을 갖추기 위해서 자신의 세계관을 인식하고, 문화적 차이점에 대한 태도를 점검하고, 상이한 세계관에 대해 배우려는 열린 자세를 가지며, 다문화적 기술을 개발해야 한다고 하였다. 다음 질문들을 통해 상담자나 교육자는 자신이 교차문화 아이들과 효과적으로 관계를 맺을 수 있는 역량을 점검해볼 수 있을 것이다. 만약 상담자나 교육자가 교차문화 경험이 전혀 없다면 자신의 단일문화 경험이 자신이 생각하고 느끼고 행동하는 방식에 어떤 영향을 미치고 있는지 인식하고 있는가? 지금까지의 삶에서 교차문화인을 만난 경험이 있는가? 있었다면 그 경험은 어떠했는가? 교차문화 아이들을 보다 잘 이해하기 위해 어떤 노력을 할 수 있는가?

Ⅶ. 결 론

점점 국제화되는 오늘날, 교차문화 아이들의 수는 계속해서 증가하고 있다. 달리 말해, 교차문화 아이들의 경험을 공유하는 사람들이 많아지고, 그들의 경험이 값지게 평가되기 때문에 더 많은 교차문화 아이들이 교차문화 경험의 결과 스펙트럼 안에서 보다 긍정적인 극을 향해 갈 수 있을 거라 사료된다. 우리는 이러한 국제 흐름의 변화 안에서 교차문화 아이들을 이해할 필요가 있다. Kwon(2019)도 Pollock & Van Reken(2001)이 성인 TCK의 삶을 고독, 혼란으로 묘사한 것과 자신의 질적연구 결과를 통해 밝혀진 긍정성이 대조된다고 하였는데, 그 이유를 앞서 언급된 국제 흐름의 변화에서 찾을 수 있지 않을까 싶다. 물론 현재의 코로나19 팬데믹 상황에서 직접적인 오프라인 교차문화 경험이 감소되고 있지만, 일시적이기를 기원한다.

한편, 교차문화 아이들의 문제는 학령기의 “시기적인” 문제라고도 볼 수 있다. 인간 공통의 청소년기의 발달적인 과제들과 맞물려 정체성, 관계 및 소속감의 이슈들이 좀 더 혼란스럽게 경험될 수 있다. 이 시기를 잘 “넘길” 수 있도록 지원이 필요한 것인데, 이것은 거창한 도움이 요구되는 것이 아니다. 자신의 상황이 자아와 생활의 다양한 측면에 미치는 영향에 대해서 이해하고, 의미를 만들어낼 수 있도록, 그리고 자신의 어려움이나 혼란스러움을 수용적으로 받아들여주는 상대가 되어줄 지지체계를 제공해 주면 되는 것이다.

교차문화 아이들의 경험은 예전처럼 그렇게까지 희귀한 것이 아니다. 예전에는 외교관, 주재원, 선교사 등 특정 직업군을 가진 부모를 둔 아이들이 속했던 집단이었다면, 이제는 그렇지도 않다. 한마디로 교차문화 아이들 집단 내의 다양성이 더욱 커졌다는 뜻이다. 교차문화 아이들의 이주목적, 출국시기 및 체류기간, 국외환경, 국내환경 등 환경적인 맥락을 통해 주관적인 교차문화 경험이 크게 달라지고 적응 과정에서도 차이가 발생한다는 점이 확인된 바 있다. 어느 소수집단에 대해서 논할 때와 마찬가지로 우리는 집단 내에 존재하는 중요한 다양성을 무시해서는 안 된다. 성격, 개별적인 가족, 학교, 사회 환경 및 생활 경험 등이 존재하고 있고, 과한 일반화는 오히려 이들에 대한 고정관념을 형성하여 이해보다는 오해를 불러일으킬 수 있음을 기억해야 한다. 따라서 교차문화 아이들을 만나는 교육자와 상담자는 각 개인의 개별 교차문화 경험과 그 의미를 신중하게 탐색하고 이해할 필요가 있다.

어쩌면 교차문화 아이들의 귀국 후 심리사회적 적응을 위한 개입은 이들이 해외로 출국을 하기 전 실시되어야 가장 효과적일지도 모른다. 언젠가는 귀국을 할 것이라는 가능성을 열어두고 귀국 시 한국사회로의 재적응에 도움이 되는 요소들을 미리 파악해 두면 좋을 것이다.

한국의 다문화 학생 정책에 또 다른 변화가 필요하다. 국제화 시대를 대변하는 대표 인구집단인 교차문화 아이들을 정책 대상에 포함시키고, 이들의 독특한 요구를 반영한 지원 방안이 모색되고 시행되어야 할 것이다. 최근 교육부의 2020년도 다문화교육 지원계획은 첫째, 학생별 맞춤형 교육 수요의 충족과 정책 사각지대 지원을 통한 다문화 학생교육 기회 보장 및 교육격차 해소, 둘째, 다양한 배경과 문화를 가진 학생들이 함께 살아가는 교육 환경 조성이라는 주요 목표를 추진하고 있다. 머지않은 미래에 교차문화 아이들도 이러한 지원 사업의 대상에 포함되어 이들의 강점과 잠재력이 더욱 발휘되고 우리 사회의 행복한 우수 인재로 성장할 수 있게 되길 바란다.

토의문제

1. 교차문화 아이들과 다른 유사 용어를 제시하고 차이점을 토의해 보시오.
2. 현재 우리나라 다문화 정책 대상에 포함되어 있는 다문화 아이들과 비교했을 때 한국 사회에서의 적응에 있어 교차문화 아이들이 가지는 이점과 어려움에 대해 토의해 보시오.
3. KP 교차문화 아이들을 떠올려보고, 그들에 대해 내가 가지고 있는 인식과 태도를 점검하고, 그 근원을 탐색해 보시오.

07

교육사각지대 학습자를 위한 스마트교육의 적용 가능성

조영희(SSK 교육사각지대학습자연구단 전임연구원)

코로나 바이러스 감염증이 확산돼 1년간 비대면 수업이 계속되면서 '교육 불평등'에 대한 우려도 커졌다. 학교가 담당했던 교육·돌봄 기능이 제대로 이뤄지지 못하게 되면서 맞벌이와 한부모 가정 등은 아이를 맡기지 못해 혼란을 겪었고, 공교육이 온라인으로 진행되면서 사교육의 비중이 더욱 커지게 됐기 때문이다. 코로나 바이러스 감염증이 확산됐던 지난해 4월 교육 당국은 '온라인 개학'을 한 뒤 비대면 수업을 진행하기로 결정했다. 5월부터 유치원과 초·중·고등학교에서 등교 수업이 시작됐지만, 사회적 거리두기로 인해 전체적인 대면 수업은 이뤄지지 못했고 원격수업이 병행됐다.

원격수업 초기에는 온라인 접속 불안 등의 문제점이 터져 나오면서 학력격차 문제는 점차 사회적 문제로 부각되기 시작했다. 교육 당국이 제공하는 원격수업 플랫폼 'e학습터'와 'EBS 온라인 클래스' 모두 초기에 접속 문제가 생기면서 동영상 재생이 제대로 되지 않는 문제점을 드러냈다.

초등학생들의 경우 로그인과 출석 체크, 과제 등을 하는 데 학부모의 도움을 필요로 하는 경우가 많다. 원격수업이 초기에 문제점을 드러내면서 맞벌이, 한부모 가정 등의 학부모들은 자녀가 제대로 수업을 듣지 못하게 될까 애를 태워야 했다.

교사들도 코로나 사태로 학력격차가 커질 것이라는 데 공감하고 있다. (중략) 학력격차가 발생했다고 생각하는 사람들은 원인으로 '개인·학부모의 학업 관심도 차이'(61.5%)를 가장 많이 꼽았다.

그다음으로 '사교육 현황에 따른 차이'(51.0%), '가정의 경제적 여건의 차이'(47.9%), '학교별 온라인 수업의 내용 차이'(41.7%), '부분 등교로 인한 온라인 수업 확대'(29.2%), '학습 기기·인터넷 사용 등 온라인 수업 인프라의 차이'(28.1%), '학교 및 선생님의 관심도의 차이'(19.8%), '학군, 지역사회 분위기 차이'(15.6%)

등의 순이었다.

코로나 사태에 따른 돌봄 공백으로 '복지 사각지대'에 놓인 저소득층이나 장애인 가정들이 더 큰 어려움을 겪을 것이라는 우려도 나온다.

국가인권위원회가 전국장애인부모연대에 의뢰해 학부모 1174명을 대상으로 지난달 실시한 설문조사에서 전체 응답자의 20.5%는 자녀 돌봄 문제로 부모 중 한 쪽이 직장을 그만뒀다고 답했다. (조선비즈, 2021.01.19.)

Ⅰ. 스마트교육의 필요성

1. 스마트교육에 대한 시대적 요구

인간의 필요와 욕구를 충족시키기 위해 발달한 여러 가지 정보통신기술 방법들은 다양한 미디어를 등장시켰으며, 자연스럽게 사회의 여러 분야에 많은 변화를 가져왔다. 교육 분야에 있어서도 미디어 기술의 발전으로 다양한 교육매체가 등장하며 교육환경을 발전시켜 왔고, 특히 컴퓨터의 등장과 인터넷 환경의 구축은 단순한 교육매체의 변화 이상의 다양한 교육방법들을 시도하게 하였으며(강정배, 김창걸, 문종희, 2014), 교육내용에 있어서도 학습자들이 다양한 미디어의 변화에 적응할 수 있도록 교육내용이 추가되었다. 정보통신기술을 활용한 교육은 1990년대 중반 ICT(Information Communication Technology) 활용교육을 시작으로 이러닝(Electronic Learning), 엠러닝(Mobile Learning), 유러닝(Ubiquitous Learning) 등의 다양한 학습형태가 제시되어 왔으며, 아이패드나 스마트폰과 같은 스마트디바이스의 보급과 함께 에스러닝(Smart Learning)의 스마트교육으로 발전하였다. 이에 따라 스마트디바이스에서 사용가능한 디지털교과서의 확대도 가속화되었다. 또한 최근에는 미국과 유럽을 중심으로 에듀테크(EduTech) 기업이 성장하면서 사물인터넷, 3D 프린터 등을 활용한 교육으로 발전하고 있다. 유비쿼터스 컴퓨팅, 클라우드 시스템, 무선인터넷 기술의 확산, 모바일 디바이스 성능의 향상 등으로 모든 곳에서 학습이 가능한 환경으로 변화되었다(설문규, 송창익, 2012).

전 세계에 동시다발적으로 발생한 코로나바이러스감염증(이하 코로나19)으로 인해 2020년 3월 세계보건기구(World Health Organization; WHO)는 세계적 대유행(pandemic)을 선언하였으며, 범세계적 차원의 감염증 확산 방지와 예방을 강조하였다(Jebril, 2020). 코로나 19는 보건의료뿐만 아니라 교육을 포함한 인류의 모든 생활에 급격한 변화를 만들었다(김학래, 2020; Alea, Fabrea, Roldan, & Farooqi, 2020). 코로나 19로 인해 학교 출입이 어려워지면서 온라인을 활용한 대안적 학교교육의 방안이 마련되었으며(World Bank, 2020), 면대면 교육에서 대안적 형태인 원격수업이 이루어졌다. 더욱이 원격수업으로 인해 '에듀테크'(EduTech)의 교육현장 도입이 가속화되고, 학부모에게 학습 모니터링의 역할이 강조되었으며 학생들의 자기주도적 학습이 더욱 중요해지고 있다(Alea et al., 2020).

에듀테크는 학생의 학습 데이터를 축적하여 활용할 수 있는 학습관리시스템(Learning Management System; LMS)을 지닌 학습플랫폼과 인공지능(AI)를 활용하여 맞춤학습(adaptive learning)이 가능한 소프트웨어를 활용한다는 특징을 지닌다. 에듀테크의 환경에서는 학생과 교사가 떨어져 있는 물리적 거리에 관계없이 어디서나 교육이 이루어질 수 있으며, 다수의 모든 학생들에게 개별적인 필요에 따라 최적의 학습기회를 온라인과 오프라인으로 제공할 수 있다(이주호, 2020). 에듀테크를 활용한 글로벌 학습 소프트웨어 및 앱 시장 또한 2017년에 급성장하여 2015년부터 2022년까지 2.2%의 연평균 성장률로 꾸준히 증가세를 보이고 있다(Statista, 2016.11.27.). 이러한 에듀테크의 발전은 코로나19로 인한 시대적 변화와 맞물려 새로운 교육혁명을 이끌어 내기에 충분하다.

21세기 학습자에게는 산업사회 환경에 적응하기 위해 필요했던 전통적인 3R(Reading, Writing, Arithmetic) 역량에 더해 인공지능(AI)과 머신러닝의 기술이 기하급수적으로 발전하는 변화된 사회 환경에 적응하기 위한 새로운 역량이 요구된다. 미국의 Partnership for 21st century skills(http://www.p21.org)은 21세기 학습자 역량으로 학습 및 혁신능력(Learning and innovation skills), 생애 및 경력 개발 능력(Life and career skills), 정보, 미디어, 테크놀로지 능력(Information, media and technology skills)을 소개하였다(한국교육학술정보원 2011).

그림 7-1 21세기 학습자 역량

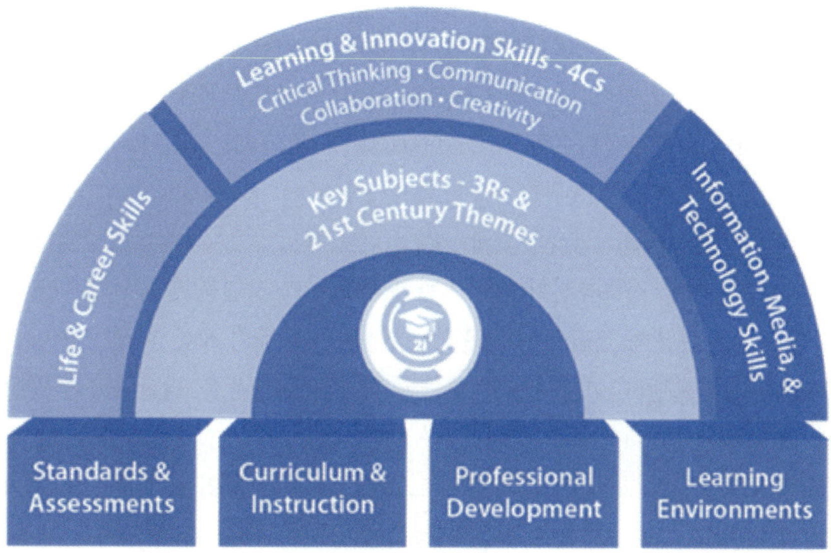

출처: 한국교육학술정보원, 2011, p.13

글로벌교육재정위원회는 2030년이 되었을 때 세계 차세대 절반에 달하는 약 8억 2천 5백만 명의 사람들이 새로운 경제사회가 요구하는 기술을 배우지 못하고 성인이 될 것이라고 경고했다(The International Commission on Financing Global Education Opportunity, 2017). 이처럼 모든 나라는 심각한 위기의식을 가지고 급격히 변화하는 기술을 적극적으로 교육 분야에 활용해야 하며 동시에 기술변화가 사회에 가져올 수 있는 부작용을 최소화하기 위해 노력해야 한다(World Bank, 2019). 인공지능(AI)의 고차원적인 일에 대한 능숙함과 지금 초등학교 입학하는 학생들의 약 65%는 현존하지 않는 직업을 가지게 될 것이라는 다포스포럼의 경고는 지금의 학생들에게 빠르게 변화하는 시대에 필요한 새로운 역량이 필요함을 시사한다.

2. 스마트교육의 개념

스마트교육은 21세기 지식정보화 사회에서 요구되는 인재를 양성하기 위하여, 이전과는 다른 새로운 교육방법(Pedagogy), 교육과정(Curriculum), 평가(Assessment), 교사(Teachers) 등 교육체제 전반의 변화를 이끌어 내는 것으로 정의할 수 있다(교육과학기술부, 2011). 교육과학기술부(2011)는 단순한 교육방법 측면의 변화가 아닌 21세기를 준비하는 새로운 패러다임으로 스마트교육(SMART-Learning)을 규정하며, SMART의 의미를 Self-directed(자기주도적 학습), Motivated(흥미롭게), Adapted(학습자의 수준과 적성에 맞는 맞춤형 교육), Resource enriched(풍부한 교수·학습자료)와 Technology-embedded(최신 정보기술의 활용)로 정의하였다. 즉 스마트교육이란 정보통신기술에 기반한 네트워크 자원을 활용하여 학교교육에 효과적으로 활용해 전반적인 교육체제를 혁신함으로써 모든 학생이 21세기에 필요로 하는 글로벌 리더가 될 수 있도록 학생들의 재능을 발굴하고 육성하는 21세기형 교육 패러다임으로 정의할 수 있다.

교육과학기술부(2011)는 국가적으로 스마트교육의 도입을 위해 스마트 TV, IPTV, 태블릿PC, 스마트 패드, 컴퓨터 등을 활용하여 학습 및 수업이 진행될 수 있도록 디지털교과서, 온라인 수업모형, 교육콘텐츠 개발 등 다양한 추진전략을 통해 스마트교육을 확장하고자 하였다.

스마트교육이 무선 인터넷의 발달과 스마트폰의 대중화로 인한 새로운 교수·학습 방법이긴 하지만 교육분야에서 기술(Technology)을 접목한 교육과 기술의 융합은 이미 오래전부터 논의되어 왔다(최락인, 조정길, 2019). 지난 40년 동안 이루어진 정보통신기술의 발달과 스마트폰의 대중화로 첨단기술을 교육현장에 적용해야 한다는 논의는 다양한 형태의 테크놀로지 활용 교육방법으로 교육현장에 적용되었다. 스마트교육과 유사한 개념으로 ICT 활용교육, 이러닝(e-Learning), 엠러닝(m-Learning), 유러닝(u-learning)의 개념을 살펴보면서 스마트교육의 특성을 살펴보자.

ICT(Information & Communication Technology) 활용교육은 1996년 수립된 교육정보화 종합발전계획의 실행으로 모든 학교에 정보통신기술인 인터넷과 멀티미디어 콘텐츠를 수업에 활용할 수 있는 체제가 마련되었다.

이러닝(e-Learning)이란 인터넷, 인트라넷, 위성방송, 오디오 및 비디오테이프, CD-ROM 등 전자매체(electronicmedia)를 활용하여 학습 내용을 전달하는 모든 학습활동을 의미한다(Urdan & Weggen, 2000). 이러닝은 인터넷 기반의 학습형태로 지식과 수행을 증대하기 위해 인터넷을 활용하는 것을 의미한다(Rosenberg, 2001).

엠러닝(m－Learning)은 모바일러닝 및 모바일학습을 의미하는 것으로 이러닝에 포함되는 하나의 학습방법으로서 모바일 환경이 구현되는 단말기기를 활용하여 모바일 웹을 기반으로 시간과 공간의 제약에서 벗어난 유용한 학습활동을 하는 것이다(Hoppe et al, 2003). 모바일 러닝은 이러닝에 모바일 기능을 추가한 이러닝의 단순한 진화결과로 볼 수 있지만 이인숙 외(2006)는 모바일 러닝이 이러닝과는 다른 새로운 교육 패러다임으로 교육목표, 교육방법론, 매체기술의 변화, 학습자와 교사의 역할, 학습동기, 그리고 학습 커뮤니티를 포함한 총체적인 변화로 보았다. 임정훈(2010)이 제시한 엠러닝의 핵심적인 특징을 살펴보면 <표 7－1>과 같다.

표 7-1 엠러닝의 핵심적인 특징

특징	내용
학습공간의 이동성	• 제한된 공간을 벗어나 학습공간의 이동을 통한 학습가능 • 학습장소와 경험의 기회 확장
학습자원 접근의 유연성, 용이성	• 다양한 학습자원에의 신속하면서도 융통적인 접근가능 • 원하는 자료의 즉각적 획득으로 적시적인 학습가능
학습주제에 대한 개별맞춤형	• 학습자의 특성에 맞는 개별화된 학습제공 • 학습자의 요구나 필요에 부합하는 맞춤형 학습제공
학습내용의 간결성	• 학습내용의 체계화, 구조화, 간소화, 모듈화 • 간결하면서도 축약된 핵심내용 중심으로 학습제공
학습대상과의 상호작용성	• 상호작용의 도구 및 방법의 변화 • 다양하면서도 즉각적 상호작용을 통한 협력학습 가능
학습활동의 맥락성	• 실제상황이나 맥락하에서의 학습활동 수행가능 • 이론적 학습내용과 실제적 경험의 통합의 기회제공

출처: 임정훈, 2010

유러닝(u－Learning)은 ‘동시에, 어디에나 존재하는’이라는 유비쿼터스(Ubi－quitoous)의 의미를 교육에 접목한 것으로 시간, 장소, 환경에 구애받지 않고 언제나 정보통신망에 접속하여 정보를 주고받을 수 있어 학생이 있는 일상 속에서 언제, 어디서나 학습을 하는 교육형태를 의미한다.

소셜러닝은 소셜네트워크서비스(Social Network Service; SNS)의 발달로 증대한 소셜미디어를 기반으로 한 참여적 학습(윤영민, 2011)으로 정의된다. 소셜러닝은 기존의 이러닝이 가지고 있던 학습자에게 실재적인 학습환경을 제공하지 못한다는 학습 실재감의 부족과 학습자와 교수자, 학습자와 학습자간의 상호작용의 어려움을 소셜네트워킹(Social Networking)으로 해결한 교육의 한 형태이다.

최근 미국과 유럽을 중심으로 성장한 에듀테크(EduTech)는 교육(Education)과 기술(Technology)을 의미하는 두 단어의 합성어로 정보기술과 교육의 결합을 의미한다. 에듀테크는 이러닝과 스마트러닝을 포함하여 단순한 교육 기능을 제공하는 것뿐만 아니라 학습자에게 최적화된 교육 콘텐츠, 인터렉션, SNS 등을 활용하여 학습효과를 극대화한다(김예슬, 2016). 에듀테크는 최근에 IoT, 빅데이터기술의 발전과 함께 지능형, 맞춤형 학습지원, 관리 기술 등으로 고도화되고 있다(백승철 외, 2016). 에듀테크의 주요기술로는 3D 프린터, 가상현실·증강현실(Virtual Reality; VR·Augmented Reality; AR), 디지털 교과서, 전자칠판(Interactive Whiteboard; IWB), 소프트웨어, 로봇, 에듀테인먼트, 맞춤형 학습 등이 있다.

이처럼 정보기술을 교육에 접목한 형태는 ICT 활용교육, 이러닝, 유러닝, 소셜러닝, 스마트러닝, 에듀테크에 이르기까지 시대에 교육 패러다임을 설명하는 용어가 바뀌어 왔다. ICT 활용교육부터 스마트러닝에 이르기까지의 특징을 살펴보면 <표 7-2>와 같다.

표 7-2 스마트교육의 발전과정

	ICT 활용교육	이러닝	유러닝		스마트교육	에듀테크
			엠러닝	소셜러닝		
특징적 학습형태	컴퓨터 보조수업 (CAI) 인터넷 활용교육 (WBI)	학습관리 (LMS)	이동학습 (m-learning)	적시학습 (Just-in-time)	지능형맞춤학습 (Intelligent adapted)	맞춤형 학습 (Adaptive Learning) 플립드러닝 (Flipped Learning)

주요서비스	에듀넷 (문자통신) EBS 위성방송 사이버 학습교재	사이버가 정학습 EBS수능인 터넷방송	모바일콘 텐츠 증강현실 콘텐츠	앱서비스 SNS활용	온라인 학점/평가 디지털 교과서 개인포트 폴리오	디지털 교과서 (증강현실/ 가상현실 활용) 3D 프린터 활용 교육
주요기기	데스크탑 PC	인터넷PC	모바일 노트북 PDA, PMP	스마트폰 스마트TV	스마트 기기	전자칠판, 전자교탁
시기	1996년 이후	2003년 이후	2005년 이후	2010년 이후	2012년 이후	2015년 이후

출처: 장상현, 2013; 김예슬, 2016

그런데 <표 7-2>에서도 알 수 있듯이 이들 용어들은 서로 단절된 개념이 아닌 유기적으로 연결된 의미를 가지고 있다. 엠러닝이나 유러닝은 인터넷 통신망을 활용한다는 점에서 이러닝에 포함되는 개념이지만, 엠러닝은 학습자의 움직임에 따라 이동 가능한 모바일기기를 활용한다는 점이 강조되고, 유러닝은 동시 접속과 상호작용을 강조한다. 스마트러닝은 스마트기기를 사용하여 언제 어디서든 상호작용할 수 있음을 강조하는데 이는 엠러닝과 유러닝의 특징을 모두 가지고 있는 것이다(문경남, 2017). 김현철(2011)에 따르면, 스마트교육은 전통 방식의 교육, 이러닝, 엠러닝, 유러닝에서 지원하는 다양한 요소를 모두 구현할 수 있는 교수·학습 모델이다.

2011년 이후 스마트교육에 대한 정책 실행 및 연구가 활발하게 진행되면서, 최근에는 코딩 교육 및 데이터 분석 능력을 포함한 소프트웨어 교육에 대한 관심도 높아졌다. 이에 2015년 교육부와 미래창조과학부는 소프트웨어 교육에 대한 기본방향을 제시하고, 초등학교부터 대학교까지 이르는 소프트웨어 인재양성의 목표를 단계별로 제시하였다(교육부, 미래창조과학부, 2015). 이처럼 ICT, 이러닝, 엠러닝, 유러닝, 디지털교과서, 스마트교육, 테크놀로지 활용교육, 교육용 콘텐츠 활용 등 다양한 용어로 기술과 교육을 융합한 형태의 교육방법이 연구되었고, 연구나 교육현장에서 실제적으로 혼용되어 사용되고 있다(Andrews et al., 2007).

3. 스마트교육의 특징과 교육적 효과

스마트교육은 이동성을 지닌 스마트기기를 활용하여 스마트 기술을 학습에 이용하는 차별화된 학습 서비스로 정의하고 기기에 내장된 센서와 애플리케이션 이용을 강조하는 교육형태이다(이수희, 2010). 스마트교육의 특성을 선행연구를 통해 살펴보면, 스마트교육은 학습자 주도성, 상호작용성, 협력성, 맥락성, 즉시성 등의 특성을 갖는 것으로 나타났다. 연구자의 표현 간에 다소 차이가 있긴 하지만 강조하는 특성은 공통적으로 드러난다. 강인애 등(2012)은 사회성, 실제성, 상시성, 적응성 등을 스마트교육의 특성으로 파악하였으며, 임걸(2011)은 상호작용을 통한 참여적 환경, 실제적 맥락과 경험, 풍부한 학습자원의 활용을 특징적 요소로 제시하였다. 임정훈과 김상홍(2013)은 이전의 다양한 논의를 종합하여 스마트러닝이 첨단 스마트기기를 활용한 지능적, 맞춤형, 적응적 학습이고, 협력학습을 강조하며, 형식학습과 비형식학습이 연결되고, 고차적 사고와 문제해결력을 신장시킨다는 특성을 가진다고 말했다. 교육과학기술부(2011)는 스마트교육이 지닌 주요특성을 스마트(SMART)의 영문 이니셜을 바탕으로 전통적인 학교체제와 비교하여 자기주도적이며(Self-directed), 흥미롭고(Motivated), 내 수준과 적성에 맞으며(Adaptive), 풍부한 자료와(Resource enriched) 정보통신기술을 활용한다는 점을(Technology embedded) 스마트교육이 가진 특성으로 보았다. 다수의 학습자들이 공통적으로 강조하는 특성은 학습자 중심 맞춤형 학습 활동과 정보통신망을 활용한 상호작용성이다. 스마트교육은 개인화된 모바일기기를 기반으로 하기 때문에 맞춤형 개별 학습이 가능해지며, 통신 네트워크를 이용해 학습자 간의 상호작용을 수월하게 한다. 상호작용을 통해 온라인상에서 만들어진 하나의 탐구공동체(Community of Inquiry, COI)는 원격교육과 이러닝에서도 학습자의 중도 탈락을 막고 실재감(Presence)을 높이기 위한 중요한 전략 중 하나로 인식된다(Garrison, 2007). 이러한 활동은 개인의 아이디어를 모아 단순히 하나로 묶어내는 협동학습(Cooperative learning)을 넘어, 융합적 아이디어로 보다 발전시켜 나가는 협력학습(Collaborative learning)을 가능하게 한다. 스마트교육이 갖는 특성은 곧 스마트교육의 장점이 될 수 있다. 스마트교육을 적용한 국내외 실행연구들은 스마트교육이 학습자의 형식학습과 비형식학습을 연결해 주고, 학습자

간 상호작용이 활발해지며, 자기주도적 학습 관리를 통해 보다 적극적인 학습 태도가 형성되고, 개인화된 기기로 자신의 맥락에 맞는 학습이 가능해진다고 보고하였다(김봉수, 류민정, 2015; 김의진, 2015; Carmean, Frankfort & Salim, 2013). 이러한 결과는 스마트교육의 적용이나 콘텐츠 개발 시 다양한 스마트교육의 특성을 최대한 활용할 수 있도록 설계해야 함을 시사한다.

Ⅱ. 교육사각지대 학습자를 위한 스마트교육의 효과성

이 장에서는 교육사각지대 학습자들에게 이루어지고 있는 스마트교육의 현황 및 효과성을 살펴보고자 한다. 한 연구에 따르면, 특수교사 90% 이상이 스마트교육으로 이루어지는 원격교육이 특수한 교육적 요구를 지닌 학습자, 장기적인 의료적 서비스로 인해 학교에서 교육을 받을 수 없는 학생들에게 적용가능하다고 인식하는 것으로 나타났다(Fedina et al., 2017). 이처럼 스마트교육이 가지고 있는 특징들로 인해 장애학생을 포함한 교육사각지대 학생들의 특수한 교육적 요구에 맞는 교육이 실시될 수 있음을 알 수 있다. 일반학생을 대상으로 한 스마트교육의 효과성을 메타분석을 통해 살펴보면 0.16~0.78의 효과크기를 보였다(Chauhan, 2017; Cheung & Slavin, 2013; Li & Ma, 2010). Cheng & Slavin(2013)은 K-12 학생들의 수학영역에서의 스마트교육의 효과성을 검증한 결과 0.16의 낮은 효과를 보인다고 하였으며 중학교 이상의 학생보다 초등학생을 대상으로 한 연구들이 더 높은 효과를 보인다고 하였다. Li & Ma(2010)은 K-12 학생들의 수학영역에서 특수한 교육적 요구를 지닌 사각지대 학생들이 일반학생보다 스마트교육에 대한 효과크기가 높게 나타나며, 낮은 SES의 배경의 학생들이 높은 SES의 가정의 학생들 보다 더 높은 효과를 나타낸다고 하였다. 이는 교육사각지대 학생들에게 스마트교육의 효과성을 검증한 연구라고 볼 수 있다. 국내 연구를 살펴보면 일반학생을 대상으로 스마트교육의 효과성을 다룬 연구(한상준, 김화성, 허균, 2014)에서는 .88의 높은 효과크기를 보이며, 학업성취영역보다는 학습만족도 및 태도의 효과크기가 더 높게 나타났다. 교육사각지대 학습자를 대상으로 한 스마트교육의 효과성에 대한 선행연구를 살펴보면, 장애 학생을 대상으로 한 스마트러닝의 현황 및 효과성 분석(손지영, 2013), 스마트러닝의 콘텐츠 요구조사(강정배, 김창걸, 문종희, 2014), 장애학생을 위한 어플리케이션 개발 및 적용(임장현, 박은혜, 2012; 양심영, 강은진, 2011)들이 있다. 그러나 이들 연구에서는 스마트교육의 현황을 보는 경우가 많고 어떤 중재변인에서 얼마나 효과가 있는지에 대한 정보가 부족하다. 최근 장애학생을 대상으로 스마트교육의 효과성을 단일대상연구 중심으로 실시한 배병덕, 이옥인, 신미경(2018)은 장애학생에게 활용된 앱 기반의 스마트교육을 신체활동, 의사소통, 수학, 행동, 쓰기, 전환교육, 읽기 영역으로 구분하여 효과성을 검증한 결과 모든 영역에서 높은 효과크기를 보였다고 하였다.

한편 교육사각지대 학생을 대상으로 연구를 실시한 김동일, 조영희, 임정은, 조은정(2021)은 교육사각지대 학습자를 경계선 지능, 다문화, 위기청소년, 탈북, 새터민, 학습부진, 장애, 저성취, 경계선급, 난독증 등을 지닌 학생들로 정의하고 이들에 대한 스마트교육의 효과를 스마트교육에 대한 국가의 정책계획이 제시된 2011년 이후의 연구를 중심으로 살펴보았다. 김동일 외(2021)에서는 체계적 포함 및 배제 준거에 따라 17편의 실험설계 집단연구를 중심으로 메타분석을 실시했으며, 그 결과 교육사각지대 학습자에게 활용된 스마트교육의 효과는 .878의 높은 효과를 보인다고 하였다. 중재변인에 따른 효과크기의 차이를 살펴볼 때, 먼저 대상학생의 특성에 따른 차이를 살펴보면 초등학교 저학년을 대상으로 중재를 하였을 때 중재효과가 가장 크게 나타났으며($g=1.077$, $p<.001$), 초등학교 고학년은($g=.805$, $p<.001$), 중고등학생을 대상으로 한 중재의 경우 중재효과가 가장 낮게 나타났다($g=.640$, $p<.001$). 그러나 학년에 따른 차이는 통계적으로 유의하지 않았다. 학습자 분류에 따른 차이를 살펴보면, 장애학생($g=.902$, $p<.001$)과 교육사각지대 학생($g=.854$, $p<.001$)에게 모두 효과크기가 높게 나타났으나 통계적으로 유의한 차이가 드러나지 않아 두 집단 모두 높은 효과크기를 보이는 것으로 나타났다. 구체적인 장애 분류에 따른 차이를 살펴보면, 학습부진학생($g=.919$, $p<.001$), 지적장애, 자폐성장애 학생($g=.917$, $p<.001$)의 경우 높은 효과크기를 보였으며, 분류되지 않은 장애학생의 경우 중간 정도($g=.437$, $p<.001$)의 효과크기가 나타났으며 이는 통계적으로 유의한 차이였다. 이러한 결과는 교육사각지대 학습자로 분류된 학생들 중 명시적으로 장애학생으로 분류된 학습자들에게 스마트교육이 더 효과적임을 보여준다. 중재특성에 따른 차이를 살펴본

결과, 김동일 외(processing)는 스마트교육의 활용유형을 학습콘텐츠형, 증강 및 가상현실형, 개인 맞춤형, 게임형으로 분류하여 그 효과성을 검증하였다. 중재 방법에 있어서는 증강 및 가상현실($g=1.12$, $p<.001$)인 경우와 학습콘텐츠형($g=.824$, $p<.001$)일 경우 높은 수준의 효과크기를 보여주었다. 게임형($g=.554$, $p<.001$)은 중간 수준의 효과크기, 개인맞춤형($g=.310$, $p<.001$)은 낮은 수준의 효과크기를 보여주었다. 또한 중재 영역에서는 직업적 지원($g=1.930$, $p<.001$)과 정서적 지원($g=1.209$, $p<.001$)이 높은 효과크기를 보였다. 교과($g=.615$, $p<.001$)와 그 외 영역($g=.594$, $p<.001$)을 중재한 경우 중간 수준의 효과크기가 나타났다. 중재자에 따른 스마트교육의 효과크기를 비교한 결과 교사 및 연구자에 따른 효과크기의 차이가 통계적으로 유의미하게 나타났는데, 교사가 실시했을 때($g=.952$, $p<.001$)가 연구자가 실시했을 때($g=.399$, $p<.001$)보다 높게 나타났다.

중재의 변인 중 물리적인 요소와 연관 있는 집단유형, 중재장소, 중재기간, 중재시간에 따른 효과크기를 살펴보았다. 집단 유형은 중그룹일 경우($g=1.02$, $p<.001$) 가장 높은 효과크기를 보였다. 다음으로는 소그룹($g=.788$, $p<.001$), 대그룹($g=.661$, $p<.001$), 일대일($g=.232$, $p<.001$) 순으로 나타났다. 중재장소는 특수학급($g=1.021$, $p<.001$), 일반학급($g=.635$, $p<.001$), 방과 후 학급($g=.632$, $p<.001$), 특수학교($g=.572$, $p<.001$) 순으로 나타났다. 그러나 중재장소에 따른 중재의 효과크기의 차이는 통계적으로 유의하게 나타나지 않았다. 중재기간은 31~40회($g=1.546$, $p<.001$), 20회 이하($g=.974$, $p<.001$)에서 높은 효과크기를 나타냈으나 20회~30회($g=.788$, $p<.001$)에서는 낮은 효과크기를 나타냈다. 중재시간은 31~40분($g=1.032$, $p<.001$), 41분 이상($g=.828$, $p<.001$)일 때 높은 효과크기를 보였고, 20분 미만일 경우($g=.579$, $p<.001$), 21분~30분($g=.337$, $p<.001$)일 경우 효과크기가 상대적으로 낮게 나타났다.

마지막으로 검사도구의 유형 및 중재충실도에 따른 효과크기의 차이를 살펴본 바에 따르면, 표준화 검사를 활용했을 때($g=.766$, $p<.001$)보다 연구자개발 검사도구를 활용했을 때($g=.982$, $p<.001$) 더 높은 효과크기를 보였으나 통계적으로 유의한 차이는 아니었다. 또한 중재충실도 보고여부에 따른 효과크기의 차이를 검증한 결과 중재충실도를 보고한 연구($g=.699$, $p<.001$)가 중재충실도를 보고하지 않은 연구($g=.930$, $p<.001$)보다 낮은 효과크기를 보이기는 하였으나

통계적으로 유의한 차이는 아니었다.

교육사각지대 학습자에 대한 스마트교육의 효과성을 검증한 연구(김동일, 조영희, 임정은, 조은정, 2021)를 중심으로 단일대상연구설계에 나타난 스마트교육의 크기는 Tau－U＝0.763으로 높은 효과크기를 보이는 것으로 나타났다. 중재변인에 따른 차이를 살펴보면, 먼저 대상학년에 따른 효과크기를 살펴본 결과 초등학교 저학년이 가장 높았고(Tau－U＝0.744), 고등학생(Tau－U＝0.614)이 가장 낮은 효과크기를 보였으나, 이는 통계적으로 유의한 차이가 아니어서 학년에 따른 차이는 없는 것으로 나타났다. 장애 특성에 따른 차이에 있어서는 학습부진, 발달장애, 그 외 학생으로 분류하여 효과크기의 차이를 검증한 결과, 학습부진(Tau－U＝0.498), 지적, 자폐(Tau－U＝0.686), 그 외 학생(중도중복장애, 언어장애 등)(Tau－U＝0.784)로 나타났으며 통계적으로 유의한 차이를 보였다. 중재특성에 따라 스마트교육 효과크기의 차이가 있는지 검증한 결과, 중재방법에서는 ACC가 효과크기가 가장 높았으며(Tau－U＝0.833), 개인맞춤형 모델링(Tau－U＝0.771)이 두 번째로 높았고, 학습콘텐츠형(Tau－U＝0.648)이 세 번째로 크기가 컸으며, 학습도구형(Tau－U＝0.567)이 중재방법 중에 효과크기가 가장 작았다. Kruskal－Wallis 검정결과 이러한 차이는 통계적으로 유의했으며, Bonferroni Correction 방법을 통하여 학습콘텐츠형과 학습도구형 개입이 ACC 개입과 차이가 있는 것으로 드러났다. 중재영역에 있어서는 교과영역에 대한 중재는 0.644, 정서적 지원은 0.602, 직업적 지원은 0.535, 그 외는 0.768 Tau－U 값을 가지는 것으로 드러났으며, 이러한 차이는 통계적으로도 유의하였다($p<.05$). Bonferroni Correction 결과, 직업적 지원과 그 외에서 차이가 있는 것으로 제시되었다($p<.05$). 중재 실시자의 경우, 연구자는 Tau－U＝0.711로 교사(Tau－U＝0.623)에 비하여 높은 효과크기를 보였으나 통계적으로 유의하지 않았다. 중재 장소에 따른 교육사각지대 학생의 스마트 중재 개입의 효과성을 살펴보았을 때, 특수학교(Tau－U＝0.790), 기타(Tau－U＝0.797), 일반학급(Tau－U＝－0.627), 특수학급(Tau－U＝0.572) 순으로 드러났다. Kruskal－Wallis 검정결과, 95% 신뢰구간 안에서 통계적으로 유의한 차이가 있었으며, 사후검정결과 특수학급과 특수학교에서 나타나는 것으로 보고되었다($p<.05$). 중재 횟수는 20~30회(Tau－U＝0.701), 20회 이하(Tau－U＝0.678), 31회 이상(Tau－U＝0.672) 순으로 효과크기가 나타났으나 여기에는 통계적으로

유의한 차이가 없었다. 중재 시간에 따른 효과 크기를 살펴보았을 때, 41분 이상이 효과 크기가 제일 높았으며(Tau−U=0.758), 21분 이하(Tau−U=0.689), 20~30분(Tau−U=0.685), 31~40분(Tau−U=0.634) 순으로 뒤를 이었다. Kruskal−Wallis 비모수 검정 결과, 이러한 효과 크기에 차이는 통계적으로 유의하였으며, 사후검정 결과 31~40분과 41분 이상에서 유의한 차이가 나타났다($p<0.05$). 마지막으로 중재충실도는 보고된 경우(Tau−U=0.692)가 보고되지 않은 경우(Tau−U=0.666)보다 효과 크기가 높았으나 이 차이는 통계적으로 유의하지 않았다.

메타분석을 통해 스마트교육의 효과성을 검증한 결과 학년에 따른 차이는 유의하지 않아 모든 학생들에게 높은 효과가 있는 것으로 나타났으며, 집단설계실험연구에서는 장애학생들이 다른 교육사각지대 학습자들에 비해 높은 효과크기를 보였으며, 단일대상연구에서는 중도중복장애, 언어장애 등을 포함한 기타 학생들이 학습장애나 발달장애학생들에 비해 더 높은 효과크기를 보였으며 통계적으로 유의한 차이를 보였다. 중재변인에 따른 차이를 두 메타분석을 통해 살펴보면 집단연구설계에서는 학습콘텐츠형과 가상 및 증강현실을 활용한 중재가 높은 효과를 보였으며, 단일대상연구에서는 ACC나 개인 맞춤형 스마트교육의 효과가 높게 나타났다. 각 연구의 설계에 따라 차이는 있으나 두 메타연구를 중심으로 교육사각지대 학습자에 대한 스마트교육의 효과성을 살펴본 결과 스마트교육을 실시했을 때 높은 효과를 보이는 것으로 나타났다.

Ⅲ. 교육사각지대 학생들을 위한 스마트교육 활용가능성

이 장에서는 교육사각지대 학생들이 읽기 및 수학영역에서 활용 가능한 국내 교육용 어플리케이션을 소개하고 실제적으로 교육사각지대 학생들에게 활용 가능한지 검토하였다. 교육사각지대 학생들은 학교 내의 교수학습과정에서 발생하는 학업으로부터 소외 또는 이탈 등의 교육소외(서봉언, 2020)를 경험하는 학습자로 낮은 자아존중감, 주의산만, 무기력감, 비행을 포함한 문제행동을 함께 지니고 있다(최수미 외 2019). 따라서 교육사각지대 학습자를 위해 개별화된 맞춤형 교육을 지원하는 스마트교육이 필요하다(Hall, Hughes, & Filbert, 2000). STATISTA

(2019)에 따르면 2015년부터 학습용 어플리케이션이 꾸준히 성장하고 있지만, 교육사각지대 학생들을 위한 개별화된 맞춤형 교육을 제공하는 어플리케이션은 전무후무한 상황이다. 이 장에서는 교육사각지대 학생들을 위해 활용가능한 어플리케이션을 소개하고 적용가능성을 살펴보고자 한다. 본 장에서는 읽기영역에서 소중한글과 한글보물찾기, 수학영역에서 토도수학과 자두는 수학천재의 적용가능성을 점검하였다. 각 앱의 적용가능성은 선행연구(김용욱 외, 2008; 변성현, 2007; 우홍옥 & 서유진, 2010)를 바탕으로 평가 준거를 설정하였다. 활용된 평가 준거는 '내용 구성', '교수 설계', '공학적 적합성', '활용성', '장애특성 반영', '앱 접근성' 총 6개의 하위 요인으로 구성하여 살펴보았다.

1. 소중한글: 100일 완성 한글공부

소중한글은 H2K(Happiness To Kids)라는 소셜벤처에서 KAIST 출신 초등학교 특수교사와 언어재활사가 공동제작한 전문적인 한글 교육 앱이다. 국내 최초로 소리중심 교육법을 채택한 1:1 개인맞춤형 한글교육 앱이며, 적응공명이론 기술(A.R.T)을 사용하여 적은 데이터로 학습자의 학습 성향과 취약점을 반영한 커리큘럼을 디자인하여 의미 있는 학습을 제공한다. 소중한글은 '모든 아이들이 쉽고 재미있게 배우는 한글교육 앱'이지만, 구체적으로는, 교육 시스템의 사각지대에 놓인 '느린 학습자'를 대상으로 만들어진 앱이다. 따라서, 연령대에 따라 앱 사용의 적합성이 정해진다기보다는 학습자 개인의 한글능력에 따라 적합성이 정해진다고 볼 수 있다. 이 앱의 프로그램은 크게 '스스로 학습', '부모님과 함께하기', '그림학습' 등 세부분으로 구성되어 있다. '스스로 학습' 항목은 글자 따라 쓰기 활동 위주로 진행되고 '부모님과 함께하기'는 28개의 여러 난이도의 놀이와 활동을 통하여 자음과 모음이 가진 소리를 익히며, 글자를 조합해 보고, 글자를 따라 쓰고 말하고, 쌍자음, 이중모음, 받침을 공부할 수 있다. '그림카드'는 학습자가 직접 사진을 찍거나 그림을 추가하여 단어사전을 만들 수 있다.

소중한글은 직접 손가락으로 화면을 터치하여 글자를 따라 쓰게 하고, 모음을 그림 속에 숨겨 놓아 그림을 제거하면서 모음을 활발하게 찾는 활동을 포함한다. 따라서 한 단어를 만들기 위해 모음과 자음을 조합하게 하고, 글자를 듣고 직접 소리내어 말해야 하는 활동도 있다. 모음이나 자음이 적힌 열매를 따기 위해 화살을 당겨서 열매를 따야하는데, 화살을 당기는 정도도 학습자가 화면을 누르고 있는 시간에 따라 강도가 달라진다. 이러한 측면은 다양한 방법으로 학습자의 조작활동을 유도한다고 볼 수 있다. 또한 앱이 인터넷 연결 없이도 이용가능하고 불필요한 광고들이 없다는 점에서 주의집중력에 어려움을 보이는 교육사각지대 학생들이 집중할 수 있는 환경을 제공하고 있으며, 언제든지 모든 활동페이지에 있는 홈기능을 통해 활동을 그만두거나 변경할 수 있도록 학습자 중심으로 화면이 디자인되어 있다.

하지만, 학습자가 작업한 내용에 대해 저장은 불가능하여 자신이 어떤 강점과 약점을 갖고 있는지 한눈에 보기는 어렵다. 또한, 진행 정도에 대한 저장이 불가능하기 때문에 완전한 한글학습 과정에 비해 자신은 얼마큼의 진전을 해왔는지, 얼만큼의 학습이 남았는지에 대해 가늠하기가 힘들다. '부모님과 함께하기' 항목에서는 '기록보기'를 누르면 시도했던 활동을 볼 수 있지만, 이 활동에 대한 성취정도가 기록되어 있지는 않다는 한계점이 있다.

2. 한글보물찾기

한글보물찾기는 충남대학교 응용교육측정평가연구소가 개발한 것으로 초등학교 저학년 기초학력책자를 기반으로 하여 읽기 유창성 향상 및 읽기이해능력 향상을 위해 개발되었다. 음성인식을 활용하여 읽기 유창성의 읽기 오류와 읽기 속도를 지도한다. 한글보물찾기는 학습목표를 달성하기에 적합한 내용으로 학습내용, 용어, 문장등이 명료하게 제시되어 있으며, 화면디자인이 전체적으로 조화롭게 구성되어 있다. 또한 많은 어플리케이션이 유아를 중심으로 개발된 것에 비해 한글보물찾기는 초등학생 학습자까지 활용할 수 있는 어휘와 내용구성이 되어 있다는 점이 돋보인다. 게임을 통해 다양한 연습기회를 제공하여 교육사각지대 학생들에게 반복연습의 기회를 제공하고 흥미를 고려했다고 볼 수 있다. 그러나 내용이 실생활 중심으로 구성되어 있지 않아 일반화에 어려움이 있는 교육사각지대 학생들을 배려하여 실생활 중심의 내용으로 보강될 필요가 있다. 또한 1일 학습량에 대한 정확한 정보가 제시되어 있지 않고 진단검사를 제시하지 않아, 학습자의 현 수준과 학습을 통한 진전도를 보기 어렵다는 단점이 있다. 또한 이야기 마을의 읽기 유창성에 대한 오류 점검이 없이 단순히 녹음 기능만을 제공하여 읽기 오류 지도에 대한 내용이 더 보강될 필요가 있다.

3. 토도수학

토도수학은 2016년에 개발된 이후, 세계 20개국 이상에서 700만이 넘는 사용자가 활용하고 있고, 앱스토어 어린이/교육 부분 1위로 자리매김하였으며, 현재 영어, 한국어, 중국어 등 10개 언어로 서비스를 제공하고 있다. 이 앱은 정규교육과정을 따라가기 어려운 장애학생 및 학습장애 학생을 포함하여 교육적 지원을 요구하는 학생을 교육 대상 기준으로 개발되었다. 현재는 장애학생 포함 일반학생들도 이용하고 있으며, 이는 학습에 어려움이 있는 학생을 위한 타당하고 적절한 교수 설계가 궁극적으로는 모든 학생을 위한 교수로 연계할 수 있음을 보여준다.

토도수학에서는 학습분량을 구체적으로 정하지 않고 있으며, 부모페이지에서 아동의 이름을 클릭하면 일일진행속도(진행 정도), 학습이력(전체 공부시간, 푼 문제 수, 완료한 미션 수)을 확인할 수 있어 아동이 스스로 자신에게 적절한 학습분량을 결정하는 데 도움이 된다. 또한 토도수학은 다양한 연습활동 기회를 제공있어 교육사각지대 학생들에게 필요한 반복학습의 기회도 제공한다고 볼 수 있다. 토도수학은 학습자와 앱 사이의 빈번한 상호작용을 유도하며 게임으로 학습적 내용을 학습하도록 되어 있어, 학생의 흥미유발 및 적극적인 참여를 유도한다. 게임모드를 본인이 선택하고 문제를 맞추거나 틀렸을 때 피드백을 보여주는 형식을 통해 앱과 학습자가 상호작용한다. 토도수학은 수학 교육과정 및 교육목표를 기반으로 제작되었으며, '미션모드'의 경우 교육과정 위계에 따라 순차적인 학습을 안내한다. 특히 수감각, 연산 등 기초 단계의 학습활동부터 측정과 자료, 문장제 문제 등 비교적 높은 단계까지 다양한 난이도의 학습활동을 선택할 수 있도록 하였고, 필요한 경우 대체입력 도구를 활용하여 내용을 입력할 수 있도록 함으로써 장애학생과 비장애학생을 포함하여 장애학생을 위한 접근성을 확대하였다. 개인별 학습 및 자기조절과 관련하여, 학습 이력이 자동 저장되어 이전에 했던 학습 활동의 흐름을 이어서 수행할 수 있고, 자신이 그동안에 한 학습 과정에 대한 상세한 정보(활동 시기, 레벨 정보, 전체 활동 수, 잘한 횟수, 어려워한 횟수 등)를 확인할 수 있다.

그러나, 토도수학은 반복연습에 초점이 맞추어져 있어서 내용이해를 위한 요소가 부족하고, 세부 프로그램별 예제 활동이 주어지지 않아서 첫 활동을 할 때 조작상의 시행착오를 겪을 수 있다. 이 외에도 학습 내용에 대한 인쇄기능이 없다는 점, 주로 뒤로 가기 탭으로 화면을 이동하기 때문에 세부 활동 프로그램에서 첫 화면으로 이동할 수 있는 탭이 존재하지 않는다는 점도 아쉬운 부분이다.

4. 자두는 수학천재

자두는 수학천재는 UAngel(유엔젤) 주식회사의 브랜드 라인인 TOMO, 토모노트, 토모동화, 토모링 그리고 토모키즈 중 토모키즈에 해당하는 어플리케이션이다. 자두는 수학천재는 기존의 브랜트 특성상 3~7세 아이들의 홈스쿨에 활용할 수 있는 콘텐츠를 제공하고 있으며, 상호작용 멀티미디어 학습으로 학습자의 흥미를 유도한다. 뿐만 아니라 각 연령대에 해당하는 학습내용을 단계적으로 제공하고, 애니메이션을 활용한 놀이학습 등을 함께 제공한다는 점에서 아동에게 친숙한 교육용 어플리케이션이라고 볼 수 있다. 그러나 어플리케이션의 구조적인 면에서 교육사각지대 학생들이 사용하기에 과도한 캐릭터 사용으로 핵심적인 내용을 파악하기 어렵고, 직관적으로 이해하기에 어려운 인터페이스를 가지고 있어 어플리케이션을 교육사각지대 학생들이 직접 사용하기에는 어려움이 있어 보인다. 이러한 측면이 교수자 없이는 활용하기에 어렵기 때문에 교육현장에서 자기주도적인 학습에 활동하는 데 어려움이 있을 수 있다. 자두는 수학천재는 아동이 학습 내용을 즐겁게 학습할 수 있도록 활동 중심 놀이를 제공한다는 점에서 인상적이다. 단순한 개념 학습이 지루할 수 있음을 이해하고, 아동이 흥미를 갖고 학습에 참여하도록 동기부여를 한 의도가 엿보인다. 각 연령에 맞게 다양한 놀이를 통한 학습을 제공하고 있어 학습자의 적극적인 참여를 유도하며, 기초 익히기와 수학동화를 통해 수학의 다양한 컨텐츠를 제공한다. 기초 익히기는 해당 컨텐츠에서 목표로 하는 학습 내용을 놀이 활동을 통해 학습할 수 있으며, 수학동화에서는 내러티브 방식으로 수학 개념을 전달한다. 그러나 피드백 제공에서 추상적인 측면이 있으며, 학생 수준에 따른 학습량을 조절하거나 학습목표와 내용의 조절이 불가능하다.

Ⅳ. 결 론

지금까지 교육사각지대 학습자의 개인 맞춤형 교육을 위한 스마트교육의 적용가능성을 탐색하기 위하여 스마트교육의 개념 및 필요성과 메타분석을 통한 효과분석, 교육용 앱 활용가능성 등을 살펴보았다. 본 장에서 소개한 내용의 제한점 및 추후 연구를 위한 제안은 다음과 같다.

첫째, 스마트교육은 정보기술의 발전과 코로나 19 전염병 확산, 21세기 정보화 사회의 역량에 대한 요구로 현 시대에서 학습자들의 효과적인 학습을 보장하기 위해 필요한 교육방법이다. 지난 40년 동안 테크놀로지를 활용한 교육은 지속되어 왔으며, 다양한 용어로 활용되어 왔다. 각 용어 간에 약간의 차이가 있으나 분절된 개념이 아닌 유기적으로 연결된 개념으로 보아야 한다. 또한 스마트교육이 필요한 현 시점에서 메타분석을 통해 살펴본 효과성 연구에서 집단설계 실험연구와 단일대상연구물 모두 높은 효과크기를 보이는 것으로 나타났다. 본 장에서 다룬 스마트교육 및 교육용 어플리케이션은 교육사각지대 학습자만을 위한 고안된 교육방법이 아니라 교육사각지대 학생들을 포함한 모든 학생들을 위해 현 시대에 필요한 교육이다. 따라서 교육사각지대 학습자들이 가지고 있는 특수한 교육적 요구를 충족시키기에는 어려움이 있다. 그러나 본 연구에서 살펴본 메타분석의 결과처럼 장애학생을 포함한 교육사각지대 학생들에게 스마트교육이 활용되었을 때 교육적 효과가 높은 만큼 이들을 위한 교육용 어플리케이션과 스마트 학습자료들이 개발될 필요가 있다. 또한 스마트기기를 활용한 교육을 교육사각지대 학생들을 위해 활용할 경우 스마트교육을 활용한 중재와 스마트교육의 학습콘텐츠가 연계가 될 수 있도록 하는 것이 필요하다. 또한 학생들이 스마트기기를 활용하여 수업을 진행하거나 자기주도적 학습에 활용하는 경우 스마트교육 효과가 지속될 수 있도록 학생들의 사용 및 교육적 활동을 모니터링 해야 한다.

둘째, 본 장에서 다룬 메타분석은 체계적인 포함 및 배제준거에 따라 선정된 논문에 근거하여 스마트교육의 효과성을 살펴보았기에 본 연구에서 소개한 메타연구 결과는 분석한 연구물에 한정된다는 한계가 있다. 교육사각지대 학생들에게 스마트교육을 적용한 사례들이 많지 않았기에 더 많은 연구를 포함하여 메타분석을 할 수 없다는 제한점도 있었다. 따라서 추후에는 교육사각지대 학생들을 위한 스마트교육을 활용하는 중재연구가 활발하게 이루어져 보다 많은 연구를 포함하여 메타분석의 결과를 살펴볼 필요가 있다. 또한 스마트교육의 효과성을 높이기 위해서는 정보화 역기능을 예방할 수 있는 프로그램의 도입 및 지원이 필요하다. 스마트교육으로 학생들이 독립적으로 학습할 수 있는 환경을 마련하는 것 이상으로 정보화 역기능도 고려하여 학교 및 가정에서의 학습활동이 자연스럽게 융합될 수 있도록 하는 계획이 필요하다. 또한 정보화 역기능에 대한 지원을 위해 추가적인 교육계획을 마련해야 한다.

셋째, 본 연구에서 소개한 교육용 어플리케이션이 주로 유아 및 초등학교 저학년에 맞춘 한글교육용 어플리케이션이었다. 그런데 교육사각지대 학생들이 가지고 있는 학습적 정서적 영역에 대한 중재를 위해서는 디자인 및 교육내용에 있어서도 더 확장된 읽기 및 수학 학습을 위한 교육용 어플리케이션이 개발될 필요가 있다. 또한 교육사각지대 학생을 고려한 진단평가, 학습내용의 저장 및 수정기능, 중재현장에서의 활용가능성 등을 고려한 교육용 어플리케이션이 필요하다. 따라서 스마트교육이 가지고 있는 개인 맞춤형 교육이 가능한 강점을 살려 교육사각지대 학생을 위한 교육용 어플리케이션이 개발되어 연구될 필요가 있다.

토의문제

1. 교육사각지대 학습자에게 스마트교육이 필요한 이유를 교육사각지대 학습자의 특성과 연결하여 설명하시오.
2. 교육사각지대 학습자를 대상으로 스마트교육의 효과를 높이기 위해 고려해야 할 요소는 무엇입니까?
3. 교육사각지대 학습자를 위한 스마트교육의 프로그램 활용 시 고려해야 할 프로그램의 요소는 무엇입니까?

참고문헌

Al Otaiba, S., Connor, C. M., Folsom, J. S., Wanzek, J., Greulich, L., Schatschneider, C., & Wagner, R. K. (2014). To wait in Tier 1 or intervene immediately: A randomized experiment examining first－grade response to intervention in reading. *Exceptional Children, 81*(1), 11－27.

Alea, L. A., Fabrea, M. F., Roldan, R. D. A., & Farooqi, A. Z. (2020). Teachers' Covid－19 awareness, distance learning education experiences and per－ceptions towards institutional readiness and challenges. *International Journal of Learning, Teaching and Educational Research, 19*(6), 127－144.

Alexander, K. L., Entwisle, D. R., & Olson, L. S. (2001). Schools, achievement, and inequality:A seasonal perspective. Educational Evaluation and Policy Analysis, 23, 171－191.

Allington, R. L., & McGill－Franzen, A. M. (2017). Summer reading loss is the basis of almost all the rich/poor reading gap. In R. Horowitz & S. J. Samuels (Eds.), Theachievement gap in reading: Complex causes, persistent issues, and possiblesolutions (pp. 170－183). New York, NY: Routledge.

Almus, K., & Dogan, B. (2016). A study of summer school enrichment program in high－poverty urban public charter school. Reading Improvement, 53(1), 1.

Andrews, R., Freeman, A., Hou, D., McGuinn, N., Robinson, A., & Zhu, J. (2007). The effectiveness of information and communication technology on the learning of written English for 5 to 16 year olds. British *Journal of Educational Technology, 38*, 325－336.

Atteberry, A., &McEachin, A. (2016). School's out: Summer learning loss across grade levels and school contexts in the United States today. In Alexander, K., Pitcock, S., &Boulay, M. (Eds). *Summer learning and summer learning loss*, pp35－54. New York: Teachers College Press.

Bagwell, C., Molina, B., Pelham, W. & Hoza, B. (2001). Attention－Deficit Hyperactivity Disorders and Problems in Peer Relations: Predictions From Childhood to Adolescence, *Journal of American Academy of Child and Adolescent Psychiatry 40*, 1285－1292.

Balu, R., Zhu, P., Doolittle, F., Schiller, E., Jenkins, J., & Gersten, R. (2015). Evaluation of Response to Intervention Practices for Elementary School Reading. NCEE 2016－4000. *National Center for Education Evaluation and Regional Assistance.*

Barkley, R. A. (1990). *Attention deficit hyperactivity disorder: A handbook for di－agnosis and treatment.* New York, NY: Guilford Press.

Bell, S., Park, Y., Martin, M.M., Smith, J., McCallum, S., Smyth, K., & Mingo, M. (2020). Preventing summer reading lossfor students in poverty: A compar－ison of tutoring and access to books. *EducationalStudies.* doi:10.1080/03055698.2019.1599822

Biederman, J., & Faraone, S. V. (2002). Current concepts on the neurobiology of Attention deficit/hyperactivity disorder. *Journal of Attention Disorders, 6*, 7－16.

Bikos, L., Kocheleva, J., King, D., Chang, G., McKenzie, A., Roenicke, C., et al. (2009). A consensual qualitative investigation into the repatriation experi－ences of young adult, missionary kids. *Mental Health, Religion & Culture, 12*(7), 735-754.

Borman G. D., Benson J., Overman L. T. (2005). Families, schools, and summer learning. The *Elementary School Journal, 106*(2), 131-150.

Boyd, W. L., & Crowson, R. L. (1981). The changing conception and practice of public schooladministration. In D. C. Berliner (Ed.), Review of research in education (Vol. 9, pp. 311－373). Washington, DC: American Educational Research Association.

Breslau, J., Miller, E., Breslau, N., Bohnert, K., Lucia, V., & Schweitzer, J. (2009). The impact of early behavior disturbances on academic achievement in high school. *Pediatrics, 123*(6), 1472-1476.

Brown−Chidsey, R., & Steege, M. (2010). *Response to Intervention: Principles and effective strategies*. New York, NY: Guilford Press.

Byran, T., Mathur, S., & Sullivan, K. (1996). The impact of positive mood on learning. *Learning Disability Quarterly, 19*(3), 153−162.

Carmean, C., Frankfort, J. L., & Salim, K. L. (2013). The power of the personal: Discovering the M in M−learning/Handbook of Mobile Learning edt. by Zane L. *Berge, Lin Y. Muilenburg,-NY.*

Chauhan, S. (2011). Slow learners: Their psychology and educational programmes. *International Journal of Multidisciplinary Research, 1*(8), 279−289.

Chauhan, S. (2017). A meta−analysis of the impact of technology on learning ef− fectiveness of elementary students. *Computers & Education, 105*, 14−30.

Cheung, A. C., & Slavin, R. E. (2013). The effectiveness of educational technology applications for enhancing mathematics achievement in K−12 classrooms: A meta−analysis. *Educational research review, 9*, 88−113.

Christie, K. (2003). Making use of summer time. Phi Beta Kappan, 84(7), 485−487.

Cockburn, L. (2002). Children and young people living in changing worlds: The process of assessing and understanding the "third culture kid". *School Psychology International, 23(*4), 475−485.

Cooper, H. (in press). Is the school calendar dated? Education, economics, and the politics of time. In G. Borman & M. Boulay (Eds.), Summer learning: Research, policiesand programs. Mahwah, NJ: Erlbaum.

Cooper, H., Nye, B., Charlton, K., Lindsay, J., & Greathouse, S. (1996). Theeffects of summer vacation on achievement test scores: a narrative and meta− analytic review. Review of Educational Research, 66 (3), 227−268.

Cranston, S. (2017). Self−help and the surfacing of identity: Producing the third culture kid. *Emotion, Space, and Society, 24*, 27-33.

Davis, D. E., DeBlaere, C., Brubaker, K., Owen, J., Jordan, T. A., Hook, J. N., & Van Tongeren, D. R. (2016). Microaggressions and perceptions of cultural humility in counseling. *Journal of Counseling & Development, 94*(4), 483−493.

Davis, P., Headley, K., Bazemore, T., Cervo, J., Sickinger, P., Windham, M., & Rehfuss, M. (2010). Evaluating impact of transition seminars on missionary kids'' depression, anxiety, stress, and well-being. *Journal of Psychology and Theology, 38*(3), 186-194.

Davis, P., Suarez, E., Crawford, N., & Rehfuss, M. (2013). Reentry program impact on missionary kid depression, anxiety, and stress: A three-year study. *Journal of Psychology and Theology, 41*(2), 128-140.

de Waal, M. F., Born, M. P., Brinkmann, U., & Frasch, J. J. (2020). Third Culture Kids, their diversity beliefs and their intercultural competences. *International Journal of Intercultural Relations, 79*, 177-190.

Deno, S. L. (1985). Curriculum-based measurement: The emerging alternative. *Exceptional children, 52*(3), 219-232.

Denton, D. R. (2002). Summer school: Unfulfilled promise. (Rep.). Atlanta, GA: Southern Regional Education Board. (ERIC Document Reproduction Service).

Desimone, L. M. (2009). Improving impact studies of teachers' professional development: Toward better conceptualizations and measures. *Educational researcher, 38*(3), 181-199.

Dupaul, G. J. & Stoner, G. (2016). ADHD 학교상담[*ADHD in the schools: Assessment and intervention stragies* (3rd ed.)]. (김동일 역). 서울: 학지사.(원저는 2014년에 출판).

DuPaul, G., Barkley, R., & Connor, D. (1998). Stimulants. In R. Barkley (Ed.), *Attention deficit hyperactivity disorder: A handbook for diagnosis and treatment* (2nd ed) (pp. 510-551). NewYork, NY: The Guilford Press.

Entwisle D. R., Alexander K. L., Olson L. S. (2000). Summer learning and home environment. In Kahlenberg R. D. (Ed.), *A notion at risk: Preserving public education as an engine for social mobility* (pp. 9-30). New York, NY: Century Foundation Press.

Entwisle, D. R., Alexander, K. L., & Olson, L. S. (1997). Children, schools, and inequality.Boulder, CO: Westview Press.

Faraone, S. V., & Biederman, J. (1998). Neurobiology of attention−deficit hyper−activity disorder. *Biological Psychiatry, 44*, 951−958.

Fedina, N. V., Burmykina, I. V., Zvezda, L. M., Pikalova, O. S., Skudnev, D. M., & Voronin,I. V. (2017). Study of educators' and parents' readiness to imple−ment distancelearning technologies in preschool education in Russia. Eurasia Journal ofMathematics, Science and Technology Education, 13(12), 8415–8428. from https://doi.org/10.12973/ejmste/80802

Forness, S. R., & Kavale, K. A. (1997). Defining emotional and behavioral disorders in school and related services. In Lloyd, J. W., Kameenui, E. J., & Chard, D. (Eds.), *Educating students with disabilities* (pp. 45–62). Hillsdale, NJ: Erlbaum.

Fryer, R. G. & Levitt, S. D. (2002). Understanding the black−white test score gap in the first twoyears of school. Cambridge, MA: National Bureau of Economic Research.

Fuchs, D., & Fuchs, L. S. (2017). Critique of the national evaluation of response to intervention: A case for simpler frameworks. *Exceptional Children, 83*(3), 255−268.

Fuchs, D., Fuchs, L. S., & Compton, D. L. (2012). Smart RTI: A next−generation approach to multilevel prevention. *Exceptional children, 78*(3), 263−279.

Fuchs, D., Fuchs, L. S., & Vaughn, S. (2014). What is intensive instruction and why is it important? *Teaching Exceptional Children, 46*(4), 13−18.

Fuchs, L. S., Fuchs, D., Compton, D. L., Powell, S. R., Seethaler, P. M., Capizzi, A. M., Schatschneider, C. & Fletcher, J. M. (2006). The cognitive correlates of third−grade skill in arithmetic, algorithmic computation, and arithmetic word problems. *Journal of Educational Psychology, 98*(1), 29−43.

Fuchs, L. S., Gilbert, J. K., Powell, S. R., Cirino, P. T., Fuchs, D., Hamlett, C. L., Seethaler, P. M., & Tolar, T. D. (2016). The role of cognitive processes, foundational math skill, and calculation accuracy and fluency in word−problem solving versus prealgebraic knowledge. *Developmental Psychology, 52*(12), 2085−2098.

Fuhrman, S., & Lazerson, M. (Eds.). (2005). The public schools. Oxford: Oxford UniversityPress.

Gartland, D., & Strosnider, R. (2005). NJCLD Position Paper: Responsiveness to Intervention and Learning Disabilities. *Learning Disability Quarterly, 28*(4), 249-260.

Geary, D. C., Hoard, M. K., & Bailey, D. H. (2012). Fact retrieval deficits in low achieving children and children with mathematical learning disability. *Journal of learning disabilities, 45*(4), 291-307.

Gershenson, S. (2013). Do SummerTime-Use Gaps Vary bySocioeconomic Status? AmericanEducational Research Journal,50(6), 1219-1248.

Gersten, R., Fuchs, L. S., Compton, D., Coyne, M., Greenwood, C., & Innocenti, M. S. (2005). Quality indicators for group experimental and quasi-ex-perimental research in special education. *Exceptional children, 71*(2), 149-164.

Graham, P. A. (2005). Schooling America: How the public schools meet the nation's changing needs. New York: Oxford University Press.

Gullahorn, J. T., & Gullahorn, J. E. (1963). An extension of the U-curve hypothesis. *Journal of Social Issues, 19*(3), 33-7.

Guryan, J., Kim, J.S., &Quinn, D.M. (2014). Does reading during the summer build reading skills? Evidence from a randomized experiment in 463 classrooms. NBER Working Paper No. 20689. http://www.nber.org/papers/w20689

Hagger, D., & Vaughn, S. (1997). Assessment of social competence in students with learning disabilities. *Issue in educating students with disabilities* (pp. 129-152). Mahwah, NJ: Erlbaum.

Harm, M. W. & Seidenberg, M. S. (1999). Phonology, reading acquisition, and dyslexia: Insights from connectionist models. *Psychological Review, 106*, 491-528.

Hayes, D. P. & Grether, J. (1983). The school year and vacations: When do stu-dents learn?Cornell Journal of Social Relations, 17(1), 56-71.

Hervey, E. (2009). Cultural transitions during childhood and adjustment to college. *Journal of Psychology and Christianity, 28*(1), 3-12.

Hoersting, R., & Jenkins, S. (2011). No place to call home: Cultural homelessness, self−esteem and cross−cultural identities. *International Journal of Intercultural Relations, 35*(1), 17-30.

Hoppe, H. U., Joiner, R., Milrad, M., & Sharples, M. (2003). Guest editorial: Wireless andmobile technologies in education. *Journal of Computer Assisted Learning, 19,* 255−259.

Horner, R. H., Carr, E. G., Halle, J., McGee, G., Odom, S., & Wolery, M. (2005). The use of single−subject research to identify evidence−based practice in special education. *Exceptional children, 71(2), 165−179.*

International Commission on Financing Global Education Opportunity. (2016). The learning generation: Investing in education for a changing world. New York: International Commission on Financing Global Education Opportunity.

International Dyslexia Association (2007). Dyslexia Basics. http://www.ldonlin−e.org/indepth/reading & dyslexia

Jebril, Nadia (2020). World Health Organization Declared a Pandemic Public Health Menace: A Systematic Review of the Coronavirus Disease 2019 "COVID−19." *International Journal of Psychosocial Rehabilitation, 24,* 2784−2795. from https://dx.doi.org/10.2139/ssrn.3566298.

Karande, S., Kanchan, S., & Kulkarni, M. (2005). Clinical and psychoeducational profile of children with borderline intellectual functioning. *Indian Journal of Pediatrics, 75,* 795−800.

Kavale, K. A., & Forness, S. R. (1995). *The nature of learning disabilities: Critical elements of diagnosis and classification.* Mahwah, NJ: Erlbaum.

Kavale, K. A., & Forness, S. R. (1997). Defining learning disabilities: Consonance and dissonance. In Lloyd, J. W., Kameenui, E. J., Chard, D. (Eds.), *Issues in educating students with disabilities* (pp. 3−25). Mahwah, NJ: Erlbaum.

Kaznowski, K. (2004). Slow learners: Are educators leaving them behind? *NASSP Bulletin, 88*(641), 31－45.

Kim J. S., Quinn D. M. (2013). The effects of summer reading on low－income children's literacy achievement from kindergarten to grade 8 a meta－anal－ysis of classroom and home interventions. *Review of Educational Research, 83*(3), 386-431.

Kottmeyer, C. (2011). Economy of giftedness. *Gifted Education Communicator, 42*(4), 25－27.

Kraft, M. A., &Monti－Nussbaum, M. (2017). Can schools empower parents to pre－vent summer learning loss? A text messaging field experiment to promote literacy skills. *The ANNALS of the American Academy of Political and Social Science*. https://scholar.harvard.edu/files/mkraft/files/kraft_monti－nussbaum_2017_can_schools_empower_parents_to_prevent_summer_learn－ing_loss_annals.pdf

Kutscher, M. L. (2008). *ADHD: Living Without Brakes*. London, Philadelphia: Jessica Kingsley Publishers.

Lane, K. Lynne., Oakes, W. P., Ennis, R. P., Cox, M. L., Schatschneider, C., & Lambert, W. (2011). Additional Evidence for the Reliability and Validity of the Student Risk Screening Scale at the High School Level: A Replication and Extension. *Journal of Emotional and Behavioral Disorders, 21*(2), 97－115.

Lee, J. H. (2020). 글로벌 학습위기와 학습혁명 기회. KDI 국제정책대학원,

Levind, M. (2003). Celebrating diverse minds. *Educational Leadership, 61*, 14－18.

Li, Q., & Ma, X. (2010). A meta－analysis of the effects of computer technology on school students' mathematics learning. *Educational Psychology Review, 22*(3), 215－243.

Lijadi, A., & Van Schalkwyk, G. (2018). "The international schools are not so in－ternational after all": The educational experiences of third culture kids. *International Journal of School & Educational Psychology, 6*(1), 50-61.

Loeber, R., Keenan, K., & Zhang, Q. (1997). Boys' experimentation and persistence in developmental pathways toward serious delinquency. *Journal of Child and Family Studies, 6*(3), 321–357.

Lynam, D., Moffitt, T., & Stouthamer–Loeber, M. (1993). Explaining the relation between IQ and delinquency: Class, race, test motivation, school failure, or self–control? *Journal of Abnormal Psychology, 102*(2), 187-196.

MacMillan, D., Gresham, F., Bocian, K., & Lambros, K. (1998). Current Plight of Borderline Students: Where Do They Belong? *Education and Training in Mental Retardation and Developmental Disabilities, 33*(2), 83–94.

McBride, E. A., & Seigel, L. S. (1997). Learning Disabilities and Adolescent Suicide. *Journal of Learning Disabilities, 30*(6), 652–659.

McEvoy, A., & Welker, R. (2000). Antisocial behavior, academic failure, and school climate: A critical review. *Journal of Emotional and Behavioral disorders, 8*(3), 130–140.

McMaster, K. L., Lembke, E. S., Shin, J., Poch, A. L., Smith, R. A., Jung, P. G., ... & Wagner, K. (2020). Supporting teachers' use of data–based instruction to improve students' early writing skills. *Journal of Educational Psychology,* 1–21.

McMaster, K. L., Shin, J., Espin, C., Jung, P., Wayman, M., & Deno, S. L. (2017). Monitoring elementary students' writing progress using curriculum–based measures: Grade and gender differences. *Reading and Writing: An Interdisciplinary Journal, 30,* 1-23.

Meyer, D., Princiotta, D., and Lanahan, L. (2004). The Summer AfterKindergarten: Children's Activitiesand Library Use by HouseholdSocioeconomic Status (NCES2004–037). U.S. Department ofEducation. Washington, DC: National Center for EducationStatistics.

Montague, M., & Applegate, B. (1993). Mathematical problem–solving character–istics of middle school students with learning disabilities. *The Journal of Special Education, 27*(2), 175-201.

Nae, N. (2019). Japan's Cross Cultural Kids (CCK) and Their Quest for Identity. *Cogito–Multidisciplinary research Journal*, (1), 161–176.

National Center for Education Statistics (2020). The condition of education: Students with disabilities [Website]. Retrieved from https://nces.ed.gov/programs/coe/indicator_cgg.asp

National Center for Educational Statistics (1999). Indicator of the Month: Summer Activities of Students Enrolled in Grades 1–12. https://nces.ed.gov/pub–search/pubsinfo.asp?pubid=1999008

National Center for Educational Statistics (2018). The Summer After Kindergarten: Children's Experiences by Socioeconomic Characteristics. https://nces.ed.gov/pubsearch/pubsinfo.asp?pubid=2018160

Nicolson, R. I., & Fawcett A. J. (1999). Developmental Dyslexia: The role of the cerebellum. *Dyslexia: An International Journal of Research and Practice, 1*, 19–37.

Nuqul, J. J. (2014). "Caught in the Middle: A Study of International Students and Cultural Identity." PhD diss., Northcentral University.

Olson, S., & Brodfeld, P. L. (1991). Assessment of peer rejection and externalizing behaviour problem in preschool boys; a short term longitudinal study. *Journal of Abnormal Child Psychology, 19*, 493-503.

Owen, J., Jordan, T. A., Turner, D., Davis, D. E., Hook, J. N., & Leach, M. M. (2014). Therapists' multicultural orientation: Client perceptions of cultural humility, spiritual/religious commitment, and therapy outcomes. *Journal of Psychology and Theology, 42*(1), 91–98.

Patall, E. A., Cooper, H. & Allen, A. B. (2010, September). Extending the school day or school year: A systematicreview of research (1985– 2009). Review of Educational Research, 80(3), 401–436.

Peltopuro, M., Ahonen, T., Kaartinen, J., Seppälä, H., & Närhi, V. (2014). Borderline intellectual functioning: a systematic literature review. *Intellectual and developmental disabilities, 52*(6), 419–443.

Pollock, D. C., Van Reken, R. E., & Pollock, M. V. (2010/2017). *Third culture kids: Growing up among worlds. The original, classic book on TCK* (3rd ed.). Nicholas Brealey Publishing.

Powell, S. R., Cirino, P. T., & Malone, A. S. (2017). Child−level predictors of re−sponsiveness to evidence−based mathematics intervention. *Exceptional Children, 83*(4), 359−377.

Quinn, D. M., Cooc, N., McIntyre, J., & Gomez, C. J. (2016). Seasonal dynamics of academic achievement inequality by socioeconomic status and race/ethnicity: Updating and extending past research with new national data. *Educational Researcher, 45*(8), 443−453.

Reddy, G., Ramar, R. & Kusuma, A. (2003). *Education of Children with Special Needs*. New Delhi: Discovery Publishing House.

Reese, W. (2005). America's public schools: From common school to "Nochild left behind." Baltimore, MD: Johns Hopkins University Press.

Resnick, R. J. (1998). Attention−deficit/hyperactivity disorder through the life span. In Koocher, G. P., Norcross, J. C., & Hill III, S. S (Eds), *Psychologists desk reference* (pp. 39−41). New York: Oxford University Press.

Riccio, C. A., Hynd, G. W., Cohen, M. J., & Gonzalez, J. J. (1993). Neurological basis of attention deficit hyperactivity disorder. *Exceptional Children, 60*, 118−124.

Robson, C. (2005). Students with disabilities, learning difficulties and disadvantages: Statistics and indicators (Vol. 2005, No. 17). OECD: Organisation for Economic Cooperation and Development, France.

Roeser, R. W., & Eccles, J. S. (1998). Adolescents' perceptions of middle school: Relation to longitudinal changes in academic and psychological adjustment. *Journal of research on adolescence, 8*(1), 123−158.

Rosenberg, M. J. (2001). E−learning, strategies for delivering knowledge in the digital age. New York: McGrawHill.

Rosenberg, M. S., Westling, D. L., & McLeskey, J. (2011). Special education for to－day's teachers: *An Introduction* (2nd ed.). Boston, MA: Pearson Education, Inc.

Sears, C. (2011). Integrating multiple identities: Narrative in the formation and maintenance of the self in international school students. *Journal of Research in International Education, 10*(1), 71－86.

Selmer, J., & Lam, H. (2003). "Third－culture kids" future business expatriates? *Personnel Review, 33*(4), 430－445.

Shaw, S. R. (2010). Rescuing students from the slow learner trap. *Principal leader－ship, 10* (6), 12－16.

Singleton, G. E., & Linton, C. (2006). Courageous conversations about race: A fieldguide for achieving equity in schools. Thousand Oaks, CA: Corwin Press.

Sirin, S. R. (2005). Socioeconomic status and academicachievement: A meta－ana－lytic review of research. Reviewof Educational Research, 75, 417–453.

Smith, V., & Kearney, K. (2016). A qualitative exploration of the repatriation ex－periences of us third culture kids in college. *Journal of College Student Development, 57*(8), 958–972.

Sousa, D. A. (2007). *How the special needs brain learns* (2nd ed.). Thousand Oaks, CA: Corwin Press.

Statista (2016. 11. 27). Internet of Things – number of connected devices world－wide 2015－2025. Retrieved on Nov. 14, 2019 from https://www.statista.com/statistics/471264/iot－number－of－connected－devices－worldwide/

Stecker, P. M., Fuchs, L. S., & Fuchs, D. (2005). Using curriculum-based measure－ment to improve student achievement: Review of research. *Psychology in the Schools, 42*(8), 795－819.

Swanston, D. D. ""International School Students Tell Their Stories of Cultural Homelessness and Home Culture Re－entry: A Narrative Inquiry."" PhD diss., Northcentral University, 2015.

Szabó, Á., & Ward, C. (2020). The relationship between intercultural abilities and cultural identity styles: A longitudinal cross-lagged analysis. *International Journal of Psychology, 55*(3), 465–471.

Tan, E. C., Wang, K. T., & Cottrell, A. B. (2021). A systematic review of third culture kids empirical research. *International Journal of Intercultural Relations, 82,* 81–98.

Tarique, I., & Weisbord, E. (2013). Antecedents of dynamic cross-cultural competence in adult third culture kids (ATCKs). *Journal of Global Mobility, 1*(2), 139–160.

Tayor, J. F. (1990). *Helping your hyperactive children.* Rocklin, CA; Prima Publishing & Communications.

Temple, E., Deutsch, G. K., Poldrack, R. A., Miller, S. L., Tallal, P., & Merzenich, M, M. (2003). Neural deficits in children with dyslexia ameliorated by behavioral remediation: Evidence from functional MRI. *Proceedings of the National Academy of Sciences, 100,* 2860–2865.

Thapar, A. (2003). Attention deficit hyperactivity disorder: new genetic findings, new directions. In Plomin, R., Defries, J. C., Craig, I. W., & McGuffin, P. (Eds.), *Behavioral genetics in the postgenetic era.* Washington, DC: American Psychological Association.

Theoharis, G. (2009). The school leaders our children deserve: Seven keys to equity, social justice, and school reform. New York: Teachers College Press.

UBS (2016). Extreme Automation and Connectivity: The Global, Regional, and Investment Implications of the Fourth Industrial Revolution, White Paper for World Economic Forum Annual Meeting.

Urdan, T., & Weggen, C. (2004). Corporate E-learning: Exploring a new frontier. WR Hambrecht & Co, 1–95.

Van Der Zee, K. I., Ali, A. J., & Haaksma, I. (2007). Determinants of effective coping with cultural transition among expatriate children and adolescents. *Anxiety, Stress, & Coping, 20*(1), 25–45.

Verguts, T., & DeBoeck, P. (2001). On the correlation between working memory capacity and performance on intelligence tests. *Learning and Individual Differences, 13*, 259–272.

Vivero, V. N., & Jenkins, S. R. (1999). Existential hazards of the multicultural in–dividual: Defining and understanding" cultural homelessness.". *Cultural Diversity and Ethnic Minority Psychology, 5*(1), 6.

Von Hippel, P. T., &Hamrock, C. (2016). Do test score gaps grow before, during, or between the school years? Measurement artifacts and what we can know in spite of them. Retrieved from http://papers.ssrn.com/sol3/papers.cfm?abstract_id=2745527

Ward, C. (1996). “"Acculturation.”" In Handbook of Intercultural Training, edited by D. Landis and R. S. Bhagat, 124-–147. Thousand Oaks, California: Sage.

Ward, C., Ng Tseung–Wong, C., Szabo, A., Qumseya, T., & Bhowon, U. (2018). Hybrid and alternating identity styles as strategies for managing multi–cultural identities. *Journal of Cross–Cultural Psychology, 49*(9), 1402–1439.

World Bank (2019). The Changing Nature of Work, World Development Report 2019. The World Bank. from https://www.worldbank.org/en/publication/wdr2019.

World Bank (2020). Remote Learning, Distance Education and Online Learning During the COVID19 Pandemic. The World Bank. from https://do–i.org/10.1596/33499.

Wright, B. A., Bowen, R. W., & Zecker, S. G. (2000). Nonlinguistic perceptual deficits associated with reading and language disorders. Current Opinion in *Neurobiology, 10*, 482–486.

강옥려 (2016). 경계선급 지능 아동의 교육: 과제와 해결 방안. 한국초등교육, 27(1), 361–378.

강옥려, 김윤옥, 변찬석, 우정한 (2014). 난독증 선별 체크리스트를 활용한 난독증 위험 학생, 읽기기초부진학생 및 읽기보통이상 성취학생의 읽기 특성 연구. 학습장애연구, 11(3), 93–116.

강은영, 김우리, 신재현 (2020). 다양한 학업적 어려움을 지닌 위험군 학생을 위한 행정 및 제도적 지원체제 구축 방안과 과제. 특수교육학연구, 55(3), 1-31.

강정배, 김창걸, 문종희 (2014). 장애아동 교육에 필요한 스마트러닝 콘텐츠 요구도 조사. 특수교육 저널: 이론과 실천, 15(2), 1-19.

강종구, 김라경 (2012). 사회구성주의 관점에서 본 지적장애의 개념과 시스템 고찰. 지적장애연구, 14(2), 1-23.

교육부 (2016). 두드림학교 운영가이드. 교육부.

교육부 한국교육개발원(KEDI) 교육통계연구센터. https://kess.kedi.re.kr/index에서 검색.

교육부, 미래창조과학부 (2015). SW중심사회를 위한 인재양성 추진계획. 세종: 교육부

국립특수교육원 (2020). 2020 특수교육통계.

국립특수교육원 (2019). 학습장애학생 교육지원 방안. 아산: 국립특수교육원.

김근하 (2009). 경계선급 지능 초등학생의 학년별 학업성취 변화. 아시아장애사회학연구, 9, 155-173.

김근하, 김동일 (2007). 경계선급 지능 초등학생의 학년별 학업 성취 변화: 초등학교 저학년을 중심으로. 한국특수교육학회 학술대회, 73-97.

김동일 (2008). 기초학습기능 수행평가체제: 수학. 서울: 학지사.

김동일 (2020). 교육사각지대 학습자 부모 상담. 서울: 박영스토리.

김동일, 고은영, 이기정, 최종근, 홍성두 (2017). 특수교육·심리 진단과 평가. 서울: 학지사.

김동일, 고혜정 (2018). 학습곤란(ld) 학생을 위한 교육지원의 확장적 전환: 학습장애(LD) 정의 체계 재구조화. 학습장애연구, 15, 1-12.

김동일, 고혜정, 신재현, 김이내, 김붕년, 이기정 (2012). 특수교육지원센터의 학습장애 선별 및 진단과정에 대한 탐색적 연구: 현행 지침 시행과 개선방향에 대한 시사점을 중심으로. 아시아교육연구, 13(3), 253-283.

김동일, 김주선, 김은삼, 송푸름 (2019). 교육사각지대 학습자 속성 탐색: 교육복지사를 중심으로. 학습장애연구, 16, 137-156.

김동일, 김희주, 안예지, 안성진, 임희진, 황지영 (2017). 난독증 선별을 위한 RTI 적용. 교육심리연구, 31(2), 265-282.

김동일, 안예지, 구승영 (2016). 학령기 ADHD 아동 비약물중재 효과에 대한 메타분석. 정서행동장애연구, 32(1), 1-23.

김동일, 이대식, 손승현, 고혜정 (2015). 미래 학습장애 교육 디자인: 한국적 과제와 전망. 학습장애연구, 12(2), 1-18.

김동일, 이대식, 신종호 (2016). 학습장애아동의 이해와 교육(3판). 서울: 학지사.

김동일, 이명경 (2006). 주의력결핍 및 과잉행동 장애(ADHD) 원인론의 경향과 전망: 애착이론에 의한 대안적 접근. 상담학연구, 7(2), 523-540.

김동일, 이일화 (2003). 일반교사와 특수교사가 인식하는 학습장애 요인: 명시적 지식과 묵시적 지식을 중심으로. 열린교육연구, 11(1), 63-79.

김동일, 임희진, 김주선, 김희은, 문성은, 이연재, 장혜명, 조은정, 안제춘 (2019). 교육사각지대 학습자 지원 방안에 대한 초 중 고등학교 교사의 인식 연구. 아시아교육연구, 20(1), 25-46.

김동일, 조영희, 임정은, 조은정 (2021). 교육사각지대 학습자를 대상으로 한 스마트 교육 효과성에 대한 체계적 메타분석, 특수아동교육연구, 23(1), 51-84.

김민정 (2021. 01. 19). [코로나 1년] 비대면 수업 속 '교육 사각지대' 놓인 맞벌이·한부모 가정. 조선비즈. from https://biz.chosun.com/site/data/html_dir/2021/01/19/2021011902630.html.

김민정, 이승복, 이희란 (2009). 발달성 난독증에 대한 신경학적 연구 고찰. 특수교육, 8(2), 259-278.

김봉수, 류민정 (2015). 중고등학생의 자기 주도적 학습을 위한 체육교과 어플리케이션 개발. 한국스포츠교육학회지, 22(1), 89-107.

김선애 (2007). 가정, 학교, 친구 관련변인과 학교폭력과의 관계. 청소년학연구, 14(1), 101-126.

김소희, 정혜승 (2007). 국내 쓰기 학습장애아 교육 관련 연구 동향 분석. 특수교육학연구, 42(4), 169-191.

김수연, 이경화, 정가희, 최미진 (2020). 특수교육지원센터에서의 학습장애 및 정서장애 선정 현황과 문제점 분석. 한국특수교육학회 2020 추계 학술대회 자료집, 3-25.

김순남, 이병환 (2011). 기초학력 책임지도 책무성 논리 탐색. 교육행정학연구, 29, 159-183.

김애화, 김의정 (2020). 교육의 대상자로서의 난독증: 읽기 및 쓰기 영역에서의 이질성. 특수교육논총, 36(3), 205-240.

김애화, 김의정, 김자경, 정대영 (2018). 학습장애, 난독증, 학습부진(경계선 지능 포함) 및 학습지원대상 학생은 누구이며, 교육적 지원은 이대로 괜찮은가? 특수교육학연구, 53(1), 1-21.

김애화, 김자경, 김의정, 황순영, 정은주 (2020). 국내 읽기 학습장애 출현율은 어떠한가? -K도를 중심으로. [KEDI] 한국교육, 47(2), 1-24.

김영인, 권수영. (2020). 중도 귀국 청소년의 적응에 관한 내러티브 연구: 주변성(marginality) 이론을 중심으로. 한국기독교상담학회지, 31(2), 67-102.

김예슬 (2016). 국내 학교에서의 에듀테크 활용 현황 및 실태분석. 고려대학교 교육대학원 석사학위논문.

김우리, 김지연 (2016). 장애위험아동, 누구인가? 어떻게 교육할 것인가? -포커스그룹 인터뷰를 통한 일반교사와 특수교사의 경험과 인식-. 특수교육학연구, 51(3), 1-32.

김유진 (2010). 정서행동장애 아동의 사회성과 부모 양육태도의 관계 연구. 석사학위논문, 카톨릭대학교.

김윤옥, 강옥려, 우정한, 변찬석 (2015). 난독증 선별 체크리스트 표준화 및 한국 난독증 학생 통계추정 연구. 학습장애연구, 12, 21-45.

김은경, 김현주. (2017). 이주배경 청소년에 관한 질적 연구 동향: 국내 및 북미 학술지 게재 논문 분석 (2003-2015). 상담학연구, 18(2), 245-270.

김의진 (2015). 스마트폰 기반 자기모니터링이 학습자의 학업적 자기효능감과 운동기능 수행에 미치는 영향. 한국교원대학교 대학원 석사학위논문.

김자경 (2002). 학습장애아의 사회적 지위와 행동/정서상의특성 간의 관계에 관한 연구. 정서 · 행동장애연구, 18(1), 37-62.

김정원 (2010). 초등 다문화교육의 진단과 방향. 한국다문화교육연구학회, 1(1). 135-157.

김정희, 안귀여루 (2013). 지각된 부모양육태도가 중학생의 학교적응에 미치는 영향: 자기조절능력을 매개변인으로. 한국심리학회지: 건강, 18(4), 823-836.

김지연 (2017). 국내 학습장애아 급감 추세와 관련된 요인에 대한 소고. 특수교육학연구, 51(4), 91-113.

김지연, 김우리 (2017). 장애위험아동 지원을 위한 특수교육의 역할. 한국특수교육학회 학술대회, 730-743.

김진아, 강옥려 (2017). 경계선 지적기능 아동에 대한 초등학교 교사들의 인식: 포커스 그룹인터뷰를 통하여. 학습장애연구, 14(3), 157-184.

김창호, 박성우 (2006). 통합교육 환경에서 일반학생에 대한 경험이 특수교사의 태도 및 수행능력에 미치는 효과. 특수교육연구, 14(1), 215-236.

김태은, 홍미영, 오상철, 노원경, 우연경, 이영태, 이재진 (2018). 기초학력향상지원사업 내실화 방안 탐색. 한국과정평가연구원.

김학래 (2020). "코로나-10 : 우리의 기억" : 코로나바이러스 감염증과 사회변화에 대한 디지털 아카이브. 한국기록관리학회지, 20(4), 229-236.

김현철 (2011). 스마트교육 콘텐츠 품질관리 및 교수학습 모형 개발 이슈. 한국교육학술정보원, KERIS 이슈리포트, 연구자료 RM 2011-20.

나경은 (2019). 난독(증) 학생지원 조례에 관한 부모의 인식과 요구분석. 학습장애연구, 16(3), 115-135.

나경은, 서선진, 최승숙 (2019). 심각한 읽기 어려움을 지닌 학령기 자녀의 학습지원에 대한 부모의 경험 분석. 학습장애연구, 16(2), 43-68.

남지은, 남지혜, 김동일 (2018). Cultural Homelessness and Psychological Well-Being of Young Cross-Cultural Individuals: Moderating Role of Emotional Clarity. 교육심리연구, 32(3), 571-596.

노승인 (2018). 사회통합을 위한 이주배경 청소년 정책 및 개선 방향-중도입국한 후기 청소년의 진로와 직업교육을 중심으로. 비교법학, 29, 48-65.

문경남 (2017). 운동소양을 함양을 이끄는 통합적 초등 체육을 위한 스마트교육 콘텐츠 개발. 서울대학교 석사학위청구논문.

민수진 (2019). 학습장애, 그들은 어디로 갔는가?: 진단, 명칭, 교육에 대한 초등 특수교사 현장 목소리. 학습장애연구, 16(1), 33-67.

박성혜, 윤종희 (2013). 초중등생의 학교적응에 영향을 미치는 변인 탐색: 개인적변인과 가정환경변인을 중심으로. 한국청소년연구, 24(3), 147-169.

박영진 (2019). 개인, 가족, 사회변인이 초등학생의 학교적응에 미치는 설명력. 아동교육, 28(1), 39-57.

박찬선, 장세희 (2015). 경계선 지능을 가진 아이들. 파주: 이담북스.

배병덕, 이옥인, 신미경 (2018). 장애학생을 위한 앱 기반 스마트러닝 효과성에 대한 체계적인 문헌분석: 단일대상연구설계를 중심으로. 특수아동교육연구, 20(2), 83-115.

백승철, 조성혜, 김남희, 최미경, 노규성 (2016). 다문화 구성원을 위한 에듀테크 적용방안에 관한 연구, 디지털융복합연구, 14(3), p. 55-62.

법제처 (2016). http://www.law.go.kr/lsInfoP.do?lsiSeq=183670&efYd=20161130#0000.

봉미미, 김혜연, 신지연, 이수현, 이화숙 (2008). 한국 청소년의 학습동기에 영향을 미치는 사회문화적 요인 탐색. 한국심리학회지: 문화 및 사회문제, 14(1), 319-348.

선우미현, 유인화, 조아영, 이유라, 최수미 (2020). 교육사각지대 학습자 선별을 위한 단위학교별 교사용 평정척도 개발 및 타당화. 학습장애연구, 17(1), 93-125.

설문규, 손창익 (2012). 초등학교에서 스마트 교육에 대한 교사들의 활용 인식 조사. 정보교육학회논문지, 16(3), 309-318.

손승현 (2017). 특수교육요구 (Special Needs Education) 의 국제적 맥락 고찰. 학습장애연구, 14, 25-47.

손승현, 이예다나 (2017). 특수교육요구의 국제적 맥락 고찰. 학습장애연구, 14(3), 25-47.

신재현 (2017). 읽기학습장애 선별을 위한 선택형 읽기검사(CBM Maze)의 타당도 연구: 메타분석을 중심으로. 특수교육, 16(1), 5-33.

신재현 (2019a). 쓰기학습장애 위험군 선별을 위한 교육과정중심측정(CBM) 쓰기검사의 타당도: 메타분석을 중심으로. 학습장애연구, 16(1), 101-122.

신재현 (2019b). 학습장애 및 학습부진 아동을 위한 집중교육의 재개념화: 교사에 의한 증기거반교수의 선정과 교수 수정을 중심으로. 학습장애연구, 16(3), 93-113.

신재현 (2019c). 교육 사각지대 학습자를 위한 지원 체계. 교원교육소식, 93, 6-12.

신재현, 이대식, 김수연, 이희연, 이은영 (2020). 예비교사에 의한 맞춤형 진단과 한글읽기 프로그램의 체계적 적용 효과: 지역아동센터 내 읽기부진 아동을 대상으로. 특수교육학연구, 54(4), 97-114.

신재현, 정평강 (2021). 학습장애 진단 및 선정 절차의 현황과 과제: 특수교육지원센터를 중심으로. 학습장애연구, 18(1), 1-25.

신혜진 (2018). 다문화학생 지원 정책사업의 중복성에 대한 연구. 교육행정학연구, 36, 169－193.

심우엽 (2001). 연령에 따른 학습동기의 변화. 초등교육연구, 14(3), 19－44.

양명희 (2005). 자기조절학습과 특질과의 관련성 검토: MBTI 성격 차원과 학습유형을 중심으로. 교육심리연구, 19(4), 1043－1064.

양민화, 이예다나, 손승현, 나경은, 최승숙, 민수진 (2020). 특수교육법 개정을 위한 학습장애 관련 법령 분석과 제안. 학습장애연구, 17(2), 1－25.

여태철, 이대식, 황매향, 임효진 (2013). 초등학교 2-3학년용 학습저해요인진단도구 개발 보고서. 경북: 경상북도교육청.

오인수, 김연희, 유정아 (2011). 초등학생의 학습부진 특성 진단검사 문항개발 및 활용. 아시아교육연구, 12(4), 145－170.

오인수, 이승은 (2020). 교차문화 아이들(CCKs: Cross－Culture Kids)의 문화적응스트레스 보호요인의 맥락적 이해 및 효과적 상담전략. 학습자중심교과교육연구, 20(5), 167－192.

우정한 (2018). 교육현장에서 난독학생 진단 및 지도 실태와 과제. 2018 한국특수교육문제연구소 동계학술대회 자료집(pp. 23－36).

우정한, 신화성, 김종훈, 김민주 (2016). 초등학교 읽기장애학생과 일반학생의 빠른 이름대기, 읽기유창성, 읽기이해 특성 및 관계 비교. 특수교육재활과학연구, 55(4), 163－183.

유인화, 최수미, 김동일, 선우미현, 조아영 (2020). 교육사각지대학습자 선별을 위한 교사평정척도 측정동등성 및 잠재평균분석: 단위학교별 비교. 교육심리연구, 34(1), 21－39.

윤영민 (2011). 소셜러닝 : 집단지성의 교육적 활용. 2011년 이러닝학회 춘계 학술발표 논문집 집단지성과 소셜러닝, 83－100.

윤희경 (2013). 좋은 교사에 대한 예비유아교사들의 신념 변화. 한국보육학회지, 13(2), 103－122.

이대식 (2009). 한국형 중재-반응(RTI) 접근법의 탐색: 학습부진 및 학습장애 학생 교수와 평가를 위한 한 가지 대안. 2009년 한국학습장애학회 춘계학술대회 자료집.

이대식 (2015). 학습부진학생의 기초학력 향상을 위한 정부 지원 사업의 특징과 발전 방향. 학습장애 연구, 12(3), 101－132.

이대식 (2017). 학습부진 관련 현행법과 국회 발의 중인 법안 분석. 학습장애연구, 14(3), 49－75.

이대식 (2019). 학습 어려움, 어떻게 이해하고 대처할 것인가?: 국내 학습장애 교육 발전을 위한 과제와 방향. 학습장애연구, 16(1), 1－32.

이대식, 남미란, 김양주, 류경우 (2010). 학습부진 유형 진단검사의 개발 및 타당화. 학습장애연구, 7(3), 19－41.

이대식, 임건순 (2019). 학습부진학생 지원 체제에 대한 경기 지역 초등교사들의 의견. 교육문화연구, 25(1), 449－470.

이병호, 한승수 (2016). 경기도 다문화가정 미취학 아동 지원방안 연구. 경기연구원. 정책연구 2016－10.

이애진, 이예다나 (2019). 난독증 학생지원을 위한 지방자치단체 조례 분석. 특수교육학연구, 54(1), 91－11.

이은주 (2000). 초등학생들의 학습동기의 변화. 초등교육연구, 14(1), 47－66.

이인숙, 송기상, 이영민 (2006). 모바일 학습의 탐구. 서울: 문음사.

이찬승 (2014). 학습 부진 예방 및 지원에 관한 법 제안을 위한 발제문을 읽고. 좋은교사운동 정책토론회 자료집(pp.47－57). 서울: 좋은교사운동 세미나실.

이홍재, 김미라, 남기춘 (1998). 난독증의 이해: 난독증의 분류와 평가. 한국심리학회지: 일반, 17(1), 1－24.

이효신 (2000). ADHD 아동의 특성과 중재에 관한 고찰. 정서·행동장애연구, 16(1), 159－180.

이희연, 이대식, 신재현, 박주현, 박혜성 (2020). 2015 개정 특수교육 교육과정 적용에 관한 특수교사의 인식 및 경험에 관한 질적 연구: 교육과정 재구성 및 교수· 학습 방법 다양화를 중심으로. 교육문화연구, 26(3), 269－291.

임정훈 (2009). 모바일 학습 (Mobile Learning) 을 위한 교수학습 모형의 설계 방향 탐색. 교육실천연구, 8(1), 101－124.

장상현 (2013). 교육 3.0과 ICT 융합, 스마트교육. Review of Korea Contents Association, 11(1), 35－39.

정대영 (2013). 한국에서의 학습장애 진단 및 판별의 쟁점과 개선 방향, 학습장애연구, 10(3), 1－20.

정순원 (2020). 기초학력을 보장 받을 권리의 개념과 내용. 교육법학연구, 32(1), 107－136.

정재옥, 주은선 (2003). 해외 귀국 청소년들의 학교생활적응 특성에 관한 연구: 질적 분석을 통한 귀국 중학생들의 경험 파악 중심으로. 한국심리학회지: 상담 및 심리치료, 15(2), 329－351.

정평강, 신재현, McMaster, K. (2016). 데이터기반 교수(Data－Based Instruction)의 쓰기영역 적용사례: 초등학교 저학년 학습장애 위험 아동을 대상으로. 특수교육, 15(4), 61－80.

정희정, 이재연 (2008). 경계선 지적 기능 아동의 특성. 특수교육학연구, 42(4), 43－66.

조아영, 유인화, 이유라, 황재호, 최수미 (2021). 단위학교별 교육사각지대 학습자 잠재집단 분류 및 특성분석. 학습장애연구, 18(1), 155－178.

최락인, 조정길 (2019). 제4차 산업혁명과 이러닝 콘텐츠의 효과적인 품질관리 시스템 구축. 예술인문사회융합멀티미디어논문지, 9(5), 935－944.

최수미, 김동일, 김주선 (2019a). 개념도 방법을 통한 교육사각지대 학습자 특성에 대한 초·중·고등학교 교사의 인식 비교. 학습장애연구, 16(2), 69－90.

최수미, 김동일, 이준원, 신지연, 유인화, 조아영 (2019c). 교육사각지대학습자 선별을 위한 교사용 평정도구 개발 및 타당화. 교육심리연구, 33(2), 153－170.

최수미, 김주선, 김동일 (2018a). 교육사각지대 학습자 조기선별을 위한 학습자 속성 탐색 연구: 교사의 인식을 중심으로. 학습장애연구, 15(3), 345－365.

최수미, 유인화, 김동일, 박애실 (2018b). 일반교사가 지각하는 교육사각지대 학습자 특성의 구성개념 탐색: CQR－M을 중심으로. 교육심리연구, 32(3), 421－442.

최수미, 유인화, 김동일, 박애실 (2019b). 현장 교사가 지각하는 교육사각지대 학습자의 특성에 대한 합의적 질적 연구. 학습장애연구, 16(3), 23－49.

하승수, 권석만 (2011). 기질과 지각된 부모양육태도가 성격강점에 미치는 영향: 지각된 부모양육태도의 매개 효과를 중심으로. 한국심리학회지: 임상, 31(1), 263－284.

황매향, 김영빈, 함은혜, 오상철 (2012). 학습부진학생 유형화 탐색: 학습동기와 자기통제성을 중심으로. 중등교육연구, 60(1), 191－217.

황보영란 (2010). 유아교육법의 기본법으로서의 교육기본법에 관한 연구. 유아교육연구, 30(6), 291-314.

EBS, "특집 느린 학습자를 아십니까?", 2014. 12. 19., https://www.ebs.co.kr/tv/show?lectId=10273375

SSK 교육사각지대학습자연구단 단장(대표 저자)

김동일 교수

서울대학교 사범대학 교육학과 교육상담전공 교수 및 대학원 특수교육전공 주임교수, 서울대학교 대학생활문화원 원장, 장애학생지원센터 상담교수, 서울대 특수교육연구소 소장으로 재직하고 있다. 서울대학교 교육학과를 졸업, 교육부 국비유학생으로 도미하여 미네소타대학 교육심리학과에서 석사, 박사학위를 취득하였다.

Developmental Studies Center, Research Associate, 한국청소년상담원 상담교수, 경인교육대학교 교육학과 교수, 한국학습장애학회 회장, 서울대 사범대 기획실장, 국가 청소년보호위원회 위원, (사)한국교육심리학회 회장 등을 역임하였다. 국가수준의 인터넷중독 척도와 개입연구를 진행하여 정보화역기능예방사업에 대한 공로로 행정안전부 장관표창 및 연구논문/저서의 우수성으로 한국상담학회 학술상(2014 – 2/2016)과 학지사 저술상(2012)을 수상하였다.

현재, BK21FOUR 혁신과 공존의 교육연구사업단 단장, SSK중형단계 교육사각지대학습자 연구사업단 단장, 한국아동청소년상담학회 회장, 한국특수교육학회 부회장, 여성가족부 학교밖청소년지원위원회(2기) 위원, 국무총리실 사행산업통합감독위원회(중독분과) 민간위원 등으로 봉직하고 있다.

＜지능이란무엇인가＞, ＜학습장애아동의 이해와 교육＞, ＜청소년상담학개론＞을 비롯하여 50여 권의 (공)저 · 역서가 있으며, 300여 편의 등재 전문학술논문(SSCI/KCI)과 30여 개 표준화 심리검사를 발표하였다.

공저자 소개

고혜정(위덕대학교 특수교육학부 교수)

남지은(이화여자대학교 교육대학원 상담심리전공 교수)

박유정(공주교육대학교 교육학과 교수)

신재현(경인교육대학교 특수(통합)교육학과 교수)

조영희(SSK 교육사각지대학습자연구단 전임연구원)

최수미(건국대학교 교육대학원 상담학과 교수)

한국아동청소년상담학회 교육사각지대연구총서 2
교육사각지대 학습자 이해와 지원

초판발행 2022년 1월 10일

지은이 김동일 · 고혜정 · 남지은 · 박유정 · 신재현 · 조영희 · 최수미
펴낸이 노 현

편 집 김민조
기획/마케팅 노 현
표지디자인 이수빈
제 작 고철민 · 조영환

펴낸곳 ㈜ 피와이메이트
서울특별시 금천구 가산디지털2로 53, 210호(가산동, 한라시그마밸리)
등록 2014. 2. 12. 제2018-000080호
전 화 02)733-6771
f a x 02)736-4818
e-mail pys@pybook.co.kr
homepage www.pybook.co.kr
ISBN 979-11-6519-192-4 94370
979-11-6519-193-1 (세트)

정 가 14,000원